# 金融变革与银行守正

黄志凌◎著

中国金融出版社

责任编辑：马海敏　张翠华
责任校对：孙　蕊
责任印制：陈晓川

**图书在版编目（CIP）数据**

金融变革与银行守正/黄志凌著. —北京：中国金融出版社，2021.11
ISBN 978-7-5220-1374-9

Ⅰ. ①金…　Ⅱ. ①黄…　Ⅲ. ①金融改革—研究—中国②银行发展—研究—中国　Ⅳ. ①F832

中国版本图书馆CIP数据核字（2021）第216127号

金融变革与银行守正
JINRONG BIANGE YU YINHANG SHOUZHENG

出版发行　中国金融出版社
社址　北京市丰台区益泽路2号
市场开发部　（010）66024766，63805472，63439533（传真）
网 上 书 店　www.cfph.cn
（010）66024766，63372837（传真）
读者服务部　（010）66070833，62568380
邮编　100071
经销　新华书店
印刷　保利达印务有限公司
尺寸　169毫米×239毫米
印张　16.75
字数　226千
版次　2022年1月第1版
印次　2022年1月第1次印刷
定价　78.00元
ISBN 978-7-5220-1374-9

# 探寻中国金融变革的驱动力
# （代序）

## 一、引言

中国改革开放40多年的经济成就，超出人们的预期，中国金融业的发展成就更是超出业界人士的想象力。近年来，学界花费了大量精力收集概括中国经济金融的发展成就，但关于中国金融变革驱动力的研究并不多见。由于多年在银行进行风险管理，又长期跟踪国际金融发展趋势，我一直试图寻找中国金融发展到目前水平的内在驱动力。从金融经济学的角度来观察、研究一个经济体金融功能的发展动因，一般都是从金融机构、金融市场、金融监管与经济发展的内在联系入手的。

（一）怎样构建经济发展所需要的金融组织体系，实践上并没有统一的路径。纵观金融发展史，不同国家在不同时期的金融体系形成路径并没有一成不变的模式。西方的金融体系走到今天是市场自然演化的结果，从市场需求驱动金融繁荣到危机爆发，从金融萎缩再到金融修复，新的市场需求驱动金融不断创新，新起点上的金融繁荣再次引发新危机，这是一个不断循环、螺旋上升的漫长过程。在这个过程中，西方国家的金融体系不断丰富和完善，服务能力和抗风险能力不断增强。回顾中国改革开放以来的金融发展历程，既不是市场自发形成的过程，也不是顶层设计的结果，而是围绕解决经济发展对金融的迫切需求来逐步展开的，既有市场驱动的因素，也有政府主动培育的因素。亲历者都会有这样的印象，中国的金融体制改革首先从金融机构分设入手，通过分立式重组与模仿式新建相结合，开启了中国特色的金融组织体系的构建模式，以迅速解决经济发展过程中的资金难题。

（二）经济发展离不开金融组织体系，也离不开金融市场。基于经济发展的迫切金融需求，构建完善的金融组织体系只是起点，而形成有效运行的金融市场则是更为深层次的问题。随着改革开放的深入和经济主体多元化格局的形成，经济发展对资金的需求也呈现多样化，仅靠银行组织体系是无法满足经济发展的所有资金需求。在经历了前期的金融机构分设和组建，我国初步形成了与发达国家（尤其是日本）较为形似的金融组织体系，但多层次、多元化的金融市场严重滞后，制约着经济发展多样化的资金需求。因此，随着市场经济体制确立和市场化改革的不断深入，在不断完善金融组织体系的基础上适时开启金融运行机制层面的市场体系建设，就成为一种必然的选择。虽然中国金融市场发展最早是从银行间市场开始的，但真正意义上的金融市场是在多元化市场主体的多样化资金需求驱动下由政府主动培育形成的，不仅要解决资金需求问题，更重要的是要解决资源配置方式和配置效率问题。当然，这种金融市场形成模式也存在一些独特的问题，市场建设似乎形成了对政府的路径依赖，过度关注市场平台建设，以至于地方政府到处建立各种平台，形成了一些市场乱象，也滋生了金融风险。

（三）改革开放初期的金融改革都是围绕增加金融供给、提高融资效率来进行的，其间虽然也遇到一些严重的金融风险，但基本上都能够在原有体制框架下予以化解。然而，外部金融危机的巨大冲击力和破坏力给中国政府及其原有的金融监管体系上了一堂风险课，在主动处置不良资产和问题金融机构的同时，决策者开始用“责任思维”构建中国特色的监管体系。无论东南亚金融危机还是由美国次贷危机引发的国际金融危机，都触发了中国金融改革特别是金融监管体制的改革。金融监管体制改革旨在解决发展中的突出矛盾，建立更好的金融制度，从而在促发展和防风险之间取得平衡。

（四）中国银行业的飞速发展应归因于风险管理能力的巨大进步。然而，真正促使中国银行业经营理念、体制流程、经营技术发生质变的是我们在世纪之交引入巴塞尔资本协议。监管部门在金融危机前后不断深化对巴塞尔资本协议的认识，并主动推进巴塞尔资本协议中国化。中国银行业管理水平快速提升的过程，客观上也是学习巴塞尔资本协议、应用巴塞尔资本协议、改进银行经营与监管的过程。

中国金融业的改革发展有自己的特色和路径，虽然我们不一定认为它是最好的，但它是切合当时中国实际情况的，我们的探索还在继续进行。今后中国的金融改革和银行业的发展，还应当围绕实体经济的需求，广泛吸取和借鉴国际经验教训，继续寻找和不断增强中国金融改革发展的内在驱动力。

## 二、资金需求驱动金融组织体系外延拓展

经济发展离不开金融组织体系，不同国家在不同时期的金融体系形成路径并没有一成不变的模式。如果从1694年苏格兰银行的成立标志着西方现代商业银行制度的建立算起，西方金融体系的发展已经有300多年的历史。在此期间，资本的原始驱动力使西方国家付出了巨大的代价，才使西方国家金融体系持续丰富和完善，服务能力持续提高，风险管理能力持续增强。与西方国家不同，中国改革开放以来的金融发展历程是围绕解决经济发展对金融的迫切需求来逐步展开的，其中既有市场驱动的因素，也有政府主动培育的因素。

在计划经济时期，企业固定资产投资由财政全额拨款，日常营运资金需求在额度内仍然由财政拨付，额度外才向银行申请贷款。1978年以前，中国金融体系只是财政的补充，所谓的金融体系也只是一个“大一统”的格局，中国人民银行既是全国的金融管理中心，又是银行存贷款业务的具体经办部门，集现金中心、信贷中心、结算中心于一体，这种中央银行、商业银行双重职能的单一银行体系，使社会资金供给效率和使用效率都很低下。

1978年改革开放之初，资金短缺成为经济发展的最主要瓶颈。面对改革

开放之初的迫切金融需求，我们第一时间想到的是怎么建立更多的银行，形成一个比较完善的银行体系来支持经济更好地发展。西方银行体系的建立，金融体系的完善并非一日之功，经历了很漫长的过程。当时我们就面临着两个选择，一个是随着经济发展，由市场自然衍生出银行体系和金融市场体系。这是西方的道路，这种方式时间太长，成本太高，无法解决当时经济发展和改革开放的迫切资金需要。另一个就是新建银行，迅速组建完善的银行体系。这种方式虽然快捷，但是新建银行并不容易，银行的组建并不是简单地发一个牌照，而是需要人才、制度、技术、经验等。因此，简单地新建一批银行并不可行，也不容易。最终，结合中国当时的实际情况，我们选择了从金融机构分设入手，通过分立式重组与模仿式新建相结合，开启了中国特色的金融组织体系构建模式，以迅速解决经济发展急需的资金难题。

恢复国有专业银行，初构银行体系，改革完善中央银行制度。由于中国人民银行既承担中央银行职能，又承担商业银行职能，所以最开始的改革就是分立，把商业银行职能从中国人民银行分立出来。1979年，恢复了中国农业银行，中国人民建设银行从财政部独立出来，中国银行进行体制改革，成为经营外汇、办理外汇信贷的专业银行；1984年1月，中国工商银行成立，成为办理原由中国人民银行承担的城镇工商企业存贷款及城镇居民储蓄业务的专业银行。中国工商银行成立后，中国人民银行只履行中央银行职能，至此，一个现代银行体系初步建立。1995年3月18日通过的《中华人民共和国中国人民银行法》将中国人民银行作为中央银行以法律的形式确定下来，同时赋予中国人民银行两大职责：其一是在国务院领导下制定并执行货币政策，稳定货币币值，促进经济发展；其二是对金融机构实施监督管理。而当时的国有四大专业银行分别服务于工商企业、农业农村、外贸外汇和基础设施建设，从而解决了改革开放迫切需要解决的几个重点领域的资金需求。

借鉴国际经验，丰富金融体系结构。随着改革开放发展的需要，为适应从“计划经济”向“有计划的商品经济”转变，也为国有专业银行商业化改革提供可资借鉴的经验，在前期分立、恢复的基础上，随着专业人才、经验、技术的不断积累，1985 年之后我们开始借鉴国际经验，按照市场化运作的模式，模仿式新建了一批商业银行和非银行金融机构，以满足国民经济发展对金融业的需求。1986 年，国务院批复同意交通银行重组，之后招商银行、兴业银行、广发银行、光大银行、华夏银行、浦发银行等股份制银行相继组建，外资银行从经济特区向沿海扩展。与此同时，中国的非银行金融机构也采取了类似的模式，陆续从银行体系中“派生”出来，最典型的是保险公司，从银行体系中分立出来的中国人民保险公司又几经分立，几乎分立出来一个保险体系，而信托公司、金融租赁公司、财务公司、证券公司等几乎都是模仿式新建，市场化的金融体系结构初步形成。

剥离政策性金融业务，国有专业银行转变为国有独资银行。由于国有专业银行相互之间缺乏竞争，又承担着国家政策性金融业务，既不利于银行业的健康发展，也不利于满足市场经济主体日益迫切的资金需求。为此，20 世纪 80 年代后半期，我国开始探索国有专业银行向综合化方向发展，鼓励开展交叉竞争，为国有专业银行的商业化改革奠定了基础；1994 年成立了三家政策性银行，即国家开发银行、中国进出口银行和中国农业发展银行，承担原来由国家专业银行办理的政策性信贷业务，从而实现了政策性金融与商业性金融的分离。尤其是 1995 年颁布的《商业银行法》，明确规定商业银行实行“自主经营、自担风险、自负盈亏、自求平衡”，并以其全部法人财产承担民事责任，四大专业银行逐步转变为国有独资商业银行，专业银行商业化进入实质性实施阶段。

真正标志着我国银行阶段性质变的，是四大国有独资商业银行开启股改上市之路。1997 年东南亚金融危机突然爆发，亚洲“四小龙”“四小虎”等大好的经济形势戛然而止，而且还陷入长期低迷。东南亚金融危机既有国际游资蓄意冲击的因素，也和东南亚国家金融体系自身的脆弱性、结构性缺陷有关，银行体系十分脆弱，缺乏足够的资本抵御风险。东南亚金融危机对中国政府的触动很大，因为我们自身也有类似的问题。当时银行的不良贷款率很高，表面的不良率有20%多，而实际的不良率有人认为高达40%左右，按国际标准大部分银行都处于技术性破产的边缘。因此，迅速处置银行不良贷款，重构银行资产负债表已经成为当时迫在眉睫的战略任务。国际上银行不良资产处理通常有两种方式，一种是美国的重组信托公司模式（RTC），另一种是北欧的“好银行、坏银行”模式，把银行一分为二，把不良资产剥离出去成立一个“坏银行”，“坏银行”专业化处置不良资产，防止风险传染，留下优质资产继续经营，形成一个“好银行”。在分析研究借鉴国际经验的基础上，1999年我国先后成立了中国信达资产管理公司、中国华融资产管理公司、中国长城资产管理公司、中国东方资产管理公司，分别收购了从建行、工行、农行、中行剥离的1.4万亿元不良贷款。经过几年的探索发展，作为“坏银行”的资产管理公司在处理不良资产方面是卓有成效，但是作为“好银行”的工行、农行、中行、建行并没有随着不良资产的剥离而自动变成真正的“好银行”，不良贷款还在大量地生成，表明“好银行”的基础、体制、机制并没有形成。

在认真吸收东南亚金融危机的经验教训、推动国有企业改制转型取得成效的同时，中央决定进一步实施对四大国有独资商业银行的商业化改革，透过“再次财务重组、推进股份制改造、按照上市公司标准来重建银行的制度机制”路径，将四大银行办成真正意义上的“好银行”。2005年10月，中国建设银行在香港联交所上市，成为国有独资商业银行中首家上市的银行，并于2007年9月在上海证交所上市。2006年6月、7月，中国银行分别在香港联交所和上海证交所上市。2006年10月，中国工商银行在上交所和香港联交所同日挂牌上市。2010年7月，中国农业银行分别在上海证交所和香港联交所挂牌上市。至此，四大国有商业银行陆续完成了股改上市。

## 三、金融配置效率驱动金融市场体系建设

教科书显示，狭义金融市场的形成源于直接融资需求，而我国现代金融

市场从萌发到不断走向完善，则是逐步改革低效率的资金计划管理体制的产物。改革开放之初，我国就开始了以银行为主体的有形金融市场建设。1979年，在部分地区试行“统一计划、分级管理、存贷挂钩、差额包干”的信贷资金管理办法，并于1981年在全国正式实行。1984年10月，中国对信贷资金管理体制实行了重大改革，推出了“统一计划、划分资金、实贷实存、相互融通”的新的信贷资金管理原则，允许各专业银行互相拆借资金。限于当时严厉的紧缩性货币政策，同业拆借并没有真正广泛地开展起来。1986年1月，金融体制改革工作会议召开，会上正式提出开放和发展同业拆借市场，1993年，我国建立了全国统一集中的同业拆借市场。针对1992年和1993年上半年同业拆借市场违章拆借行为频发的情况，国家对同业拆借市场进行规范和整顿，并于1996年实现同业拆借的统一报价、统一交易、统一结算，形成全国统一的同业拆借市场利率，以银行为主体的金融市场才真正有序发展起来。传统资金计划体制的逐渐废除，不仅提高了银行体系的信贷资金配置效率，也为其他微观经济主体的直接融资需求打开了方便之门，形成了中国特殊的金融市场建设模式。

微观经济体制改革驱动直接融资市场建设。1978年以前，中国基本没有直接融资市场，为适应80年代初期经济体制改革的需要，上海首先开始探索商业票据承兑贴现业务，并逐渐扩大至其他城市。1984年，中国人民银行下发《商业汇票承兑、贴现暂行办法》，开始在全国范围内全面推行商业票据承兑和贴现业务，票据逐步成为企业主要的结算方式和融资手段，再贴现也开始成为重要的货币政策工具。1996年《中华人民共和国票据法》的正式实施进一步规范了票据市场行为，为票据市场的健康发展提供了法律保障。2000年以来，商业汇票电子化程度不断提高，2016年全国统一的票据交易平台建成，票据市场的规模不断扩大，功能进一步增强。中国在1981年恢复国债发行的基础上，1982年发行金融债券，1984年一些地区发行了企业债券，并于1997年形成了以银行间债券市场为主导，包括交易所市场和场外交易市场

（OTC）的多元化债券市场体系[1]。与此同时，股票市场也迅速发展。改革开放之初，北京、上海的一些企业向社会公开发行股票，其他地区也开始了股份制和发行股票的试点工作。1990年11月和12月，上海证券交易所和深圳证券交易所分别成立，标志着股票集中交易市场的形成。此后，全国证券交易自动报价系统（STAQ）、全国证券交易系统（NET）及20多个地方性证券交易中心成立，形成了一个场内交易和场外交易共存的证券市场交易系统。1992年10月，国务院证券委员会和中国证券监督管理委员会成立，由此证券市场步入规范发展轨道。

要素价格市场化改革逐渐成为现代金融市场建设的重点。1993年，中共十四届三中全会首次提出利率市场化改革的基本设想，中国利率市场化改革的长远目标是：建立以市场资金供求为基础，以中央银行基准利率为调控核心，由市场资金供求决定各种利率水平的市场利率管理体系。1996年6月，中国人民银行放开了银行间同业拆借利率，被视为利率市场化改革的突破口。2004年，中国人民银行开始推动贷款利率市场化，此后按照先贷款后存款、先大额后小额、先外币后本币的思路迈出若干改革步伐。2008年国际金融危机之后，分步有序扩大存贷款利率浮动范围，2013年7月，中国人民银行全面放开贷款利率管制，2015年10月放开存款利率上限，标志着利率市场化改革取得重大突破。

与此同时，汇率双轨制改革稳步推进，人民币汇率弹性明显增强。1978年以前，中国外汇管理实行统收统支制度，采取计划手段对外汇进行管理和分配。1979年，为配合外贸体制改革，中国开始实行外汇留成制度，逐步摒弃了高度集中、统收统支的外汇管理体制。1980年开始实行外汇调剂，在外汇交易环节引入市场机制，1987年下半年和1988年上半年，在深圳和上海分别建立了外汇调剂中心，实行竞价交易，允许价格自由浮动，这就产生了

① 2000年以来，先后建立了做市商制度、结算代理制度、信用评级和信息披露制度，债券的发行、交易、托管和清算体系日趋完善，我国逐步成为仅次于美国和日本的第三大债券市场。

外汇调剂市场汇率，由此我国形成了官方汇率和市场汇率并存的双重汇率制度。同时，在外汇分配领域引入市场机制，逐步建立健全了计划管理与市场调节相结合的外汇管理模式[①]。由于双重汇率制度极容易产生套利行为，不利于外汇市场的长期健康发展，1994 年开始对外汇体制进行重大改革，取消外汇上缴和留成，实行银行结售汇制度，实现了官方汇率和外汇调剂市场汇率的并轨，建立了以市场供需为基础，单一、有管理的浮动汇率制度。同时，中国还建立了全国统一的银行间外汇市场，1996 年 12 月实现了人民币在经常项目下的可自由兑换。2005 年 7 月进一步实施以市场供求为基础、参考一篮子货币、有管理的浮动汇率制度。经过 2007 年 5 月 21 日、2012 年 4 月 16 日、2014 年 3 月 17 日三次扩大在岸人民币对美元汇率的波动区间，人民币兑美元波幅由 3‰扩大至 2%，同时对外汇市场的干预有所减少，退出常态化干预。2015 年 8 月 11 日，中国人民银行宣布调整人民币对美元汇率中间价报价机制，做市商参考上一日银行间外汇市场收盘汇率。“8・11 汇改”后经过四次调整人民币对美元汇率中间价报价模型，人民币中间价形成机制不断完善，汇率弹性进一步增强，双向波动的特征更加显著，有效提升了汇率政策的规则性、透明度和市场化水平。

各类金融市场在发展中不断规范，黄金和大宗商品市场也在规范中实现协调发展。一方面，1982 年我国开放黄金饰品市场，1983 年 12 月发布《中华人民共和国金银管理条例施行细则》，2002 年组建上海黄金交易所，2016 年 4 月推出人民币“上海金基准价”定价机制，黄金交易市场化进程加速。另一方面，为适应市场风险管理的需要，20 世纪 90 年代初期先后成立上海期货交易所、大连商品交易所和郑州商品交易所，实现了由现货市场向期货市场的纵深发展，中国大宗商品期货市场已经成为中国金融市场的重要组成部分，并在国际金融市场上扮演重要角色。

① 随着外汇调剂市场的迅速发展，外汇资源配置更多地由市场来发挥作用，1993 年全国 80% 以上的外汇资源由外汇市场配置。

人民币国际化和金融市场国际化实现重大突破。人民币国际化是中国经济金融改革和开放的内在要求和必然趋势。2008年国际金融危机期间，全球对美元信心不足，欧债危机导致欧元波动较大，在中国经济率先复苏的情况下，国际社会对人民币的需求增加。随着人民币离岸市场建设、中国企业“走出去”步伐加快以及“一带一路”倡议的稳步实施，加之人民币加入国际货币基金组织的特别提款权（SDR），人民币国际化进程不断加快。同时，中国金融市场的国际化也在稳步推进，2014年推出了沪港通，2016年深港通正式开通，2017年以来黄金交易所、商品交易所国际化也迈出了坚实步伐。相信随着国内金融改革的不断深入推进，人民币国际化和中国金融市场的国际化必将不断深入发展。

## 四、健全的金融监管体制是金融健康发展的前提

金融监管从来都是因应金融危机而生，中国金融监管体制框架的形成与发展也不例外，但中国金融监管体制的几次重大变革驱动力却是来自外部的金融风险。1997年东南亚金融危机爆发，敲响了中国金融风险警钟。东南亚金融危机的破坏力与中国金融领域存在的一些混乱现象，尤其是按国际标准一些银行已经处于技术性破产状态，引起中央政府的高度重视，并以前所未有的魄力出台了一系列改革措施：以外科手术方式迅速清理银行体系的不良资产，用“责任思维”调整金融监管体系，用行政手段减少地方政府对金融的干预，并通过行政组织手段强化金融体系的垂直管理。

东南亚金融危机对于中国金融改革的推动具有历史意义。1998—2007年，借鉴国外金融监管“双峰监管”的实践经验，中国实施了分业经营和分业监管的金融监管模式，形成了人民银行负责货币政策和清算体系的宏观监管，原银监会、证监会、原保监会分别对银行业、证券业和保险业的审慎监管和行为监管的分业监管模式。作为改革的重要成效，“好银行、坏银行”模式成功引入中国，按照“责任思维”逻辑，组建四大资产管理公司接收并成功处理银行体系的巨额不良资产，而四大国有独资商业银行也逐步完成两次

财务重组并股改后上市；同样，按照“责任思维”逻辑，在“一行三会”金融监管框架下，银行业、证券业、保险业监管专业性、规范性不断提高，非现场检查和现场检查方式不断改进，金融监管的针对性、专业性明显增强。

东南亚金融危机之后，重塑商业银行风险内控机制成为我国金融监管的重心所在。金融监管从原则性监管逐步走向行为监管，由一般的行政性金融管理上升到市场准入、业务运营、风险控制和市场退出等全面管理，监管强度和密度均有所提高，金融秩序逐年好转，金融业的营运质量逐步提高，一个依法管理、专业高效的监管体系逐步形成。

然而，2008 年国际金融危机再次打乱了既定的中国金融体制改革步伐。为应对国际金融危机的冲击，金融业积极配合国家政策，快速扩张资产负债表，不仅避免了经济严重衰退，也改变了国际社会对中国金融业的认识。尤其是中国大型银行的规模扩张速度、业务综合化和全球化速度使其全球系统重要性迅速上升。在这种情况下，国际社会注意到，一方面是中国金融体系不断完善，金融市场规模明显扩大，金融业在经济发展和宏观调控中的地位越发重要。根据有关资料推算，2015 年起，中国金融业增加值占 GDP 的比重已超过美国、英国、德国、日本等主要发达国家。从动态角度看，中国金融业增加值占 GDP 的比重在 2005 年时仅为 4%，但到 2015 年底这一比重已升至 8.4%①，而美国这一比值的历史高位为 2016 年的 7.66%，英国为 2007 年的 9.02%，日本为 2003 年的 6.07%，德国为 2004 年的 5.2%。从微观角度来看，2018 年第三季度，中国金融行业的上市公司净利润占全部上市公司总净利润比重达 48.35%，在金融更发达的美国，2017 年这一比重仅为 23.45%。另一方面是金融总量快速扩张与金融结构复杂化，也带来了诸多现实挑战，考验中国政府金融监管的驾驭能力。2007 年以来，非银行金融机构资产规模快速扩张，非金融企业的金融活动更是井喷式发展，多层次、多元

① 2016—2018 年，该比重虽然出现小幅下降，但仍然处于较高水平，分别为 8.22%、8.0% 和 7.7%。

化金融市场快速发展，金融机构规模庞大、业务结构日趋复杂，尤其是实践中出现大量的金融集团综合经营，在发挥综合业务协同优势的同时，也伴随着交叉传染风险，容易产生“多米诺骨牌”效应，形成系统性金融风险。因此，按照原有“责任思维”构建的“分业经营、分业监管”体制，很难适应我国金融业态已经发生的巨大变化。不仅日益增多的系统重要性金融机构考验我们的管理能力，日趋复杂的市场金融行为更考验金融监管的有效性。

在深入评估中国金融风险形势之后，中央政府决定借鉴国际金融危机以来的国际监管改革经验，按照宏观审慎监管与微观行为监管相分离的原则重构中国新的金融监管框架。在中央层面，设立国务院金融稳定发展委员会，“一行三会”调整为“一行两会”，强化人民银行宏观审慎管理和系统性风险防范职责，原银监会、原保监会拟订银行业、保险业重要法律法规草案和审慎监管基本制度的职责划入中国人民银行。组建中国银行保险监督管理委员会，会同证监会，专司金融行为监管职责。地方政府按照中央确定的统一规则，强化属地风险处置责任。

因此，无论东南亚金融危机还是美国次贷危机，都触发了中国金融改革特别是金融监管体制的改革。金融监管体制改革旨在解决发展中的突出矛盾，建立更好的金融制度，从而在促发展和防风险之间取得平衡。

## 五、正确理解巴塞尔资本协议事关银行业未来方向

2018年既是中国改革开放40周年，也是巴塞尔资本协议正式实施30周年。在此背景下，业界对风险管理技术的有效性和实施巴塞尔资本协议的困难等进行了大量研讨。作为一名曾经的职业风险经理，我理解过去同事们的关注，但作为银行经济学家，我更想谈谈怎样从金融发展的角度深刻理解巴塞尔资本协议。

怎样理解巴塞尔资本协议？怎样理解巴塞尔资本协议30年的演进？我的感觉是，巴塞尔资本协议30年，是持续演进的30年，是不断吸收全球金

融理论和实践成果的30年，是在现实金融危机的挑战甚至批评质疑中不断发展的30年。

首先，巴塞尔资本协议起源于国际监管协调。1974年底，十国集团的中央银行行长们在国际货币与银行市场的剧烈动荡后，提议成立银行法规与监管事务委员会，力图“能够封闭监管网的缺口”“并在世界范围内提高银行监管工作的质量”。1975年，巴塞尔银行监管委员会通过《对银行国外机构的监管原则》（巴塞尔协定），提出母国和东道国监管当局监管银行国外机构应遵循的基本原则，不但强调监管责任的划分，更要求二者之间进行有效的联系与合作。1988年7月的第一版巴塞尔资本协议，在于确立规范一致的资本框架来维护银行跨境经营的公平性，同时阻止国际银行业资本充足率下降的趋势。无疑，这种坐下来谈成一个框架的机制，在构建全球合作共同应对风险平台方面，是一个很好的开端。

其次，巴塞尔资本协议的行业价值在银行风险管理实践中得到不断确认。2004年完稿的第二版巴塞尔资本协议，内容更进一步深化到了成员国银行内部的全面风险管理。新的资本监管框架，充分吸收了国际活跃银行内部风险管理的领先实践，涵盖了当时计量技术有效应用的信用风险、市场风险和操作风险等三大风险，并倡导更多的银行积极主动地根据自身的管理能力采用模型更为精准地计量风险。除此之外，通过引入信息披露构建的三大支柱体系，实现了银行自身、监管机构和市场监督三维动态制衡模式。

再次，应对系统性金融风险是巴塞尔资本协议的新使命。2017年完成的第三版巴塞尔资本框架，不仅在资本质量和标准上强化了第二版资本协议，而且更立足于国际金融危机以来理论与实践的新进展和新要求，强调了宏观审慎的理念，在加强单个银行风险监管的同时突出系统性风险的监管。监管的触角，也从商业银行扩展到保险机构甚至金融市场风险。

从次，资本被巴塞尔资本协议赋予全新内涵，并不断予以强化。在第一版巴塞尔资本协议中，资本引入的意义在于，从监管的角度看，除银行的资产质量和准备金之外，资本是银行风险的最后一道防线。就此而言，在银行业实现了资本从会计学定义到风险管理内涵的深化。现在谈论银行的时候，除了会计中的账面资本外，监管资本更是大家熟知的概念了。第二版巴塞尔资本协议中，资本的风险管理内涵进一步深化，非预期损失与资本成为整个框架的核心。在进一步规范准备金和监管资本有机关系的同时，通过引入经济资本与监管资本的有机协同机制，将资本上升为约束银行风险的工具。有风险，就应该管理；可量化的风险，就应该资本化。第一支柱强化了银行内部资本管控体系，第二支柱则丰富了监管部门资本加点的范畴，而第三支柱更要求对风险与资本的管控进行充分的披露，资本已经成为约束银行风险的灵魂。第三版巴塞尔资本框架的一个很大贡献，在于突破资本对于金融机构经营管理的意义，强调了出资者对于风险管理的责任。例如，在恢复处置计划（RRP）和总损失吸收能力（TLAC）监管中，强调了出资人在发生危机的时候，应当履行补充资本等更多的责任，降低系统重要性金融机构破产对社会公众的冲击。

最后，每一版巴塞尔资本协议的更新都是推动银行风险管理技术进步的一场革命。第一版巴塞尔资本协议在突出并表和资本范畴之外，风险管理与资本监管的技术非常粗糙。针对银行不同类别的资产组合确定一个风险权重后，加总形成风险加权资产，基本构成了银行的风险总量。通过监管资本与风险加权资产的比例即资本充足率，来衡量银行总体的稳健程度。即使一家大型银行的数据加总和充足率计算处理，也完全可以通过简单的Excel表格完成。第二版巴塞尔资本协议在技术上的进步最为明显。信用风险提出的标准法、初级内部评级法和高级内部评级法中，后两者的风险加权资产计算，都是基于风险计量模型输出的参数。市场风险的内部模型法和操作风险高级模型法，也是基于计量模型输出的参数。采用模型计算风险加权资产，除了有稳健完备的风险计量模型体系之外，还必须有丰富而细致的数据管控系统和强大的信息技术体系。在绝大多数银行，除了庞大的业务与数据系统之外，仅仅就监管资本充足率计算体系而言，就是一个很复杂的技术生态圈。第三版巴塞尔资本框架的技术进步，更体现为精细化。无论是恢复处置计划，还是总损失吸收能力，不仅仅需要资产项的详细数据，还需要负债和权益项下的详细数据。据国际金融稳定理事会（FSB）和巴塞尔委员会（BCBS）的分析，目前全球系统重要性银行的总损失吸收能力数据加总方面，还存在很大的压力。

尽管现代经济发展的进程中总是伴随着形形色色的金融风险，但回顾巴塞尔资本协议的演进历史，依然能够看到范围、内涵和技术等三个领域的进步对于全球经济和金融稳定发挥的巨大作用。客观风险的变化永无止境，决定了无法一劳永逸地"根治"金融风险，我们只能在"没有最好，只有更好"的客观规律探索中，期待全球智慧体现在新的监管框架中。

作为中国银行业前进与发展的参与者，我有幸见证了中国银行业的飞速发展，也见证了中国银行业风险管理能力的巨大进步。从计划体制转轨市场经济的过程中，中国银行业开始理解风险和经营风险的意义。20 世纪 90 年代，中国银行业对于风险的理解就是不良资产，采用"一逾两呆"（逾期、呆滞、呆账）的信用风险评价模式，同时尝试资产负债比例管理。然而，真正促使中国银行业经营理念、体制流程、经营技术发生质变的，是我们在世纪之交引入巴塞尔资本协议。监管部门在金融危机前后不断深化对巴塞尔资本协议的认识，并主动推进巴塞尔资本协议中国化。中国银行业管理水平快速提升的过程，客观上也是学习巴塞尔资本协议、应用巴塞尔资本协议、改进银行经营与监管的过程。巴塞尔协议最开始是防止银行风险失控的，怎么才能够防止银行风险失控呢，就是靠资本；怎么才能够表明有充足的资本呢，前提就是能够准确地计量风险。然而，计量风险不仅是为了应对危机，还对银行选择风险、安排风险有非常重要的作用，它促进了银行真正打牢经营基础。银行风险技术水平的进步与巴塞尔协议密切相关，可以说巴塞尔协议是我国银行技术进步的主要驱动力，也是我们缩小与国际领先银行实践的基本途径。银保监会发布的《银行业金融机构全面风险管理指引》，明确涵盖了信用、市场、流动性、操作、国别等九大类风险，监管资本充足率的计算已经允许大型银行采用内部模型输出的参数（需经过银保监会的核准）。至少几家国有大型银行，违约概率（PD）、违约损失率（LGD）等计量技术水平与国际领先银行差距不断缩小。

特别强调中国银行业巨大进步的原因在于作为一个多年银行从业者，我经历过中国银行业整体“技术性破产”的忐忑期，也经历过全面学习和实践先进风险管理技术特别是巴塞尔资本协议的兴奋期，更经历过一遇到风吹草动就铺天盖地质疑的尴尬期。我们来之不易的成绩，不仅是各方面付出和能力提升的结果，更是我们正视不足和解决问题的基础。成绩和不足的分析，总是“仁者见仁，智者见智”，但有几点应该引起大家的关注：一是深刻理解巴塞尔协议。持续演进的巴塞尔资本协议，不是某几个人搞的文字游戏，而是有着现实基础和理论根基的鲜活体系，需要秉持专业态度透过协议本身，理解现代银行风险管理的精髓。二是准确评价全球实施进展。很多人仅从字面意思，推断欧洲、美国等主要经济体不重视资本协议的结论。实际上，无论是欧洲还是美国，在很多方面比如压力测试等，根据自身情况采取了更严格的标准。三是警惕2017年以来一些美国政治家不断要求调整国际金融危机以来所谓“过严”金融监管政策的舆论倾向。一般来说，人们都会避免被同一块石头重复绊倒，但随着时间的推移，侥幸心理会越来越冲淡被石头绊倒的痛苦记忆。

未来全球金融是否会被同一块石头再次绊倒？中国金融改革发展战略到底应该怎样选择？至少有一点是可以肯定的，中国金融业的改革发展有自己的特色和路径，虽然我们认为它不一定是最好的，但它是切合当时中国实际情况的，我们的探索还在继续进行。今后中国的金融改革和银行业的发展，应当紧紧围绕实体经济的金融需求，广泛吸取和借鉴国际经验教训，寻找中国金融改革发展的内在驱动力。虽然中国银行业的进步很大，但是我们的基础还很薄弱，结构性问题依然突出，仍要不断地继续探索，我们似乎又到了十字路口。

# 目　录

## 第一篇　把握业界趋势

## 第二篇　深刻理解需求

## 第三篇　数据驱动共识

## 第四篇　前瞻性思考

# 第一篇
# 把握业界趋势

# 全球银行排行榜变迁折射的基础规律

## 一、引言

创刊于1926年的英国《银行家》杂志，始终映射着全球金融的历史变迁。该杂志每年对不同国家和地区银行的资本实力、经营规模、盈利能力和经营效率等方面进行综合评估，并发布“全球银行1000强”排行榜①。该榜单的排名已成为衡量全球各家银行综合实力的重要标尺。通过观察全球银行排行榜的变迁，我们既可以看到一部分经营百年的老牌银行屹立不倒，也可以看到许多银行在排行榜上昙花一现。通过全球银行排行榜变迁，我们能够发现一些基础规律，这些基础规律对于中国银行业发展具有重要的借鉴意义。

透过摩根大通和富国银行这些“青春永驻”的全球大型银行，我们发现一些规律性的行为特征：战略定位清晰，有所为有所不为，危机中方可从容；风险管理独立，自主研判能力强，风雨中独善其身；以客户为中心，点点滴滴为客户着想，不忘初心方得始终。深入剖析曾在世界银行业独领风骚的英国巴林银行、北岩银行，美国雷曼兄弟公司、伊利诺斯大陆银行，日本的振兴银行等最终均走向破产结局的许多金融机构，都有一些共性原因：不

① 2017年全球银行1 000强排名榜单显示，中国银行业再攀高峰，126家中国银行跻身全球银行1 000强，较上年增加7家，入榜数量仅次于美国。中国工商银行、中国建设银行、美国摩根大通分列榜单前三名，中国银行、美国银行、中国农业银行、美国花旗集团、美国富国银行、英国汇丰银行、日本三菱银行分别列榜单4~10名。而2021年全球银行1 000强排名榜前四位则是中国工商银行、中国建设银行、中国农业银行和中国银行。虽然中资银行成绩斐然，但美国的老牌银行依然在前十名中占有四席。

健康的风险文化带来致命的操作风险；战略定位不清晰，盲目追求高收益，在诱惑中消亡；过度创新与不符合业务逻辑的创新导致昙花一现。基于职业风险经理的职业敏感和经济学家的宏观视野，对于经历了高速发展、核心指标“处于全球领先地位”的中国银行业，我想提出几条值得特别关注的问题。

## 二、成也萧何

摩根大通和富国银行[①]均位于美国最大的商业银行之列，也是屹立百年风雨依然具有全球影响力的行业翘楚。分析这些“青春永驻”的全球大型银行，一些规律性的行为特征值得业界高度重视。

**1. 战略定位清晰，有所为有所不为，危机中方可从容**

战略定位是指具有长期性的市场准确定位，它是守住市场的核心因素。在竞争激烈的情况下，各银行必须找到一个既符合市场趋势、又适合自己经营的战略定位，最终形成优势；与此同时，在战略定位确定后，应坚持贯彻，不能因外界的影响而轻易调整。

富国银行是一家提供全面金融服务的银行，开展商业银行、保险、私人银行、投资、经纪等多项业务。但在经营战略上，富国银行有自己的侧重点。首先，富国银行以社区银行为主业。社区银行业务对其净收益及存贷款业务的贡献度一直保持在60%左右，庞大的网点覆盖为富国银行发展社区银行业务提供了基础[②]。其次，富国银行重视小企业贷款业务。与传统的“大银行服务大客户、小银行服务小企业”的理念不同，富国银行一直重视小企业贷款业务，通过细分客户群体、改进放贷程序、严格风险管理等措施，成为美国最大的小企业贷款发放银行。最后，不随波逐流。美国次贷危机始于住房抵押贷款市场，富国银行作为美国最大的零售抵押贷款发放银行，成功

① 尽管富国银行2013年以来面临一系列合规风险压力，但其自我纠错能力很快得到投资者的认可，其股价未受到明显影响。

② 富国银行一直保持全美网点数量第一的纪录，而且在各区域的网点密度通常也位列前三。

抵御了次贷危机的冲击，其重要的一点就是富国银行经营上的有所为和有所不为。为鼓励、促进住房市场发展，美国联邦基准利率不断下调，放贷标准大幅降低，市场也在住房抵押贷款基础上衍生出数额巨大的债务担保证券（CDO）等众多金融产品。而就在市场一致看好房地产市场和房贷业务发展前景，众多金融机构为抢占市场降低房地产信贷标准门槛时，富国银行坚持主营业务不动摇，很少提供低于信贷评分、资不抵债、可信度低甚至没有证明的抵押贷款，不提供选择性可调整利率贷款，基本上不参与高杠杆金融衍生业务，甚至在 2006 年卖掉了大量抵押贷款资产。尽管富国银行因此在 2006 年丢失了 600 亿 ~1 200 亿美元的抵押贷款市场份额，但在 2007 年，与竞争对手因次贷危机导致的高达 1 630 亿美元的减值准备相比，富国银行 2007 年计提损失仅 14 亿美元。富国银行在次级房贷市场的“不作为”有效隔离了次贷危机的风险，使其成功抵御了此次危机。

富国银行成功规避次贷危机的冲击并非偶然和幸运，而是因为坚持正确的市场定位在关键时刻发挥了重要作用。从富国银行多年的经营实践情况来看，其长期坚持独特的战略定位和经营模式是吸引很多长期价值投资的主要原因，并帮助它从次贷危机中脱颖而出。

当然，不是每家银行都要如富国银行般选择“金融零售商”的模式和定位，但银行的发展一定要确立自己清晰的战略定位，明确服务区域、对象和范围，然后确定对应的经营模式和风险管理体系，并长期坚持下来。

**2. 风险管理独立，自主研判能力强，风雨中独善其身**

银行风险管理是指银行通过风险识别、风险估价、风险评估和风险处理等环节，预防、回避、分散或转移经营中的风险，从而减少或避免非预期损失，保证经营资金安全的行为。风险管理的核心在于管理层对风险的独立判断。

摩根大通银行之所以能在 2008 年国际金融危机中“独善其身”，在于其设立了一个独立于业务运作的功能部门——市场风险管理部，全面负责整个公司市场风险的管控，并直接向执行总裁汇报情况。在重点业务区域内，市场风险管理部会设置多个国际办公室，并在办公室内施行“矩阵负责制”。此外，还专门设置若干市场风险小组负责市场风险管理大纲的制定与实施、撰写送达相关风险报告等，这些小组直接向首席财务官报告。各个存在市场风险的业务部门都要专门设置独立于交易人员的中间部门，来识别证实来自各自部门的市场风险，并与风险管理部紧密合作。

2008年底，中国香港发生了由雷曼兄弟公司破产引发的雷曼“迷你债券”风波，数百名投资者上街游行表示不满。在该债券发行之初，香港多家大型商业银行猛烈追捧，争相向客户推销宣传该产品，但摩根大通银行对此表现得十分理性。“迷你债券”具备较高收益率，本已纳入摩根大通银行的销售计划，但经过内部层层审批之后，风险管理部门表示无法判断其背后的风险，虽能带来短期利润但无法判断长期风险收益，因此未通过该产品的分销计划。事后伴随雷曼兄弟公司破产，“迷你债券”爆发平仓风波，多家银行牵涉其中，摩根大通银行因其严格风险控制得以幸免。

**3. 以客户为中心，点点滴滴为客户着想，不忘初心方得始终**

“以客户为中心”几乎是每一家银行的经营宗旨，具体执行措施和效果却千差万别。但唯有将此贯彻到银行经营管理的方方面面，并最终落实到对客户的切身利益，银行的经营才能得到客户的认可，才能在激烈的竞争中胜出。

富国银行把帮助客户成长、获得财务成功作为己任，其具体措施包括负责任的贷款原则，不断创新开发适合客户需求的产品，不断优化业务流程方便客户等。富国银行始终坚持将客户利益放在第一位，目标是尽力满足客户的全部需求，并将此贯穿于产品设计、销售和服务中，这已成为富国银行的核心理念和发展动力。富国银行的业务相对比较传统，其总资产中贷款占比达60%，远高于花旗、美银和摩根大通（此三家银行贷款占总资产的比例为30%~40%），也高于中国的一些大银行。但富国银行并不保守，而是不断创新，根据客户的切实需求提供多元化、全面的金融服务。在产品方面，为客户“量体裁衣”，通过 80 多个业务单元，为客户一生可能产生的各种金融需求提供合适的产品。在次贷危机中，富国银行还建立了专门的工作室，面对面帮助出现财务问题的家庭，通过修改抵押贷款合同、再融资等方式帮助客户度过危机、减少损失，不仅帮客户留住房产，也降低了自身的坏账率。

成立于 1841 年的俄罗斯联邦储蓄银行，是俄罗斯营收规模第二大的企业（仅次于俄罗斯石油天然气公司）、中东欧排名第一的商业银行。这家已有 180 年历史的银行至今仍焕发强大的生命力和活力，主要归功于其坚持将客户放在第一位。一是建立客户体验评估系统，通过这个系统评价员工表现、提升客户服务质量；二是扩大基层客户经理的权力，拓展其职责范围，将权力下沉到离客户最近的人，允许客户经理在适当的范围内改变产品功能、销售渠道、服务与沟通方式等；三是推出多渠道销售服务，大力投资和发展数字化技术和产品，让客户可以在任何时间、任何地点通过任何方式获取所需，并实现多渠道信息互通共享，围绕客户的真实需求建立银行与生活融合的生态系统，为客户带来更多附加价值。在互联网经济时代，这家百年老店并没有墨守成规，而是勇于挑战、敢为天下先地积极转型，从传统银行到数字银行再到“银行即平台”，制定清晰而有力的战略并坚决执行，使其取得了辉煌的业绩，展现出蓬勃的生机。而这一切的内核就是“以客户为中心”的企业核心价值观。

坚持客户至上的经营文化、完善的风险管理制度、清晰的战略发展定位，是这些优秀银行在管理上的共同特质。正是拥有了这些特质，依靠强大的管理平台，他们从容地度过了金融危机，在银行业独领风骚。

## 三、败也萧何

纵观银行业短短数百年的历史变迁，不少曾经盛极一时的大银行消失在滚滚红尘中，经营轨迹尘封在历史的记忆里。备受业界关注的是英国的巴林银行、北岩银行，美国的雷曼兄弟公司、伊利诺斯大陆银行，日本的振兴银行等虽都曾在世界银行业独领风骚，但最终均走向破产的结局。尽管具体银行的失败原因各异，但透过历史上曾经昙花一现、最终折戟沉沙、衰落倒闭的银行案例，仍然有许多共性的教训值得我们吸取。

**1. 市场交易一旦失去风险管理的制衡，缺乏有效内部控制，就会带来致命的操作风险**

银行是经营风险的金融机构，国际一流银行并不必然是市场上最耀眼的银行，但一定是风险控制最好的银行。

巴林银行创建于 1763 年，是英国历史最悠久的银行之一，曾创造了无数令人瞠目的业绩，在世界证券史上具有特殊的地位，被誉为“金融市场上的一座耀眼辉煌的金字塔”。1995 年 2 月 27 日，英国中央银行突然宣布：巴林银行不得继续从事交易活动并将申请资产清理，这意味着具有 230 多年历史、在全球范围内掌管 270 多亿英镑的英国巴林银行宣告破产。

巴林银行倒闭是一个业界熟悉而又刻骨铭心的案例：一位年轻人——年仅 28 岁的巴林银行交易员尼克·里森的渎职将已有 230 多年历史的巴林银行赔了个精光。1994 年，时任巴林银行新加坡期货公司执行经理的尼克·里森一人身兼首席交易员和清算主管两职。1994 年下半年，里森认为，日本经济开始走出衰退，股市将会大涨。于是大量买进日经 225 指数期货合约和看涨期权。然而 1995 年 1 月 16 日，日本关西大地震，股市暴跌，里森所持多头头寸遭受重创。为反败为胜，里森再次大量补仓日经 225 期货合约和利率期货合约，2 月 24 日，当日经指数再次加速暴跌后，里森所在的巴林期货公司的头寸损失，是巴林银行全部资本及储备金的 1.2 倍，于是尼克·里森畏罪潜逃。由于内部控制形同虚设，230 多年历史的老店就这样顷刻瓦解，最后被荷兰某集团以 1 英镑象征性地收购了。

**2. 战略定位不清晰，盲目追求高收益，在诱惑中消亡**

日本振兴银行成立于 2004 年 4 月，总部位于东京，是一家为中小企业提供融资服务的小型专业银行，曾在日本拥有125家网点。2010年9月10日，刚刚成立6年的日本振兴银行就向日本金融厅申请破产保护，被认为盲目扩张引发不良债权增加是导致其破产的主要原因。该银行成立之初的经营宗旨是面向中小个体企业提供小额融资。2007年3月以后，为追求更大利益，振兴银行转变经营策略，开始采取冒进和扩张政策，向非银行金融机构收购债权或进行大额融资。截至2009年12月末，日本振兴银行贷款总额中超过七成是大额融资，平均每家公司约为30亿日元。因为没有找准自身定位，盲目扩张，过度强调银行资产规模，造成资产规模与资本金的严重失衡，盛极一时的振兴银行就这样迅速破产了。

同样因为战略定位激进而倒下的还有英国北岩银行。北岩银行成立于1965年，是英国五大抵押贷款银行之一。北岩银行在1997—2006年迅速崛起，一时风头无两。它主要的经营策略是大力吸收同业资金，然后发放居民住房抵押贷款，以充分享受“流动性红利”和“房地产红利”。在房地产市场走俏与同业流动性充足的情况下，这种“又红又专”的发展模式并没有过多的风险与问题。但2003年英国房地产市场繁荣已经显现疲态，同业市场兼具收紧倾向时，北岩依然“不知悔改”地坚持这种模式，埋下了风险隐患。数据显示，2006年底北岩银行负债端同业资金总额达到586亿英镑，占负债比例的60%，约是居民存款226.31亿英镑的2.6倍；资产端中住房抵押贷款占总资产的比例已经达到了77%，而流动性资产的比重仅为13%。

到2007年下半年，美国次贷危机来袭并波及英国，没有足够流动性资产的北岩银行向英格兰银行求救，申请资金援助。这一消息被BBC曝光的同时，北岩银行宣布预计2007年税前利润将比预期低20%的消息进一步引爆了民众的恐慌情绪。在担忧与恐慌中，北岩银行发生了挤兑，给原本就处于风雨飘摇中的北岩银行致命一击。2007年10月，北岩银行宣告倒闭。

片面追求收益率和盈利能力，只会损害银行的长期健康发展。美国次贷危机之前许多银行从盲目扩大理财产品等表外资产规模，到向不合格的贷款者主动销售贷款，再到用不透明的手法将信贷资产证券化出表等各种手段，虽然可以明显提升银行利润水平，但会使银行越来越忽视自身的风险承受能力，形成经营上巨大的战略风险。

**3. 业务创新不能脱离金融逻辑，失控的量变一定会积累成灾难性质变**

雷曼兄弟公司创立于 1850 年，总部设在纽约，曾是美国第四大投资银行，在美国抵押贷款债券业务上连续 40 年独占鳌头。次贷危机前，雷曼兄弟公司过多地涉足复杂的衍生品市场，其金融投资过度依赖数量化模型，管理层也没有充分认识到金融创新潜藏的危机。2007 年，华尔街的不少机构因大规模不当投资次贷产品已经蒙受损失，此时的雷曼兄弟公司仍然盈利 41 亿美元。但是雷曼兄弟公司并没有“见好就收”，反而继续对已经过热的房地产市场加大投资。当次贷债务违约大规模出现时，再想抽身为时已晚，雷曼兄弟公司持有的与住房抵押贷款相关的巨量“毒药资产”在短时间内价值暴跌，将公司活活压垮。

与雷曼兄弟公司类似的还有伊利诺斯大陆银行。伊利诺斯大陆银行曾经是美国排名前十的著名商业银行。在 20 世纪 70 年代末及 80 年代初，该银行的管理层实施了冒进的经营策略。首先，制定了错误的流动性管理策略。伊利诺斯大陆银行的资金来源并非像一般商业银行那样以吸收居民储蓄存款和工商业存款为主，而是创新地依靠同业拆借，通过短期、易于波动的同业资金支撑中长期的负债端。其次，1974—1981 年，为了迅速扩大市场份额，伊利诺斯大陆银行实施了激进的贷款政策，取消了信贷委员会的贷款审批程序，扩大了每个信贷员的贷款权限，并放宽了对信贷业务的监控和贷后检查。通过这一发展战略，伊利诺斯大陆银行在贷款规模迅速激增的同时埋下了可怕的定时炸弹。1982 年起，同业银行出现倒闭情况，伊利诺斯大陆银行因此受到牵连，资产质量下降；监管部门对同业银行进行检查，市场开始质疑大陆银行负债端资金的安全性。1984 年 5 月，伊利诺斯大陆银行遭受挤兑，虽芝加哥储备银行和联邦存款保险公司先后进行救助保住了伊利诺斯大陆银行，但伊利诺斯大陆银行从此风光不再。

在金融逻辑、法律和道德的标准下进行金融创新，可以使银行提高收益、降低成本、增强竞争力，保持或朝着百年银行的方向发展；如果脱离了金融逻辑、超出了一定的约束程度或标准，过度创新或依赖创新手段盲目提升考核指标，就会给银行本身及金融行业带来巨大危机。

## 四、正视进步与挑战

伴随着中国经济腾飞，中国银行业的核心指标也“处于全球领先地位”。所谓核心指标处于全球领先地位，是与欧美银行比较而言的。就现阶段中西方银行核心指标的可比性而言，2008 年国际金融危机前后明显不可比，2018 年之后中美贸易战爆发，尤其是 2020 年新冠肺炎疫情对经济金融的冲击前所未有，各国的货币政策有很大差异，金融数据的可比性较差。因此，通常学者更重视 2017 年数据。就资产规模而言，中国银行业的资产规模已位于全球首位。根据相关资料显示，2017 年底，中国银行业的总资产达到 38 万亿元美元，欧元区为 30.5 万亿美元，美国为 17 万亿美元，日本则不到 10 万亿美元。就绩效指标而言，中国银行业的多项绩效指标均优于国际同业。首先，中国银行业利润额相对较高，盈利能力与内源性资本补充能力均处于国际同业优秀水平。2017 年，中国商业银行实现净利润 17 477 亿元，同比增长 5.98%，平均资产利润率为 0.92%，平均资本利润率 12.56%。同期美国银行业实现净利润约 1 884 亿美元，约合 12 246 亿元人民币，与国际领先银行相比，中国银行业毫不逊色。同时，中国银行业不良贷款比例仍然较低[①]。按照国际通行标准，不良贷款率在 5% 以下都属于正常水平，欧美发达国家的

① 当下，银行业的整体不良率较低，但风险不能仅依靠不良率进行计量。因为不良率仅反映贷款资产，贷款只是表内业务的一部分，表外业务规模十分庞大。整个金融业还包括其他非银行金融机构，因此需要对所有风险进行加总。这点国际上的看法和银保监会的要求一致。但是风险加总很难实现，需要依靠风险计量技术。要把风险了解清楚，进行有效的风险管控，应该优先考虑体制机制和风险计量建设。

不良贷款率通常在3%左右。截至2017年第四季度，中国商业银行不良贷款余额17 057亿元；商业银行不良贷款率1.74%，不良贷款率基本保持稳定。虽然受经济下行影响，中国银行业不良贷款率略有上升，但与国际同行相比，中国银行业不良贷款比例仍然较低。2017年末，商业银行贷款损失准备余额为30 944亿元，拨备覆盖率为181.42%，贷款拨备率为3.16%，资本充足率为13.65%，处于国际同业良好水平。

虽然近年来中国银行业在进步，国际排名也在快速提升，但2013年以来中国经济转型和结构调整步伐加快，银行业也面临一系列新的挑战，以往追随式发展、外延式扩张、粗放式管理、同质化竞争已无法适应新形势的要求。

**1. 银行扩张受到外部约束的明显制约**

一是随着中国经济增速步入新通道，过去支撑我国经济高速增长的部分要素正在发生变化，依赖投资和出口驱动的增长模式难以持续。实体经济的增长水平和活跃度必然要反映到金融业中，与此相适应的是银行体系也将进入一个相对稳定而非高速发展的状态。二是经济结构调整不可能一蹴而就，结构调整带来部分行业、客户经营状况的改变，必然影响到银行的存量资产，银行潜在风险会显著增加。随着市场变化，银行经营能力也将面临新的挑战：优质客户服务竞争激烈，营销难度增加；新的业务领域可能由于不熟悉、不了解而不会做；差的客户可能由于风险较高或管控能力欠缺而不敢做。因此银行的市场份额、收益水平和风险管控能力都将受到考验。三是银行监管要求明显提高，特别是在资本监管要求更为严格的情况下，资本约束将成为制约银行持续快速发展最突出的约束条件，随着资本筹措难度加大、成本升高，银行需要向资本集约型的内涵式发展转变。

**2. 银行自身管理能力决定了不可能无限扩张**

受制于自身能力，任何一个企业都不可能无限扩张，企业规模适度时，战略执行、决策科学性和风险水平都能做到基本可控，但当规模超过一定限度时，管理难度将呈现几何级数的增加甚至出现管理失控。这如同物理中的“增量理论”（Incremental Theory），非常规状态下，应力和应变之间不成正比。银行业更是有其自身的特殊性，它是通过承担风险敞口来获得经营收益的，如果没有必备的管理能力包括合适的战略、偏好、政策、制度、流程、系统及相匹配的人力资源，无法对风险实行有效管控，就如同高速行驶的汽车没有有效的转向、刹车和安全装置一样，最终可能会酿成巨大灾难。金融危机中很多百年老店轰然倒下的现实也能佐证这一点。对于一些资产规模超10万亿元的大型银行而言，由于经营范围的不断拓宽和经营区域覆盖面的不断扩大，加上行业间、产品间、客户间的复杂关联性，其管理难度将不再是随着数量的增加而简单线性增加。

**3. 在规模增速减缓的前提下保持盈利能力持续增长，是大型银行面临的现实课题**

国际金融危机之后，我国许多银行市场地位迅速提升，这既有自身改革和经营管理能力变化的因素，但更多的是中国特殊的经济增长大趋势和国际金融市场大环境的因素所致。随着经济增长总体放缓，市场日趋成熟，以及全球金融市场的恢复，金融业竞争将日趋激烈，今后仍然想保持这么高的增长速度恐怕是比较难的。从A股上市银行的资产规模数据来看，自2010年开始资产规模增速和盈利能力已经开始明显放缓。从国际银行业的经验看，资产高增长也不会长期持续，但通过集约化管理，盈利增长水平是可以保持的。中国银行业是否能走出一条集约化的发展道路是大家面临的共同课题。

因此，身处变革的时代，方向比努力更重要，对于我国银行业更是如此。首先，要确立自己独特、清晰的战略定位，明确服务区域、服务对象和服务范围，然后选择与之相适应的经营模式，并长期坚持下去。中国市场金融需求巨大，但很多银行却没有潜心挖掘细分市场，没有明确的战略定位，盲目跟风，从而导致同质化恶性竞争。未来，随着利率市场化推进、金融脱媒加剧及更多民间资本的进入，各家银行若仍未布局细分市场，激烈的价格竞争不可避免地会损害银行的盈利能力。如要维持较强的定价权及较高的利润率，银行需要慎重选择并锁定自己的客户群，有所为又有所不为，确立切实可行的风险偏好与战略目标，确定服务于战略目标的经营模式。其次，负责任的贷款原则最值得借鉴，这既是对客户的负责，也是对银行的风险管理负责。"以客户为中心"几乎是每一家银行的经营宗旨，但具体执行措施和效果却千差万别。没有任何一家金融机构能够回避金融创新来满足客户需求，但金融创新也并非人云亦云，而是需要更精细化的客户管理，对客户数据进行深度挖掘，分析其金融需求，并提供合适的产品和服务。只有深刻理解客户需求，不断提高客户服务能力，改进服务流程，才能真正赢得客户的忠诚。最后，良好的风险管理是一切业务可持续发展的基础，只追求短期的高收益无异于饮鸩止渴①。由于银行具有强大的汇集和配置社会资金功能，因此在所有市场经济体系中，社会的正常运行都离不开银行，银行的安全对于社会财富安全和经济发展至关重要，因此商业银行在以追求盈利为目标的基础上，保持银行不破产是大型银行的社会责任底线。

## 专栏

### 国际金融危机的深刻教训正在改变全球银行业经营模式②

国际金融危机正在打破原有的世界经济格局，并将引发国际金融体系的

① 大型银行和小银行的风险管理机制不尽相同。大型银行的风险管理责任制不能仅仅靠层层落实，而需要更专业化的制衡机制。当前，大型银行层层落实责任制存在较大的风险性。小银行的市场风险较少，风险管理主要是识别问题，通过建立风险识别的技术手段和计量方法，即可有的放矢。但大型银行功能复杂，业务综合性较强，仅仅依靠风险识别，一旦某一薄弱环节出现问题，产生交叉传染的系统性风险，将很难应对。制衡机制尽管存在效率低和认识分歧的问题，但是能从根本上降低甚至杜绝灾难性的损失。

② 2012—2013年，根据宏观形势、市场变化和国外商业银行转型情况，我当时对未来商业银行的经营模式和盈利结构进行了专门研究，试图为中国银行业即将到来经营转型提供一些"他山之石"。这种现场观察的感悟，时至今日仍有参考价值，这是我将当时的专题分析收入本章"专栏"的原因。

大调整。在漫长的经济复苏过程中，金融业将逐步回归“服务实体经济”的本质，“去杠杆化”趋势也日趋明显，理性、保守、审慎的经营风格将重新被银行业所重视和坚持。银行管理者意识到，银行长期稳健发展和价值创造的根基，不是脱离实体经济的“交易游戏”，而是不断分析挖掘客户需求并通过精细化、专业化的服务满足这些需求，而这种经营模式，必须建立在一定的风险管理和成本控制能力之上。分析和研究全球银行业经营模式正在发生的变化，无疑将对中国银行业的战略调整和转型发展产生重要的借鉴意义。

## 一、国际金融危机驱动全球经济深度震荡，复苏之路漫长但经济走回“老路”的可能性很小

从实体经济层面看，以美国为代表的经济增长高度依赖家庭消费，这种“低积累—高消费”的增长模式造成长期巨额贸易逆差，依靠新兴经济体的廉价商品和贸易盈余资金回流来维持运转。根据有关资料显示，2007 年，美国居民消费占当年 GDP 的 72%，家庭债务达到家庭年收入的 133%；贸易赤字连续三年超过 7 000 亿美元。从长期看，这种局面将难以持续。以东亚为代表的新兴经济体的增长则高度依赖出口。2007 年，亚洲出口总额占地区 GDP 的 45%，较 20 世纪 90 年代中期高出十几个百分点。为了维持出口高增长，新兴经济体大量投资建设面向欧美市场终端需求的基础设施，它们长期积累的巨额贸易顺差“回流”到欧美金融体系（全球外汇储备最多的 10 个国家和地区有 7 个在亚洲），为欧美家庭提供充足的资金来源以支撑其借贷消费。这种“高积累—低消费”对外部需求依赖性过大，同样难以持续。

从金融与经济的关系来看，全球金融业发展严重脱离实体经济。其主要表现：一是主要经济体金融资产的膨胀速度远远大于 GDP 增速。1952 年，美国金融资产总量相当于 GDP 的 4.11 倍，2008 年末达到 10.2 倍。二是为金融活动自身服务的金融性融资工具和金融风险管理工具占比，超过了为消费、生产等实体经济活动服务的非金融性融资工具和支付结算性工具占比。以提供金融交易风险管理服务的衍生品市场为例，1998 年末，其名义余额占

全球 GDP 的比例为 2.94 倍，而 2007 年末则达到 11.81 倍。金融业的过度发展超越了实体经济需要，也侵蚀了其自身赖以持续健康发展的基础。

从金融监管的角度看，欧美国家过度鼓励金融创新、放松监管，放任金融机构追求高杠杆、高收益、高风险的经营模式。具体表现有：一是放任金融机构降低贷款标准，导致“次贷”泛滥；二是放任金融机构不合理运用表外工具，掩盖金融体系风险；三是放松流动性和资本金约束，盛行高杠杆经营；四是放松金融衍生产品监管，单纯依靠金融机构自身控制衍生产品风险，助长投机。金融机构缺乏合理约束，过度追求短期利益，并将自身利益置于社会公众利益之上。这种监管模式难以保障金融体系的安全稳定。

由此可见，2008 年的国际金融危机源于全球性经济金融的结构性矛盾，仅仅依靠总量性宏观经济政策无法解决问题，危机的爆发既是结构性矛盾的最终体现，也是完成经济运行机制的自我修复。其后果必然导致全球经济结构、金融结构和金融监管结构的大调整。

2008 年以来，世界主要国家为应对国际金融危机冲击，连续出台了以“稳定金融市场、防止经济下滑”为中心的一系列救市措施。措施包括向金融体系注入流动性；政府出资清理“有毒”资产、直接接管问题机构；调整有关公允价值计量的会计准则；出台大规模经济刺激计划等。目前，这些措施已初见成效，主要经济体经济下滑的态势有所缓解，像雷曼兄弟公司等大型金融机构连续倒闭的情形有可能避免，国际金融危机进一步恶化的风险有所缓解。

尽管如此，全球经济复苏的道路依然漫长。“去杠杆化”是全球经济金融结构调整的重要步骤，它要求美国家庭减少借贷消费、提高储蓄率，这是一个长期的过程，可能抑制全球总需求的增长，导致全球经济长期低迷。更值得警惕的是，全球性通货膨胀的风险正在积累。国际清算银行已经发出警告，一旦经济实现复苏，货币流通速度将大大加快，先前各国央行为救市而大量投放的基础货币可能大幅推高物价，全球经济可能遭遇新的失衡。

依靠贸易赤字、借贷消费、服务性产业实现经济增长的“美国模式”无法持续；依靠出口、投资拉动、制造业高消耗、高污染、低附加值的中国模式同样难以持续。如果仅仅着眼于短期内扩大总需求，而不下大决心、花大力气调整当前的经济金融结构，就只能在短期内缓解经济下滑的痛苦。在此条件下，经济刺激的“药效”将很快失灵，全球经济持续复苏缺乏坚实基础。因此，观察全球经济未来走向，不能仅仅关注 GDP 的短期变化，更要深入研究主要国家解决结构性失衡的决心、途径及其成效。

经济复苏的根本推动力将来自新技术革命，因而复苏之路将是漫长的。18 世纪末以来，世界各国为摆脱经济危机进行了种种努力。从根本看，走出危机最终依靠的是科技进步。技术推动产业革命，创造新产业，培育新的经济增长点，通过固定资产加快更新、劳动生产率加速提高，引领世界经济在新的水平上实现均衡。从历史看，走出 1788 年世界经济危机，依靠的是以蒸汽机为标志的第一次技术革命；走出 1857 年世界经济危机，依靠的是以发电机为标志的第二次技术革命；走出 1929—1933 年的世界经济危机，最终依靠以计算机、原子能、航天为标志的第三次技术革命实现第二次世界大战战后长期繁荣；走出 19 世纪 70 年代的“滞胀”，依靠的是以微电子、生物工程和新材料为标志的新技术革命。最近一次的互联网信息技术革命，也有力地帮助美国从 1987 年的经济危机中复苏。著名的“信息高速公路”计划伴随了克林顿时期持续 8 年的经济增长，其影响一直延续至今。要摆脱当前的国际金融危机，归根结底必须依靠新一轮技术革命。从长远看，煤炭、石油等化石能源终将枯竭，化石燃料燃烧带来的环境污染、温室气体排放对人类自身发展构成威胁。与此同时，地球每年接受的洁净太阳能大约是全球一次能源消耗的 1 万倍。假如顺利实现技术突破，大大降低太阳能利用成本，这将是取之不尽的能源宝藏。目前，美国政府制定了“以发展新能源为核心、以节能和提高能效为辅助”的新能源战略。一旦技术取得重大突破，各类技术装备更新改造所产生的巨大需求将催生新能源产业，并带动大批相关行业快速发展，其历史意义将不亚于前几次技术革命。

瑞士洛桑国际管理发展研究院发表了《2009年世界竞争力年报》，美国连续第16年位居榜首（在遇到巨大麻烦的2008年之后）。这说明，美国凭借灵活的企业体制、发达的高等教育、活跃的创业精神及来自全球的高素质移民，依然成为世界科技创新的源头。德国、日本等国资源匮乏，在两次石油危机中积累了丰富的经验，具备在能源领域率先突破的技术实力。这些国家尽管在国际金融危机中遭受了严重的损失，相对实力有所下降，但是一旦其率先占领新技术革命制高点，仍然可能引领未来全球经济发展的潮流。“发展新型能源、开发清洁能源、提高资源利用率”可能成为新技术革命的主要动力，“用较少的资源支撑更大规模的发展”将成为未来全球经济发展模式的重要特征。在新的经济发展模式下，全球分工随之变化，可能引发新一轮两极分化。掌握能源等关键技术优势的国家将继续在国际分工链中保持领先；依靠能源优势、资源优势的国家在新的世界经济格局未必能够继续占据优势；缺乏技术能力、依靠廉价劳动力提供低附加值产品的国家在国际贸易中继续面临更加不利的贸易条件。

**二、随着经济金融关系的调整，金融结构和金融监管结构也将发生重要变化**

美国金融业背离“经济决定金融”的客观规律，超越实体经济需要过度发展，破坏其自身持续健康发展的物质基础。从未来发展看，经济与金融的关系将出现大幅调整，金融向服务实体经济回归趋势日益明显，全球金融业“去杠杆化”成为长期主题。

从区域结构看，金融中心可能向亚太转移。金融“去杠杆化”进程的持续、经济金融关系的调整可能导致欧美等发达国家金融业增速下降。与此同时，亚太地区在相对经济实力提高和金融市场深化等因素的推动下，可能成为全球金融业发展最快的地区。根据德意志银行的预测，如果金融市场长期增长率与经济增长率相当，到2018年时中国金融市场将占全球债券市场的5%、股票市场的10%和银行业市场的17%，成为全球最大的金融市场之一。

从产品结构看，传统金融产品的重要性上升。随着金融业向服务实体经济本源的回归，金融产品的内部结构也将发生变化。为金融活动提供融资服务的产品及为金融交易风险管理服务的产品在金融体系中的地位可能下降，为消费和生产等实体经济活动服务的金融产品和支付结算工具的重要性提高。这样，传统的信贷、结算类产品在金融体系中的地位将有所上升。从客户角度看，投资者趋于保守，对追求高风险高收益的金融产品的需求可能下降，结构简单、信息透明成为金融产品的基本要求，有担保的储蓄产品将更受青睐。综合来看，传统的“存贷汇”业务的地位将有所上升。

从产业组织结构看，金融危机推动金融业重组，市场集中度可能进一步提高。金融业重组有两种主要形式：一是为对抗危机，不少金融机构或者出于自愿、或者在政府的要求下联合，以扩大规模增强抵御冲击能力。二是部分金融机构在危机中损失惨重，市场影响力明显下降，市场份额被其他类型的金融机构所占据。例如，非存款类贷款公司、专业金融担保公司、独立投资银行、小型对冲基金等类型金融机构受其经营模式局限性的影响，在危机中显著丧失市场影响力，其市场份额通常被大型全能银行吞噬。

从经营模式看，以专业化为基础的综合化经营更受青睐。大型金融机构在选择经营范围时将充分考虑比较优势和客户需求，将根据有利于服务客户、有利于交叉销售、有利于控制风险、有利于降低成本的原则，保留有把握的低风险业务，重点发展核心业务，增加拥有长期优势领域的资本配置。

在监管理念上，“功能监管论”可能取代“机构监管论”，“宏观体系安全观”可能优于“微观个体审慎观”，“风险预防法”可能重于“风险处置法”。此外，全球金融监管合作将进一步加强。

商业银行对资产负债表中的负债结构及融资来源的关注超过以往。有研究表明，不同的融资来源结构在很大程度上决定了金融危机中银行迥然不同的命运。针对欧美市场部分国际性银行的分析显示，危机前融资稳健比率[①]高于0.65的银行中有80%表现好于危机后的行业平均水平。具备稳健性、多元化融资结构（包括居民存款、长期债券和股权资本等）的银行其表现总体良好，更具备抵御金融危机的能力。那些非存款类贷款机构、房地产贷款银行、零售贷款公司、规模较小的对冲基金等金融机构因为较多地依赖期限较短的融资工具而受到了重创，其业务模式可能不复存在。

**三、商业银行经营将回归稳健，资本约束等基本原则将被高度重视和严格执行**

与投资银行相比，商业银行一直以稳健保守的经营风格著称，然而在2008年国际金融危机中，商业银行种种激进的经营行为导致其遭受了重创。例如，在巨额利润的吸引下，大量以经营住房抵押贷款为主的专业银行降低了客户准入标准，使不符合贷款条件的客户得到了贷款。随之以这些次级贷款为基础衍生出各种复杂的金融产品，在商业银行及投资银行、对冲基金等不同的机构之间进行交易，商业银行本来是稳健经营的代表，也醉心于虚假繁荣的高杠杆游戏中，抛弃了资本约束、坚守底线、专注核心业务的基本理念，最终以资产负债表爆出巨额亏损、陷入流动性困境和信心危机而告终。

经历了国际金融危机后，全球银行业将普遍显现一种理性的回归，资本约束、坚守底线、专注核心业务等基本经营管理理念将再度受到重视和坚持。

首先，更加重视和强调资本约束。资本的最大作用在于抵御经营风险，因此资本的规模大小决定了银行承受损失能力的大小。有数据显示，2003年末，当时位居美国投资银行第三位的美林银行的资产是其所有者权益的17.9倍（折算的资本占资产比率为5.6%），到了2007年中期，次贷危机初始之时，

① 融资稳健比率是指居民存款、长期债券和股权资本与总负债的比值。

该数值为27.8倍（折算的资本占资产比率为3.6%）。而在2007年末，最善于风险管理的高盛投资银行，也有着26.2倍的杠杆率（折算的资本占资产比率为3.8%）。雷曼兄弟公司的净资产是200多亿美元，破产后留下6 130亿美元的债务，杠杆率接近30倍。金融机构如此低的资本资产比率意味着当损失发生时，它的资本不堪一击，没有任何抵御能力，一旦潜在风险变为真实的损失，危机就不可避免地发生了。因此，资本作为商业银行抵御风险的最后一道防线，资本约束下的安全稳健经营在任何时候都应该得到最坚决的拥护和最严格的执行，安全性成为银行经营应坚持的首要原则。

其次，重新审视风险偏好并确保其得到很好的执行。2008年国际金融危机充分暴露了许多金融机构缺乏风险偏好或者自身业务经营模式与风险偏好目标严重不统一，明确风险偏好并确保在各经营层面得到严格执行将成为金融机构的内在管理要求。与国际银行相比，中国银行业在明确和执行风险偏好这方面存在的问题更为突出，具体表现在：风险偏好不明确或者趋同，不能体现自身的发展战略和经营特点；由于缺乏很好的传导载体和监督评价机制，风险偏好往往不能得到切实执行，具体经营管理活动可能会偏离风险偏好要求；普遍缺乏一套风险偏好的评价和重检机制，在出现或者预期出现重大业务环境变化的时候，风险偏好的调整和指导不够等。

当前形势下，虽然诸多现象显示经济已经初步回暖，但经营环境的不确定性还是非常大。中国商业银行更应该明确并适时调整自身的风险偏好，实现稳健持续发展。一是扩大风险偏好覆盖范围。风险偏好作为银行经营管理的基本指南，覆盖范围应逐步扩大，不仅包括重要风险类型例如信用风险、市场风险、操作风险、流动性风险，还应该涵盖声誉风险等容易被忽略的风险类型。二是增加定量表述指标。风险能够被科学计量和指标具有可分解性是保证风险偏好科学传导的重要前提。随着中国银行业风险计量能力的快速提高，在风险偏好的表述中将增加更多的定量指标，通过这些指标的分解，使执行和评价风险偏好的工作有据可依，并与定性的表述结合在一起，构成完整系统的风险偏好并合理传导。三是更加重视风险偏好的执行、评价和重检。一个著名的咨询公司曾这样表述：陈述风险偏好是重要的，但更重要的是如何执行风险偏好。2008 年国际金融危机的爆发也从另一个侧面证实了这一点。中国银行业的共同特点是经营地域广、区域差异大、分支机构层级多，风险计量手段少，因此更要着力在风险偏好的执行上下功夫，确保各层级、各条线的经营活动都准确地体现了风险偏好的总体要求。同时，还要建立一整套风险偏好的评价和重检机制，以便应对环境变化及时作出调整。

最后，回归核心业务。过去，国际金融机构的业务组合存在着重大缺陷，销售的产品实际上是以结构性产品和衍生性产品为主，在高杠杆率的撬动下不断地追求高利润率。在 2008 年国际金融危机中，欧美金融机构付出了惨重的代价，商业银行将在“去杠杆化”的过程中逐步回归核心业务，集中精力从成本管理和控制、产品定价、客户群细分、各业务领域之间的交叉营销等方面大力发展核心业务，并在核心业务的基础上审慎进行其他相关业务的扩张，以提高整体竞争能力。逐渐将重点放在传统的存款、贷款、汇款业务，以及信用卡、国际结算、固定收益类项目为主的理财服务等业务之中。

## 四、银行服务的专业化和精细化水平仍将不断提高

商业银行的金融服务必然要服务于实体经济，在实体经济的运行中发现和挖掘客户需求并予以满足，才能获得有效、健康的发展。因此，除了银行所依赖的外部环境发生变更以外，客户需求的变更也是驱动商业银行经营模式转变的重要内生原因。

首先，营销模式由产品供应商向价值创造者转变。现代商业银行伴随着大规模工业化生产的企业组织形态的出现而出现。商业银行的一系列传统产品主要是满足工业化生产的各个阶段融资的需要。第二次世界大战以后，尤其是 70 年代布雷顿森林体系瓦解以后，国际经济金融环境发生了重大变化，利率汇率波动加剧，企业面临瞬息万变的经营环境。此时，大多数企业不仅从事工业生产，同时还开展资产重组、债务重组、兼并收购、上市融资等多

种经营活动，为适应这种需要，商业银行也从以前简单发放贷款转变成为从事存贷款、投资、发行债券、资产管理等多种业务的全能银行模式。此时，商业银行已经从金融产品工厂转变成提供综合金融服务以满足企业或个人财务安排，帮助其管理风险、提升竞争力的价值创造者。

其次，根据不同客户群体特点订制服务方案，银行服务朝着专业化、精细化发展。不同客户的金融服务需求差异显著，首先体现在客户类别方面。大型客户需要的服务性质复杂，单笔金额大，而小型客户需要服务的单笔金额较小，服务性质趋同。根据这个区别，多数国内银行自 20 世纪 90 年代起将“批发业务”和“零售业务”做了区分。伴随中小企业的快速发展，中小企业的特殊性受到重视，近年各家银行已开始将中小企业客户从批发、零售领域区分出来。由于大型客户、中小型企业和零售客户在个体行为和财务安排方面的显著区别，服务重点也应有所区分。大型客户着重设计和订制整体服务解决方案，中小企业借鉴村镇、社区银行模式注重差别化和产品创新，零售客户注重提供标准产品组合，实现高效和差异化的统一。客户需求的多样性及对金融服务高效性的要求将使商业银行必须朝着专业化、精细化的方向发展，与之相适应的组织、流程、政策、工具、系统和人员等配套设施建设也将进一步加强。

最后，银行业务策略形成模式的改变。在经营环境、竞争对手、客户等因素影响下，银行业务市场具备了一定意义上的“买方市场”特征，即逐步由供给占据主导地位转向客户需求决定市场总量和结构。这种市场模式，决定了银行市场竞争力的关键组成要素是把握客户需求的能力。银行确定业务策略的方式，应以客户需求分析为先导，逐步由“从上至下”“从宏观到微观”的策略形成模式转变为“从下至上”“从微观到宏观”的模式。具体而言，首要问题是要分析客户的内生需求变化。而且，在制定策略的过程中要分析金融环境变化对客户需求的影响，研究服务竞争，从而确定客户对新银行服务供给的接受程度。

## 五、风险管理和成本控制将成为银行经营管理的核心

2008年国际金融危机是对银行风险管理能力的一次重大检阅，风险管理抵御系统性风险和经济周期波动、实现可持续发展的价值得到突出显现。危机过后，全球大型金融机构将大力改进风险管理，特别是在压力测试和情景分析、支持和保障金融创新、风险基础体系建设等方面进一步完善，风险管理将成为银行经营管理的核心。对于中国银行业来讲尤为如此。目前，中国商业银行的经营模式还是以持有到期贷款和债券投资等资产为主，通过收益来覆盖预期损失。以贷款为例：在贷款发放当期，银行根据当时的市场状况和盈利水平计算收益以覆盖预期损失，通过科学计量风险和合理定价在这一时期实现了风险和收益的平衡。在贷款存续期内，由于收益（利率）已经事先约定，而风险敞口是在不断变化的，受竞争压力和银行盈利要求等现实因素影响，银行很难通过提高收益（利率）来进一步覆盖可能扩大的风险敞口，必须通过加强贷后的风险管理最大限度地降低风险，减少损失，才能真正实现风险收益相平衡。因此，风险管理成为平衡收益风险、实现价值创造的关键所在。

国际金融危机过后，中国商业银行将在风险偏好的设定和执行、工具开发和应用、体制机制建设、风险文化建设等方面全面提升风险管理能力，提高专业化和精细化水平，增强对业务健康可持续发展的保障能力。一是以风险偏好为核心建立全面风险管理体系，主动选择风险、积极应对风险。根据自身比较优势确定目标市场并扩大风险经营的种类和规模；风险控制策略从过去被动接受风险敞口转向主动规划风险结构，通过风险选择实现优化配置，体现银行“经营风险”的本质；在风险应对手段方面，从过去的被动“持有”和“定价补偿”扩展到主动的风险转移、风险对冲、风险分散等。二是加快风险管理工具的开发应用，加强压力测试和情景分析，为金融产品创新和业务快速发展提供支持。风险管理工具的运用是提升风险管理能力的前提和基础，开发并合理运用各种风险管理工具，涵盖资产组合和交易层面，覆

盖主要风险种类和整个业务流程，为支持健康快速发展和业务转型提供有效支撑。中国商业银行将进一步加强和规范压力测试和情景分析工作，为应对极端环境变化提供决策支持。三是随着金融创新的加快，风险特征日益复杂，风险管理从体制机制设计上将更加突出垂直管理、专业管理和集约管理，适应经营组织形式和风险分布特征的变化，更好地服务于总体战略目标的实现。四是风险管理越来越注重在统一风险偏好下合理体现差异性，针对不同风险、不同产品、不同行业、不同区域，风险管理的重点、要求、手段和工具也会有所不同，提高风险管理的专业化和精细化水平。五是风险文化是银行发展中重要的“软实力”，将更持久地从根本上影响银行的经营行为。中国商业银行在努力建设“硬实力”的同时，将更加积极培育和传播先进风险理念和文化，保障各项业务持续健康发展。

国际金融危机过后，国际银行业进入了漫长的“去杠杆化”过程，金融服务需求的急剧减缓及各类财富和储蓄产品利润空间的缩小意味着金融机构必须尽快调整成本结构，成本控制意识显著增强。略有不同的是，中国银行业面临的是大量客户的金融需求还没有得到充分满足的现实，但是在利差空间的日益趋窄、中间业务持续增长困难及国内外同业竞争更加激烈的情况下，当前中国银行业的盈利压力非常大。在寻找优质客户、挖掘客户需求、拓宽发展空间的同时，中国银行业也必须眼光向内，在成本控制上下功夫，获得集约式、高质量的持续发展。因此，历来年报中成本收入比作为一项重要指标受到投资者的关注，它集中反映了一家银行的经营水平和发展潜力。

面临艰难的经营环境，中国商业银行将把成本控制提升至战略层面，通过实施以客户为中心的成本控制法、简化完善薪酬体系及整个组织对成本管理的不懈努力来加强成本控制，获得集约式、高质量的持续发展。第一，成本管理的范围不断扩大。不仅包括运营成本，还包括资金成本、信贷成本、税收成本等，立足于全面成本管理。第二，商业银行将本着“以客户为中心”的原则，分析不同客户群的成本/价值和综合贡献程度，发现业务机会。第三，商业银行将从优化业务流程、改进营销策略、加强主动负债管理、优化资产结构、严格控制资产质量等方面入手，挖掘潜力，打造成本竞争优势。第四，对业务外包进行重组。在国际金融危机冲击下，内外部的条件都发生了很大的变化，特别是外部受托对象的风险大大增加。因此，商业银行将在重新评估的基础上，对外包业务加大重组力度，努力降低外包的风险和成本。第五，设计更加科学合理的薪酬制度。这不仅是2008年国际金融危机中国际上最受指责的领域，而且在国内也引起广泛的关注和质疑。商业银行将结合实际制定与风险成本挂钩，有利于机构持续稳定发展、科学合理的薪酬体系，有效调动各层次的积极性，兼顾短期和长期利益。

# 银行市值的短期市场情绪与长期价值信号

中国大型银行股改上市后的规模和利润增长很快，核心指标也基本上与国际银行比肩，但估值水平却低于美国的银行同业。我们在理论分析和实践观察中深切感受到，投资者和银行管理层都必须正确理解市值，了解即期市值的形成机制，不应被短期银行市值波动所困惑，更不应被左右，但必须重视银行市值变化发出的信号，理性判断银行价值，从而有针对性地改进银行的管理能力。

## 一、银行排序的争议与估值的市场共识

业界对银行的评价方法一直饱受争议，越来越多的人已经意识到，资产规模、盈利能力、资产质量、国际化程度、理财能力以及信用卡、存贷款、投行等业务和网点数量等方面的指标，都仅能有限反映银行某一方面的能力和优势，不能全面反映银行的综合实力和竞争力。如果片面追求这些指标，会使银行脱离正常经营轨道，带来灾难性后果。2008 年全球金融危机之前，全球银行业资产规模领先的苏格兰皇家银行、德意志银行，核心资本领先的荷兰银行，不良贷款率领先的美联银行，净资产回报率（ROE）领先的雷曼兄弟等，就曾因为片面追求单一指标或业务的领先而出现经营失衡，导致银行在国际金融危机到来时未能经受住冲击，出现巨额亏损、被收购、甚至破产。

由于视角不同，最佳银行的标准在不同人群和机构的眼中不尽相同。杂志榜单、信用主体评级等常见评价标准可为最佳银行的评判提供一定参考，

但我们发现这些标准通常仅反映银行在某一特定领域的历史表现。

以标普信用评级中国的金融机构评级方法为例，其对金融机构的评级过程大致可分为三步：一是结合经济风险和行业风险评估受评实体的运营环境，确定金融机构评级的基准，反映平均水平的金融机构在特定运营环境下的假设性个体信用状况；二是基于受评实体的运营能力、资本水平、风险偏好，以及融资和流动性情况等个体因素在基准水平上进行调整，确定受评实体的个体信用状况；三是考虑政府支持、集团支持等特别支持带来的潜在增信，确定受评实体的主体评级。

虽然信用评级的方法论、模型和信息收集渠道经过多年发展已十分完善，且相比杂志榜单的单一指标而言较为综合，但通过信用评级衡量银行在评判角度、前瞻性、可比性等方面仍存在一定局限性。一是评判角度仅聚焦信用风险，难以体现受评银行的市场价值。二是信用评级具有顺周期性，评级公司在经济和金融市场趋势向好时期给予高信用评级的比例显著高于危机时期，缺乏前瞻性判断。三是各国信用评级体系的标准不同，可比性较低。因此，我们很难通过信用评级综合衡量银行的长期发展潜力。

相对而言，市净率（PB）、市盈率（PE）等市值指标隐含了不同银行在盈利能力、产品定价、风险管控及公司治理等可持续核心竞争能力方面的差异，综合考虑了投资者情绪和市场预期、宏观政策和资本市场环境等外部因素变化，反映了市场对银行经营能力的综合认知和长期趋势性判断。

包含众多信息的银行市场价值，虽然也存在某一时点、区间的失衡或失真，甚至还有特殊条件下的人为操纵缺陷，但从长期看是真实的。正如巴菲特所说“从短期看，股市是一个投票机；而从长期看，股市是一个称重机”。所以就评价结果反映的趋势而言，市值的意义明显优于单一财务指标或信用评级比较，更适宜作为好银行的评价标准。同时，市场价值是市场参与者集体意志判断的产物，是供求关系均衡的体现，完全由投资者的买卖决定，数据易于获取，并且相对客观公正、公开透明。

案例 1：单一指标的领先不代表估值水平的领先。观察 2017 年 1 月至 2020 年 9 月中美主要银行[①]的市净率（PB）走势（见图 1）可以发现，美资四大行平均 PB 曲线在绝大多数时间都处于中资四大行 A 股和 H 股平均 PB 曲线上方，仅在 2020 年 3 月因海外疫情暴发而短暂跌至四大行 A 股平均 PB 曲线的下方。仅从净资产回报率（ROE）的数值来看，中资四大行平均 ROE 自 2017 年第一季度起始终高于美资四大行。但从趋势来看，中资四大行平均 ROE 逐年下滑，而美资四大行平均 ROE 在 2018—2019 年呈向好态势。结合美资四大行平均不良率低于中资四大行的情况来看，市场或对中资四大行 ROE 的可持续性和资产质量存在担忧（见图 2）。

事实上，美资四大行估值较强受多方面因素影响，比如美国股票市场整体估值水平较高；美资银行近年来多次回购股票，有效提振投资者信心；美资银行经历过多次金融危机，不良资产随之出清，投资者对其资产质量较为信任，等等。由此可见，估值水平的影响因素不局限于一个甚至几个指标。

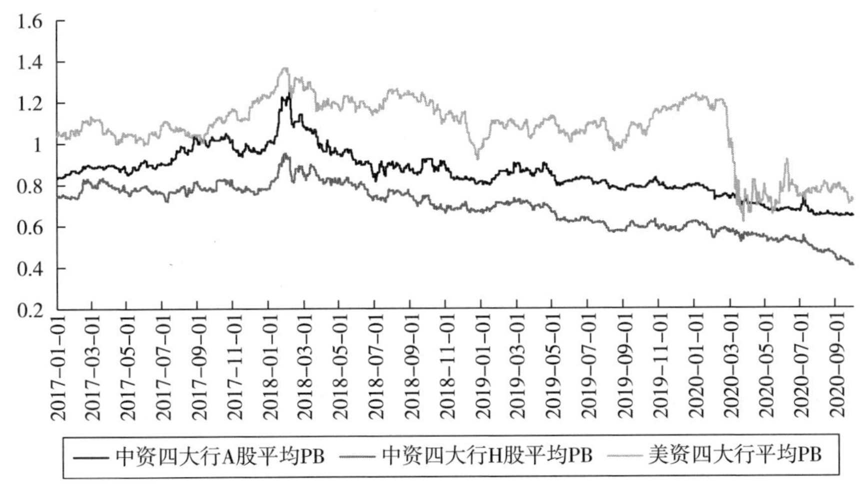


**图 1　2017 年 1 月至 2020 年 9 月中美主要银行 PB**

（资料来源：Wind）

① 中美主要银行指中资四大行和美资四大行，其中中资四大行指工行、农行、中行、建行，美资四大行指摩根大通、美国银行、富国银行、花旗集团。

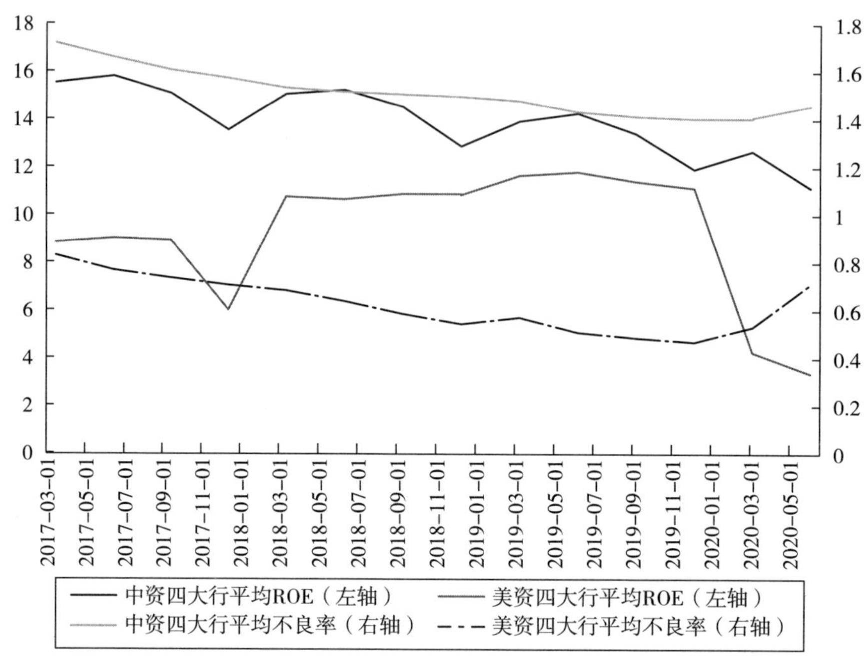


**图 2　2017 年 3 月至 2020 年 6 月中美主要银行 ROE 和不良率趋势**

（资料来源：Wind）

案例 2：估值水平是银行经营表现的先行指标。银行不良贷款暴露落后于经济周期，因此不良率等资产质量指标存在滞后性，难以作为识别问题银行的前瞻性指标。相反，估值指标反映市场对银行的未来趋势性判断，往往领先于经营指标变化，问题银行的估值水平长期呈下行态势。锦州银行 PB 在 2017 年初见顶回落（其间港交所银行业成分股平均 PB 基本保持稳定），而不良率在 2018 年末才开始快速上升（见图 3）。

案例 3：ESG 等非财务因素对于银行市值的影响力日趋明显。麦肯锡公司所作的调查研究显示，良好的公司治理越来越被国际资本市场和全球投资人看作是投资对象改善经营业绩、提高投资回报、走向国际一流的重点。其 *The ESG premium: New perspectives on value and performance* 报告显示，参与关于 ESG 调查问卷的 439 位高级管理人员和 119 位专业投资者中，83% 的受访者认为 ESG 项目将在未来 5 年中为股东贡献更多价值，接近 80% 的受访

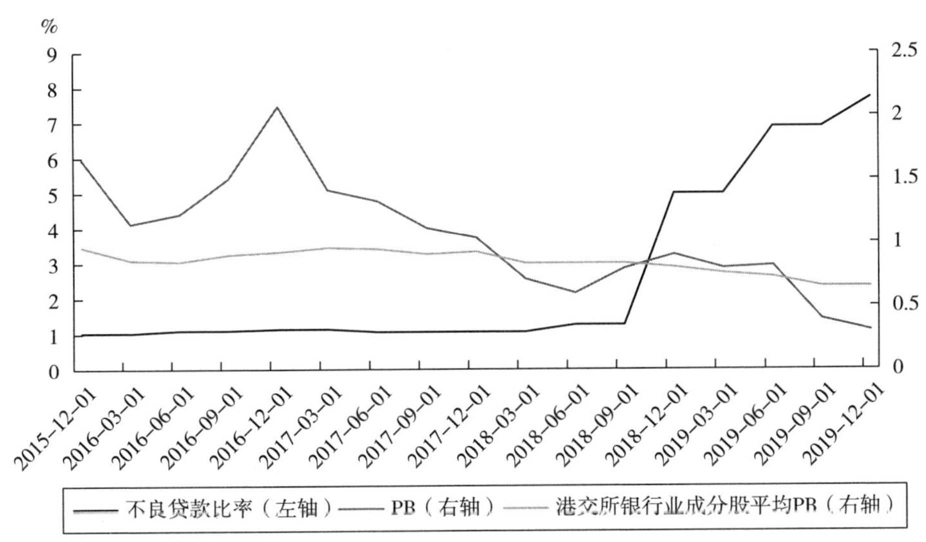


**图 3　锦州银行 BP 和不良率趋势**

（数据来源：Wind）

者在评估潜在资本项目时会考虑 ESG 因素。多数受访者愿意为收购 ESG 方面表现出色的公司支付 10% 的溢价，25% 的受访者愿意支付 20%~50% 的溢价，7% 的受访者愿意支付超过 50% 的溢价。

安永对 220 多家机构投资者进行的全球气候变化和可持续发展服务研究显示，越来越多的机构投资者已结合 ESG 进行投资决策。其中，近 2/3 受访投资者在做出投资决策时会评估非财务价值，超过 90% 的受访投资者指出非财务表现在过去 12 个月至少有一次对其投资决策发挥重要作用。

## 二、重视并正确理解银行估值变化发出的市场信号

估值指标的变化趋势能够综合、前瞻性地反映银行内在价值的变动方向。纵观国际上享有盛誉的领先银行，其市盈率和市净率等市值指标远远领先于同业，最重要的原因是盈利模式的稳定性和可持续性，而背后的支撑力量正是其商业模式中的平衡机制和比较优势。国际一流银行的盈利模式多元化程度高，同时居于全球金融交易产业链的最上游，在产品研发、风险控

制、交易与销售等关键领域具有绝对优势，这种近乎垄断的地位，为其带来了源源不断的超额收益，而且市场认知度高，并集中反映在股价上。纵观在全球享有盛誉的大银行，都有其竞争优势领域，这些竞争优势是其在过去数十年不断创新培育形成的。

另外，银行市场价值也不是完全“不可预测”。在发达市场经济体，上市公司很早就开展了市值管理，投资者关系管理在欧美证券市场有 40 多年的发展历史，其股价能够较好地反映企业真实价值。

反观中资银行则长期存在估值偏低的问题。自 2010 年以来，中国银行业在经济下行的情况下仍然保持了相对较高的 ROE，国有大型银行 2019 年平均 ROE 保持在 12.5%，对比全球最大 50 家银行 9.7% 的平均水平可以看出中国银行业发展的稳定性，然而中国的银行股票估值却在显著收缩，导致市净率由 2010 年的 2.0~2.1 倍降低至 2019 年的 0.7~0.8 倍。业界普遍认为，低迷的银行股估值和较高的 ROE 相背离，是因为市场投资者并不认为当前较好的投资回报表现具有持久性，对银行的未来业绩有所担忧，预期未来 ROE 会呈下降趋势。其逻辑思路：假定市场交易价格客观充分地反映了市场投资者的预期，将市场预期股票价格与预期资本回报水平建立关联，可测算出市场价格对应的资本回报水平（隐含 ROE，Implied ROE），将其与实际的资本回报水平相比较，产生的差距则可反映出投资者的“担忧”水平，即预期 ROE 下降的水平，这种差距是股价低迷的直接原因。

市场估值虽然隐含了对不良率的预期，但部分分析师据此反推银行不良率将达 4.5%~10% 的论据并不成立。2012 年以后，投资者对银行业资产质量的担忧逐步显现，对不良贷款持续上升的预期增加，最终反映到对银行的估值和股价上，这也是正常的。但有投资分析师用股价反推隐含 ROE，可再反推不良率，即可得出投资者对不良率上升水平的预期，就值得讨论了。也有分析师通过银行净利润增速、ROE、分红率等指标的历史数据估算其合理 PB 水平，并将预估 PB 与市场 PB 进行对比，将差额部分归因于隐含不良贷款率。

实际上，将实际 ROE 与隐含 ROE 的差值、实际 PB 与预期 PB 的差值完全解释为市场隐含的拨备支出和实际拨备支出的差值，这就相当于将市场预期的负面因素全部归结为不良贷款上升。一个完整、准确的预期模型，还应将净息差、资产负债规模与结构、收入变化、业务成长性等因素考虑在内，将银行所面临的各类外部竞争和监管因素考虑在内。这种单因素分析方法虽然能够简单、方便地推算出投资者对于银行业整体不良率的预期感知，但实际上高度放大了不良率的影响。也就是说，这种推导模型的缺陷在于过于简化，没有考虑其他可能影响市场估值的因素，包括银行的股权融资需求、广泛的市场波动、经济周期的变化、影响单个银行的特例因素等。对这些因素欠缺考虑，显著降低了隐含不良率乃至隐含 ROE 计算的准确性。

从对银行估值角度考虑，不良贷款形成的减值支出是银行重要成本支出，固然会对银行业投资回报的稳定性产生影响，但目前来看，存量不良贷款拨备比较充足，银行信贷市场虽面临一定的行业风险冲击，不良贷款也将有所上升，但尚未出现真正的系统性风险，暂不会出现短时间不良贷款大规模集中爆发的局面（不良率产生倍数增长），因此信贷成本也没有短期大幅增加的迹象。虽然市场将继续关注不良贷款的变化及其引起的减值支出变化，但更为关键的是，还要关注银行在新的经济环境、竞争环境中保持盈利增长的能力，持续的盈利能力才是银行估值的决定因素。

利率市场化及国际上正在出现的零利率（甚至负利率）趋势，将是短中期影响银行估值的最主要因素。在现有银行业务结构和盈利模式下，相对于减值支出对银行盈利的影响，利率变化对银行收入的影响程度更大。在利率管制的条件下，银行与交易对手——借贷双方既感受不到利率风险，也很少遇到与价格因素关联的违约风险（利率越高，违约风险越高），久而久之普遍丧失了利率敏感性。利率市场化之后，借贷主体面临着前所未有的市场风险和信用风险，增强利率敏感性至关重要。从国际经验看，由于风险选择能力和定价能力的差异，不同的银行在利率市场化环境下受到的影响是不一样的。部分银行因为缺乏在风险量化基础上的自主定价能力，不能有效进行资本、收益、风险的量化平衡，要么受到巨大风险冲击，要么就是成本收入比例快速攀升，走向衰败。历史数据也在一定程度上证明利率市场化后银行业市场结构会发生变化：1984—2003 年，美国在推行利率市场化后，银行及信贷机构数量减少了 48%。因此，利率市场化对银行能力的挑战已成为当前最值得关注的核心问题，能够更好地适应这种市场变化的银行，将在未来市场中占据更有利的竞争位置，其估值也将得到市场的进一步认可。

中国银行业长期低迷的估值水平一方面警示管理者，要在新的发展阶段提升驾驭新型风险的能力；另一方面，也反映出部分中资银行的信息披露和投资者关系管理工作较为薄弱，缺乏对市场预期的合法合规引导，导致投资者只能“用脚投票”。

## 三、估值信号警示管理者加强新风险驾驭能力

多年来，中国的银行业依靠稳定的利差和持续旺盛的信贷需求，实现了持续高增长，经营规模和盈利能力都达到了新的高度。当前中国的银行业经营模式是在特定的外部制度环境、市场因素与银行内部经营变革的均衡中实现的，与中国经济主要依靠投资和出口拉动的经济增长方式、间接融资主导的融资格局相契合。在这种模式下，银行的核心竞争力在于存款的规模和获取存款的成本，背后是渠道和网点优势。尽管过去十几年商业银行一直强调转型，但在特定的市场和制度环境下，追求规模型、市场份额型的发展思路没有根本改变，传统批发业务量非但没有下降，甚至进一步上升。

经历长期的高速增长后，中国的银行业经营存在诸多现实困境。业绩增长过度依赖信贷资源投放和资本消耗，在资本、规模和业务等诸多方面出现了发展瓶颈：驱动业绩增长的信贷规模遭遇资本约束的天花板，存贷差为主导的盈利结构遭遇利率市场化的挑战，粗放经营的风险管理模式也面临日益严格的监管约束。同时，多年持续性大规模信贷投放的结果使银行自身的杠

杆和整个公司客户群的杠杆不断上升，规模驱动的增长方式使社会经济风险过度集中于银行体系，银行的免疫力在不断下降。

这种发展方式还存在着不能适应未来环境变化的隐忧。经济发展方式转变和经济结构调整将显著改变客户需求和客户结构，中国经济进一步融入全球和中国企业走出去，客观上要求与之相适应的本土金融体系不断延伸和拓展，为其提供金融服务和分担风险。银行盈利基础将受到利率市场化和汇率波动的巨大挑战，稳定的利差环境、可预期的汇率变动将不复存在。金融脱媒提速，商业银行负债波动性加大，百万亿元存款将面临着期限转换和信用转换。外部环境的变化，要求银行管理者必须尽快培育与新环境相适应的业务拓展能力和风险驾驭能力。

一是以制约有力和激励有效为导向的公司治理能力。透明、协调的公司治理机制是平衡公司利益相关方，支撑市值稳步提升的制度保障。在新的经济环境下，引入多元化投资者，形成股权架构的外部制衡；建立长期激励机制，加强管理层的内部激励和引导，有助于完善中国银行业公司治理机制。其一是在不影响控制权的前提下，引入战略投资者和长期投资者，丰富投资者类型和数量，有助于形成股东多元稳定、战略投资与财务投资结构合理、大小股东相互制衡的股权结构，促成股东积极参与银行公司治理，建立外部制衡的监督机制。工行、中行、建行等国有银行引入战略投资者，完成股份制改革的实践证明，真正意义上的战略投资者在商业银行的风险管理、成本控制、公司治理，甚至可持续经营等方面发挥了正面引导作用。其二是完善内部激励机制，形成提高管理效率的长期驱动力。目前，中国银行业的管理层薪酬方案大多是基本薪酬和福利保障为主的短期薪酬体系，缺乏与风险挂钩的长期薪酬激励。在缺乏长期薪酬机制约束的情况下，管理层可能过度追求短期收益，忽略长期经营风险。

二是与环境相适应的风险驾驭能力。国外先进银行的风险控制架构和管理流程虽有差异，但一般都设有“三道防线”来防御风险。风险管理经验丰富的银行并非只有单一管理导向，其通常采用多元化设计思路，将几种管理导向相融合，风险管理组织架构和流程设计也是取其所需。在后金融危机时代，全球商业银行对风险控制的理解正随着国际金融危机“后遗症”的显现而不断加深，“多元化”和“立体化”的风控理念正在形成。此外，还应建立独立、权威的内部审计机制。绝大部分银行的审计部门地位很高，有权利接触各业务条线或板块的信息，并直接向董事长和管理层报告。审计部门发现的问题或提出的建议通常都会受到高度重视和认真整改。

三是适应经济全球化的国际经营能力。从国际经验来看，大型商业银行不仅要有全球战略，更要专注本土经营。适宜的国际化发展战略是银行提升全球客户服务能力的必然选择。但我们应该注意的是，一个新兴市场银行进入发达金融中心，参与一个相对复杂的市场交易，不仅是为了寻找潜在客户和增长点、分散风险、使业务多元化等，更重要的是学习借鉴，并借此在国内市场获取比较优势。对国际化的错误认识和定位会导致国际化战略失败，一次并购失败可能会给银行带来致命打击。

借鉴国际金融业的发展经验，中国大型银行未来的竞争优势将来自人民币相关衍生产品开发和做市能力、行业专业化服务能力和跨国公司全球一体化金融服务能力。

一是人民币金融衍生交易的做市能力。根据国际清算银行的相关统计，全球流动性的75%来自金融衍生产品，其规模已达到全球GDP的8倍；而银行存贷款业务形成的流动性仅为全球流动性的11%，为全球GDP的122%。金融衍生市场的规模和体量足以支撑全球商业银行长期持续增长，是数十年来改变国际银行业面貌的重要力量，也是国际活跃银行获取竞争优势的重要领域。受制于国内金融环境和国际化程度，金融衍生产品业务是中国商业银行的短板，产品研发能力、定价能力、风险管理能力相对薄弱。随着利率、汇率的市场化和人民币的国际化，金融衍生交易需求将爆发式增长，市场将迅速壮大。做市商是金融市场中的制高点，做市商的能力和定位既是金融市场业务的核心竞争力，也是全球金融产业链的最高端，掌握了定价权的做市商在利润分配格局中占绝对优势。更重要的是，金融衍生业务的优势能够有效提升信贷业务、资产管理业务和负债业务的竞争能力。在市场化条件下，信贷业务需要通过衍生交易锁定利率和汇率风险，资产管理业务需要通过衍生交易来丰富和细化风险收益特征，负债业务也将由传统的存款向内嵌衍生交易的结构性存款转变。

二是专业化的金融服务能力。随着市场竞争加剧，行业专家化服务逐渐成为国际银行业领先竞争对手的利器。在新环境下，银行传统债务融资类业务逐渐无法满足客户多样化需求，特别是单一的债务融资容易放大客户财务风险。全球领先银行通过行业金融专家，提供发展战略规划，财务结构优化，并购重组咨询等融资服务，甚至通过供应链金融等服务改善行业和经营环境，帮助客户建立核心竞争优势。如富国银行在饮料、教育、能源、环保、食品和农业等 13 个行业，汇丰银行在贵金属、能源、零售等 6 个行业，渣打银行在贸易融资领域，花旗银行在健康管理、律师和会计师事务所等小企业业务领域均具有领先优势。杜丽虹 2009 年 9 月刊发于《证券市场周刊》的一篇文章提到，德国商业银行的行业重心聚焦于新能源和交通运输两个领域，成立专门业务单元，帮助客户设计金融方案以推进当地污水处理产业的发展，目前已成为德国再生能源行业的第一大金融服务商，是多家新能源企业的 IPO 和再融资的主承销商。交通运输领域，德国商业银行的服务内容包括船舶建造各阶段的银团贷款、海运和内陆运输的流动资金贷款、离岸油气行业的运输融资、造船企业的项目融资、海事基金的发行，以及由海事融资衍生出来的利率和汇率衍生品销售、国际支付、并购重组等业务。

三是全球化金融服务能力。服务跨国公司是全球金融竞争的制高点，可以迅速提升银行的综合竞争力和品牌影响力。跨国公司居于产业链的最高端，受其主导、支配及影响的企业众多。银行以跨国公司为切入点，不仅可以由上而下地服务跨国公司众多分支机构，还可以将服务沿着供应链延伸到跨国公司的供应商和服务商。另外，跨国公司进入多国金融市场以及体系内不同成员的比较优势，决定了其具有较强的融资能力。同时，跨国公司面临复杂多样的国际经济、财务、税收、政策、资金流动环境，大大增加了其金融服务需求的复杂性。中国商业银行需要打破现有组织和业务体系，建立新的境内外联动机制，充分发挥境内外机构优势，为跨国公司提供多样化跨境金融服务。

四是以资产管理为核心的居民客户服务能力。近几十年来，全球金融机构资产管理业务规模从落后到远远领先于传统信贷业务规模。针对私人银行客户家庭成员在不同司法管辖地财务管理、家庭财产传承、税务状况改善、医疗贵宾服务、教育、安全及生活保障、融资等方面的特殊需求，针对私人银行客户在财富投资与企业持股方面需要提供专业的风险管理、快速转变的投资领域等要求，在资产配置、特殊投资规划、家庭信托设立、保险和税务咨询、遗产规划等方面，提供开放式、全方位的一揽子金融服务方案。

## 四、管理者要重视市值管理

市值越来越成为衡量上市公司实力的一个核心指标，《福布斯》全球上市公司 2000 强排名就将市值作为一个重要的评选标准。同时，市值也是衡量管理层业绩经营好坏的一个新标准。进入全流通时代，上市公司大小股东的利益趋同，上市公司业绩增长和市值增加的关联度不断提高，用市值衡量管理层业绩的时机越来越成熟。在市场经济活动中，市值是决定上市公司收购与反收购能力的一个关键因素。上市公司市值越大，意味着收购其他公司的能力越强，通过产业整合抵抗其他企业恶意并购的能力也越强。市值还决定着上市公司融资成本的高低，市值较大的公司容易得到更高的信用评级，融资成本相应降低。

企业市场价值是市场参与者集体意志判断的产物，是供求关系均衡的体现，是股权分置改革的产物。经过这场影响深远的股权分置改革，全体股东的价值衡量标准趋于一致，市值管理成为上市公司的必修课。

一是以提高企业整体素质为基础，提升市值表现。经营者必须拥有全面、立体的市场思维意识，要遵循市场法则经营企业，建立符合市场发展方向的战略。要持续培育强大有效的各类客户群体，建立稳健进取、与市场经济相适应的经营管理体制。还要组建懂市场、懂客户，善于执行、善于创新的高素质团队。

二是进一步完善公司治理机制。党委会、董事会、监事会、管理层要推动市值管理融入银行战略部署和经营管理，推进市值管理工作有效开展。银行要明确市值管理的职能分工，编制并组织实施市值管理工作规划；进一步完善股东回报机制，立足于自身经营情况和外部市场环境，灵活增加利润分配的频次，同时积极探索现金分红、送股、公积金转增股份等多样化的利润分配方式；适时建立股权激励机制，激发全员参与市值管理的积极性、主动性和创造性；完善信息披露制度，保持良好的信息透明度。

三是注重在资本市场树立良好的公司形象和信誉。在董事会和管理层设立市值管理机构，深入研究资本市场趋势，密切跟踪投资者关系变化。董事会办公室或公共关系部门要积极运用有效手段维护市值：其一是运用定期报告和临时公告等信息披露工具，真实、准确、完整、及时、规范传达银行经营信息，并在依法合规开展信息披露工作的基础上，加强自愿性披露力度，主动回应市场热点问题；其二是加强投资者关系管理，通过投资者关系热线和邮箱、e互动平台、投资者论坛、投资者调研、反向路演、业绩发布会等立体化和多样化的投资者沟通渠道，及时准确地回应投资者诉求；其三是建立应急处理机制，遇到危机事件时及时化解潜在风险，维护银行形象和声誉；其四是探索中资银行普遍破净情况下的股票回购和定向增发可能性，提升银行再融资能力，稳定银行股价表现。

根据我自己的实践体会，上市银行必须谨防走入市值管理的误区。市值管理的核心在于价值创造而非价值操纵。银行通过加强经营管理能力提升其内在价值，并通过及时准确向市场传达银行经营和战略成效，确保银行股价反映其真实内在价值。由于市值等于股价乘以股本，一些上市公司错误地认为或是有意错解为“市值管理等于股价管理”，进而打着“市值管理”的旗号，通过内幕交易、碰瓷热点、违规披露等达到操纵股价的目的。实际上，上市公司股价的波动是由经济基本面、宏观政策趋势、行业和资本市场环境、投资者情绪变化、自身经营管理情况等一系列复杂因素引起的，其长期价格终将围绕真实内在价值波动。热衷于操纵股价、忽略自身经营管理的上市公司，必将尝到公司股价回落和企业经营恶化的双重苦果。

# 积极看待大型银行智库化倾向

## 一、智库化思维的由来

从2011年开始，我担任一家大型银行的首席风险官并于2013年下半年改任首席经济学家。在实践当中，我一直有个感觉，原来我担任首席风险官时，一些国际同行和国内一些大机构与我讨论的话题不多，主要都是风险计量技术及发生风险事件后怎么处理。担任首席经济学家以后，我发现他们对经济学家尤其是对大型银行的首席经济学家特别关注，讨论的话题特别多，不仅有银行方面的问题，还有市场方面的问题，甚至有许多国家战略层面和全球未来发展的一些前瞻性问题。我曾经好奇地问他们，为什么对一个银行经济学家的看法如此重视。他们坦承银行尤其是大型银行经济学家的地位独特，既在市场当中，又超越了市场；既和政府部门联系紧密，又有不同视角，因此对宏观政策的把握更准确。同时，现在的大银行都是国际化的银行，银行经济学家考虑不仅是本国、本区域的问题，还要关注国际上的事情，具有全球化的视野，所以大家都愿意和大型银行的经济学家交流。由此引起一种思考，随着社会经济水平的提高，客户对大银行的服务需求不再是简单的资金与信用问题，我个人在银行不同岗位的感受，可能反映了社会对大银行的金融服务需求正在发生趋势性变化。

从媒体披露的国际经验来看，不仅大型银行重视智库建设，大型企业集团也是吸引经济学家的重要平台，并且形成了与学术界或政府的经济学家完全不同的企业经济学家群体。企业经济学家以往扮演“传统的首席经济学家”

角色，帮助预测宏观经济状况，以指导关于生产什么产品、进入哪个市场及从哪里采购原材料的战略决策，但进入21世纪以后情况发生了显著变化。譬如，亚马逊的经济学家对该公司在电子商务领域的惊人增长起着至关重要的作用。在美国，企业经济学家扮演重要角色的公司不仅仅有亚马逊，许多公司都聘请经济学家担任自己面向公众的发言人并指导企业总体战略，尤其是Uber和亚马逊都试图让经济学家成为几乎每一项商业决策的关键顾问。

## 二、大型商业银行可能正在智库化

深入观察银行发展趋势，大银行的命运总是与国家命运和全球经济运行周期紧密结合在一起的。我们还注意到，国际上的一些大银行的决策者，都具有很高的"政治家"素质，都习惯用全球政治经济视野观察市场。他们高度关注全球化与逆全球化趋势、中美关系发展趋势、全球地缘政治危机、全球气候变暖与环境恶化、贫困消除等话题，也会在一些场合发表相关意见，从而使银行本身就变成了一个实质性的智库。当国家或全球爆发重大危机的时候，银行会帮助国家甚至全球寻找化解危机的办法；当危机还没有发生或者出现危机苗头时，怎么避免危机也是大型银行的责任。比较而言，我国的一些银行家经常说"在商言商"，可能就显得"狭隘"了。"在商言商"主要是做市场，看看产品怎么推广、业务怎么拓展。国际视野的银行家，可能把整个银行都变成一个智库，当一个国际重大事件发生之前，他们都会发出警告；当一个事件发生以后，他们可以出面协调并提出解决方案。同时我们还发现，国际上很多银行之所以破产，也是因为视野太狭隘，仅仅盯住眼前几个产品、几项业务，过度追逐利润而忽视系统及社会问题。我们看安德鲁·罗斯·索尔金著的《大而不能倒》，分析一下雷曼兄弟公司是怎么倒闭的，就会有很多体会。

即使就具体的交易来讲，研究能力也非常重要。国内大型银行的金融市场部门喜欢交易信贷化，买一笔债券通常持有到期；西方银行的交易账户很大，而交易账户能够做多大是以研究力量为基础的。因为宏观经济、金融市场上的每一点波动，都会在交易价格上迅速显现，这就需要预判，你能够比别人早判断、准确判断，你就能够掌握主动。突发事件的发生其实是有迹可循的，不是绝对不可控的。对突发事件、趋势性发展的判断，取决于研究能力。无论是从银行战略层面、客户服务的层面，还是从交易层面，都离不开研究能力。过去我们讲研发投入主要是讲产品和系统开发，而现在大型银行在智库建设方面的投入越来越大。

回顾国际银行实践，智库化思维正在成为银行发展的“高效催化剂”，通过高端研究成果积极支持国家战略、进一步清晰银行战略定位、提升市场商誉和客户依存度，以此提升大型银行的全球地位。国际大型银行（财团）依托智库提升市场地位的倾向越来越明显。尤其是摩根财团（Morgan Financial Group）智库曾两度给美国政府提出方案使美国经济起死回生（琼·斯特劳斯，《摩根：美国的金融家》）。从国际大型银行（财团）的普遍做法看，大型银行（财团）通过智库保证了银行（财团）与政府的相互理解和对市场的影响力。

事实上，主要国际大型银行（财团）都有自己独立的智库团队，智库团队主要提供三个层面的服务：一是服务银行（财团）客户，二是服务市场营销和投资交易，三是服务国家及银行（财团）战略。前两个层面是银行（财团）经营策略上的，注重经营中商誉的提升，主要通过媒体和业界面向客户和公开市场，以专业专注的政策解读、指数发布、趋势分析等话语权和影响力，提升银行商誉，达到公关效果。第三个层面则是战略上的，主要着眼银行（财团）长远发展及市场竞争影响力，这个层次的智库能以战略高度进行顶层设计，通过制订非公开战略方案（或决策咨询），以更加广阔的视野和常人不可触及的深度，前瞻性地影响国家、银行（财团）战略发展和重要经营决策，达到顶层推动的效果。

## 三、智库思维可能会带来银行经营模式的变革

银行智库化以后可能会形成一个不可模仿的核心竞争优势，将研究能力用于开拓市场、服务客户上。银行的营销将来是靠关系、靠产品，还是靠思想？我去一个分行调研，一位拥有博士学位的副行长，我担心他的营销能力能否适应当下的环境。然而他信心满满地告诉我，别人有别人的道儿，我有我的道儿。我问他什么道儿？他说去给客户上课：有一次他去拜访一个大客户，财务人员随口说起一个难题，他突然想起这个问题他研究过，然后就认真地准备，找到对方说他最近正在研究这个问题并写了一份研究报告。对方看到研究报告后说这个好，近期正好有中层以上干部培训班，邀请他过来讲一讲。讲完课后，那些领导见面都喊他老师，过去门都敲不开，现在听说他要去了都到楼下大门外去迎接。这位博士行长深有体会地说，借助“老师”的身份去营销，比“行长”身份还管用。某大型银行的金融市场研究部门平均每年支持分行客户营销会 40 余次，并配合分行对跨国公司进行一对一营销，提供专业解决方案。尤其是新冠肺炎疫情期间，该研究部门紧跟客户需求，先后为多家分行的客户举办线上分析会，阐述形势和市场的变化趋势，受到客户好评。上述案例启示我们，银行发展呈现智库化倾向之后，如果银行管理者或者相当一部分业务骨干都具备了智库专家的水平，营销方式也会发生相应变化，银行经营的核心竞争力才能逐渐变成真正意义上的“不可复制性”。我国某大型银行强调“未来银行营销不再是靠拉关系、拼价格，而是靠研究趋势、寻找痛点、设计解决方案”。我们似乎看到了银行营销方式正在发生一场革命：靠智力而不是体力去抢占市场。

智库思维一定会使银行的管理方法、营销方式发生根本变化。对于现阶段的大型银行来讲，加强研究工作可能越来越重要。大型银行智库化以后的管理团队，从董事会到管理层，每个人几乎都是学者专家。其实，董事会就是研究战略的，这一点并不难理解，国外银行的董事会有种模式叫战略管

理型董事会。那么银行基层怎样发挥智库作用？就层级制大银行的分行而言，我觉得有几个方面要考虑：一是要对总行还没有意识到但市场和客户需求强烈且对银行可能具有战略意义的难点和痛点及时捕捉和反映；二是要研究总行决策层已经明确为全行战略的事项，要把它的逻辑与背景、目的与要点理解清楚；三是要研究既定战略怎么在本区域找到一个合适的有效实现路径；四是及时向客户和本地市场做出准确的判断、科学的预期、切实的解决方案。因此，银行智库化将带来整个银行经营理念和其中大多数人的行为变化，在这个变化的过程中，每个人都应成为银行智库化的种子、智库化的轮子，甚至是智库化的先驱。

## 四、大型银行（集团）智库建设的设想

实践中，国际大型银行（财团）智库均以首席经济学家、区域首席经济学家和首席专业分析师为梯次团队，配合董事会战略委员会，协同主要业务单元分工合作，实现银行（财团）与客户、市场和政府（国家层面）的互动，有效地提升了银行（财团）的市场地位。国际大型银行（财团）的一般做法：一是针对客户对市场利率、汇率和经济金融趋势等关心的问题，为客户提供专业化的服务，并通过与媒体合作以研究报告成果指导市场（如摩根大通银行定期发布货币波动指数、花旗银行定期发布经济景气指数和花旗研报）；二是通过与客户见面会的形式，对核心客户采用一对一或一对多地研究报告或咨询，而非核心客户只能在一定滞后时间见到此类报告；三是战略性报告〔具有保密性，涉及银行（财团）发展战略、市场行业发展趋势判断、国际经济金融走势判断、战争与气候判断等问题〕，通过非公开渠道提供报告给银行高级管理层、董事会，甚至国家相关部门，其目的是充当或发挥国家智库作用。

目前，中国一些大型银行总资产已超过 20 万亿元，总市值名列国际大型银行前茅，其业绩与战略动向已成为全球重要媒体关注的重点，市场地位决定了大型银行需要更加有影响力和专业化的研究智库。根据国际大型银行（财

团）的经验，大型银行通过智库核心团队建设，可进一步发挥专业影响，对金融市场走势、经济金融趋势进行及时判断，通过客户咨询和成果发布进行合理引导，提振信心，从而进一步赢得客户和市场的信任。通过智库构建，特别是以客户服务、市场拓展、战略发展为核心，持续提升大型银行（集团）对客户和市场的“品牌影响力”，不断累积大型银行（集团）在国内和国际的软实力，从而能够更好地提升大型银行（集团）服务国家战略、风险管理和参与国际竞争的能力，更好地实现大型银行（集团）的战略发展目标。

借鉴国际经验，考虑各层次现实需求与我国大型银行的现实条件，提出如下几点建议。

### （一）建立服务公众的智库工作机制

以业务条线部门和分行为主，整合已有资源成立专业研究团队，以宏观及产业政策、经济、货币与利率、外汇等研究领域为重点，利用银行庞大数据基础及样本，为政府相关部门及公众提供经济金融方面的资讯，并形成智库成果或品牌项目。与此同时，公共关系部门与相关业务部门形成联动工作机制：业务部门建立首席分析师制度，公共关系部负责联系媒体，定期组织召开成果发布会和国际国内研讨会，首席分析师亦可参加银行常规路演等活动。如遇到货币政策重大调整或金融市场重大事件，业务部门的首席分析师可牵头组织来自资产负债管理部或金融市场部等部门的首席分析师，代表大型银行第一时间解读货币政策、金融市场动态，第一时间发出该大型银行的专业声音。公共关系部门对业务条线首席分析师进行考核，记入其所在部门或条线关键绩效指标（KPI），达到约束和激励的效果。业务部门对所聘任的首席分析师和支持研究团队应该分别考核，各算绩效。

### （二）建立服务核心客户的智库工作机制

以数据分析中心为支撑，以私人银行、战略客户或重点客户管理部门为主体，编制各种指数，分层次发布指数研究报告、行业及市场研究报告。这些报告先以非公开形式提供给核心客户，可以采取一对一发布或为核心客户讲解。此类提供给核心客户的报告，也可以向社会公众发布，但必须有一周甚至一月的滞后期，才能交由公共关系部门对外发布。以金融市场部、投资银行部、资产管理部、理财子公司及其他相关部门为主体，以宏观经济、特定行业、金融市场业务、资管业务、投行业务等研究领域为重点，主要为业务发展及相关决策服务、为客户服务（如提供资产配置咨询等服务），并打造相关领域研究品牌，吸引客户，甚至创造直接利润。业务部门和公共关系部门对客户反响和客户关系效果作出评价和考核，考核加分记入部门的首席分析师和支持研究团队绩效。

### （三）建立服务总部及国家战略的战略智库工作机制

遴选具有业内影响力的顶级专家形成战略智库专职团队。该团队主要为银行总部提供思想性、前瞻性、战略性报告，同时也为国家经济金融战略提供思想与政策支持。对这部分高端智库团队人员的考核，主要是看其研究报告所具有的核心价值和未来影响力。

### （四）人力资源部门研究制定智库人才标准，设立银行首席分析师、区域首席经济学家和战略智库专家岗位

战略规划部门也应拟订智库发展规划，配合人力资源部门提出管理运营模式、激励机制、成果评价及应用政策等。

最后，智库日常管理中有一个立项问题应该重视。正确、准确、及时立项，事关智库存在的价值与效率，关系到智库发展的生命力。虽然这个问题在实践中不同的智库有不同的认识，但我认为只要是智库就应该坚持“需求驱动供给”的立项原则。智库立项需求，有学术层面的需求，也有市场层面的需求，还有国家战略层面的需求。学术上的需求立项，就让专家们自己去把握，有助于追踪学术前沿，西方有很多这方面的经验。市场层面的事情，就让市场去决定，并坚持谁出资谁验收，美国有很多这方面的经验。国家战

略层面的需求立项，只能由政府决定，由政府相关人员提出并决策。发达国家如此，中国早年的“两弹一星”决策也是如此。我们现实存在的突出矛盾是，学术上的事情，政府和市场都在影响立项；一些纯粹市场层面的事情，政府相关人员和“学术权威”都想试图左右立项决策；而涉及国家战略层面的研究需求立项，该负责任的政府相关人员却不表态，任由“学术权威”和技术官僚争论，贻误战略研究机遇期。

## 专栏

### 关于国内大型银行编制发布指数的思考[①]

指数，或称统计指数，是分析社会经济现象数量变化的一种重要统计工具。一个质量较高的指数可以揭示事物发展状况，反映事物规律，并能较好地预测事物的未来趋势。作为一种有力的分析工具，指数在欧美等发达国家具有较长的历史且被广泛地运用。虽然我国的指数编制发布工作比发达国家开展得晚，但发展速度相当快。除国家统计局定期公布的宏观与微观经济指数外，许多国家职能部门、研究机构、企业、社会团体等，纷纷编制了一些与自身职能相关的指数。商业银行作为经济发展中的重要市场主体，同样编制发布了许多指数，一些国际大型商业银行所发布的指数已颇具影响力。结合银行业编制指数的情况及特点，我做了一些思考，对国内大型商业银行编制指数的必要性和可行性进行了简单的分析，并提供了两个指数的样例。

**一、银行业编制发布指数的特点和趋势**

分析各个商业银行发布的指数，主要有以下特点：

一是从指数类型看，金融市场（货币、债券）和资产管理类居多。围绕

① 本文是作者在调研专业机构、组织相关同事多次研讨的基础上于2013年12月以首席经济学家名义提出的专题报告。

金融市场所开展的交易类业务、中小企业业务及资产管理业务正是国内银行近年来大力发展的战略性业务，同业竞争也较为激烈，而发布与此相关的指数有利于促进相关业务的发展。

二是从发布周期看，按月和按季发布的居多。如汇丰银行发布的PMI(采购经理人指数）属按月发布，且在月底前对外公布。相关银行编制的财富管理类指数大多是按季发布。当然一些市场交易类指数，如工行票据价格指数则每日公布，且每周进行周评。

三是从开发方式看，合作开发的居多。虽然这些指数都以银行的名义发布，但指数的研究开发较为复杂。有银行单独开发的，也有银行与外部机构合作开发的，还有银行委托外部机构开发，但以银行名义发布的。国内银行发布的指数多为合作开发。

四是从指数选择看，侧重于自身优势业务领域的居多。如渣打银行在中小企业方面比较专业专注，多次获国内中小企业融资业务大奖，而其发布的中小企业信心指数也旨在强化其优势业务。中国银行于2013年9月推出跨境人民币指数，也是围绕其在国际业务方面的优势推出的。工商银行票据业务在国内同业中一直处于领先地位，且在票据业务中创新活跃，故其推出了票据指数。而花旗银行、汇丰银行等外资银行在资金交易类业务中具有较强的优势和丰富的经验，擅长债券、大宗商品市场的研究，其推出的相关债券指数用意明显。

五是从竞争范围看，国内银行编制的指数集中于国内市场。国内大型银行与汇丰银行、花旗银行等国际一流银行相比，还没有较高的国际化视野，目前也没有能力编制发布有关国际市场的指数或其他国家市场的指数，其主要面向国内市场。因此，大型商业银行在编制发布指数上的角逐目前也主要围绕国内市场展开。

基于前述多维度观察，我们也不难总结出一些指数编制的发展趋势。

一是指数的编制发布呈多样化趋势。国际和国内都没有针对编制发布指数的规定和限制，指数开发也不存在垄断。编制发布指数的主体有国际组织机构、国内政府机构，还有企业、新闻媒体、大专院校、研究机构、行业协会等。银行方面编制指数发布的主体包含国有银行、股份制银行、外资银行等。此外还有利用各自的资源优势，各独立主体相互合作的情形，如交通银行与复旦大学合作的中国中小微企业成长指数、光大银行与标普共同编制的标普·光大全球资产配置指数。发布指数的内容也呈多样化，涵盖了理财、行业景气、证券市场等多个方面。各个机构在编制指数的过程中也非常注意指数内涵的独特性，相信未来的指数内容会更加丰富。

二是指数的品牌意识觉醒，编制发布渐呈竞争态势。国内的商业银行已经逐步意识到指数的品牌价值，竞相编制指数。但由于银行业的发展具有较高的同质性，特别是大型商业银行的业务重合性较高，当编制发布业务相关的指数时，容易产生“撞车”的现象，如招商银行的金葵花理财指数和工商银行的工行投资理财指数。这两个指数整体上都是衡量居民的投资理财意愿，他们细微的差别在于金葵花理财指数针对的是中高收入人群，而工行投资理财指数针对的群体更广泛。因而，先发布指数的银行能够占得市场先机。从长期趋势来看，编制发布指数的竞争必将更加激烈。

三是指数编制的专业化程度正在逐步提升。相对而言，市场交易类的指数（类似于沪深300等）比较容易建立，其原因在于数据可以从公开市场上获取，指数编制也比较容易实现，如中国银行编制的中银债券指数，工商银行编制的工银票据价格指数。随着市场深化、细化，社会各界需求的指数已经拓展到更复杂、更专业的指数上，这类指数的获取也需要进行较多的市场调研，因而需要更高的专业化水平。

## 二、国内大型银行编制发布指数的必要性和可行性

金融系统是实体经济的支撑，而银行是金融系统的核心。作为核心，银行掌握了大量关于经济金融活动的即时信息。就目前而言，我们对于这些信息的使用远远不够。从整个社会层面上讲，大型银行特别是国有大型商业银

行，应当承担相应的信息提供和分析的责任，服务于经济金融活动。

（一）银行编制发布指数的必要性

一是支持政府及相关部门决策，提升自身的市场价值。大型银行的数据信息不仅能够为政府及相关部门分析经济金融走势提供重要的决策参考，也有助于在产品定价、金融标准制定等多方面通过发布有影响力的指数来争夺话语权。

二是提升服务水平和品牌影响力。银行的主要经营方式是提供金融服务，大企业和高端客户需要银行的智力支持。如汇丰银行先于向社会发布PMI指数之前，将其PMI指数报告提供给高端客户，帮助客户捕捉业务机会，从而使一些客户依赖其发布的指数报告，其指数产品在联结与高端客户关系方面绝不亚于一般的营销。同时，通过指数在公众中传播，对提升银行品牌形象的作用也不可小觑。首先，基于指数的科学性和专业性，指数发布后目标受众都会认真关注和思考；其次，以指数为概念的话题更容易延展，传播叠加效应更加突出。被冠名为企业名称的指数在社会广泛传播运用，对企业的宣传作用在一定程度上绝不低于通常的广告。如国内大众对恒生银行的认识可能更多来自恒生指数，但恒生指数源于恒生银行，现由恒生银行控股的指数公司编制发布。同样，汇丰银行发布的中国PMI指数已在国内具有一定的影响力，不断地被媒体、政府和社会研究机构、企业使用，其对汇丰品牌的宣传作用难以估量。

三是支持银行的战略业务和优势业务。指数在企业的营销中可以起到引领营销和塑造高端形象的作用。银行可以通过指数的制作、发布，扩散影响目标消费群体的行为，支持其战略性业务和优势业务。我们分析一些外资银行在推进其战略性业务时，往往用发布指数配合其目标的实现。它们发布的指数，一方面是对市场进行预测和解读，另一方面是以此影响公众预期和客户的行为，配合其业务的发展。如渣打银行把中小企业作为其战略性发展目标，推出的中小企业发展指数主要是为了配合其中小企业业务的推广和开展。另外，一些银行围绕其优势业务推出相关指数，通过对优势业务领域跟踪研究并发布指数，向外部传递其在该领域相对同业更加专业的信号，以显示领导地位，进而巩固自身的优势。如中国银行的跨境金融服务及境外人民币业务是其优势，其发布的跨境人民币指数主要用意是强化和推进其国际化水平。

四是提升银行的研究实力。银行业与其他行业不同，经营的是风险，归属于服务行业。因此，无论是客户选择银行，还是资本市场投资者选择银行股时，都会考虑银行自身的风险管理水平和研究创新能力。银行通过编制发布相关指数，可以培养积聚一大批对市场敏感、善于创新、善于把握市场机遇的专家人才，促进自身研究实力的提升，从而为其他业务的发展提供强有力的支撑。

（二）银行编制发布指数的可行性

国内大型银行经过多年的发展壮大，已经形成了较丰富的业务数据积累，社会影响力也在不断提升。在编制和发布指数上，具有现实可行性。

一是多年积累的大量业务、客户等各类数据，为编制相关指数奠定了基础。指数的编制主要依赖于数据，也是对数据资源更好的挖掘和利用，是数据资源增值的主要方式之一。信息科技的进步及大数据时代的来临，要求银行业重视对数据的挖掘运用。相对于其他机构，银行拥有丰富的数据，有利于其编制发布相关指数。另外，国内大型银行多数拥有庞大的机构网络和客户群体，而且这些机构、客户在区域上分布广泛，便于采集所需要的各种数据，特别是需要抽样采集数据时更加便利。

二是多样化、专业化的人才队伍为编制指数提供了保障。相比其他一些信息咨询类机构主要通过抽样调查的方式获取数据，大型商业银行有人数较多、素质较高的客户经理队伍，他们对工作有较高的理解能力和执行能力，依赖于他们采集的数据，质量更有保证。同时，各个大型银行基本都拥有专门的研究机构，各个业务条线也有较为多样化的专业人才，即使无编制发布相关指数的经验，他们也可以通过学习快速成为指数编制的主力。

三是大型商业银行在社会上的较强影响力有利于指数的发布。当前，工行、农行、中行、建行等大型商业银行，具有庞大的客户群体，建立起了广泛深厚的公共关系网络，在国内已具有较强的影响力，在国际上的影响力也正在快速提升。这些能够使大型银行编制发布的指数通过多种途径广泛地传播和渗透，更易于得到社会的认可。特别是在指数发布初期，编制发布主体的声誉将对指数的认可度起主导作用。

## 三、指数的选择和指标体系的设计样例

当前社会上编制的指数种类繁多，只有选取市场需求前景看好、可操作性强的指数，才能具有影响力。商业银行虽然具有许多编制指数的可行性条件，但具体选择编制何种指数作为突破口也极为关键。从实践中看，我们在选择编制指数时应考虑以下因素。

一是优先选择编制能够有所创新、填补空白的相关指数。对社会上已有的指数如无新的特点进行编制，即使推出也难达到预期的效果。相对来说市面上没有的指数，如果能够成功编制推出，会更具影响力。二是要考虑商业银行所处的行业特点和未来的发展要求，应优先选择充分体现商业银行地位和特色的金融相关指数。三是应考虑银行已有的数据资源，以及能够获得数据的质量和相关成本。四是应考虑银行自身的战略性业务和优势业务领域，做到较好对接。五是应考虑经济与社会的热点、痛点、难点问题和具体用户需求，高度契合市场关切问题。

为达到反映出指数内涵的目的，指数的编制还需要建立恰当的指标体系。所谓的指标体系，其本质是一个有机关联的数据集合，包含的是反映更广泛指数内涵的信息。指标体系的建立是构建指数的关键，它的合理性直接关系到指数的最终效力。

鉴于以上思考，我们列举两种大型银行可实际编制的指数，中国金融健

康指数和中国信贷经理人指数，并在下文中给出了关于指标体系的一些初步设想。

### 样例1：中国金融健康指数

国内经济金融的运行问题一直是政府部门、企业和社会广泛关注的问题，各方面研究机构及研究人员很多，但大家关于国内经济金融研究得出结论和判断同质性程度非常高。究其原因，无论政府的研究机构还是大学、企业及社会研究机构，大家分析研究所依赖的数据基础相同，研究问题的方法体系相同，即从同一角度用同样的方法观察经济金融，自然得出基本相同的判断和结论。而在美国等发达国家，各类研究结构甚至各个大学的研究机构，对于经济金融问题研究的侧重点不同，方法体系不同，得出的结论也不相同。当前对中国金融风险预警系统尚未有较为成熟的科学评估方法，更没有跟踪衡量整体金融健康状况的指数，因此编制金融健康指数具有良好的市场前景。在这种背景下，编制发布中国金融健康指数目的是想尝试用新的视角、新的方法去分析经济金融的运行规律。

中国金融健康指数定义为跟踪衡量中国金融健康程度、评价中国金融风险水平的一个综合性指数，旨在揭示经济金融发展的规律和矛盾，判断中国金融的发展前景和市场活跃度。

我们可以通过分析国际金融危机发生前一些经济金融指标呈现的表征性前兆，结合国内实际，从宏观经济、货币与财政、金融市场、微观金融机构等多维度挖掘与金融健康相关性较大的数量、价格及结构性指标，设计一个能够及时反映金融健康甚至危机信号的经济金融指标体系，对国内金融健康状况按季度跟踪评价和预测（见表1）。

表 1　指标体系示例

| 一级指标体系 | 指标子体系 | 二级指标 |
| --- | --- | --- |
| 金融健康程度评价指标体系（S） | 1. 衡量银行同步性健康程度的指标体系（S1） | 不良贷款率（S11）<br>资本充足率（S12）<br>净资产收益率（S13）<br>净稳定融资比率（S14） |
| | 2. 衡量银行预见性健康程度的指标体系（S2） | 信贷增长率及持续时间（S21）<br>房价涨幅（根据周期性变化设定风险程度阈值）（S22）<br>房地产贷款占 GDP 比重（S23）<br>房地产市价总值占 GDP 比重（S24）<br>企业负债率（S25）<br>经济增长率（S26）<br>固定资产投资增长率（S27）<br>企业利润率（S28） |
| | 3. 衡量国内债务负担与违约风险的指标体系（S3） | 债务依存度（S31）<br>政府债务负担率（S32）<br>财政收入占 GDP 的比重（S33）<br>财政赤字占 GDP 的比重（S34）<br>国家综合负债率（S35） |
| | 4. 衡量外资冲击风险的指标体系（S4） | 对外债务率（S41）、偿债率（S42）与负债率（S43）<br>短期债务率（S44）<br>外汇储备支持进口时间（月）（S45）<br>外债占国际储备（外汇储备）比重（S46）<br>经常项目差额 /GDP（S47）<br>热钱估算 / 外汇储备（S48） |
| | 5. 衡量通货膨胀风险、资产泡沫风险与货币危机的指标体系（S5） | 通货膨胀率及其波动幅度（S51）<br>实际利率水平（S52）<br>股票市价总值 /GDP（S53）<br>股票市盈率（S54）<br>本国货币贬值幅度（S55）<br>土地市价总值 /GDP（S56） |
| | 6. 衡量流动性波动风险的指标体系（S6） | $M_1/M_2$（S61）<br>Shibor 波幅（S62）<br>$M_2$ 增长率（S63）<br>$M_2$/GDP（S64） |

## 样例 2：中国信贷经理人指数

商业银行信贷作为向实体经济提供资金的主要通道，其规模、投向、利率等能够反映经济和金融的未来趋势。类比于企业采购经理人，它们对企业生产、新订单、雇员、供应商配送与库存等物流信息掌控非常准确，从而基于对采购经理人的调查能够编制出反映企业生产趋势的指数。银行的信贷经理人作为联结银行与企业、个人的桥梁，掌握了银行可用信贷资金供给方面的重要信息及企业和个人资金紧缺、融资需求、融资用途、资金周转、负债的情况，因而对信贷经理人的调查也能够反映出未来的经济趋势。从企业贷款角度看，当经济向好时，企业贷款投资生产意愿强烈，贷款需求较大，蕴涵的风险可能较小，银行贷款意愿也较强。从个人贷款角度看，如个人对未来经济充满信心，其消费和贷款意愿较强。反之，当对未来经济前景悲观时，银行、企业、个人的行为则相反。总体而言，信贷能够从资金流的角度反映商业银行、企业、个人对于未来经济的预期和判断，其相应的行为选择也将影响未来经济的变化趋势。

中国信贷经理人指数定义为一种反映经济金融活动的先行指数，主要从“资金流”的角度预测和监测信贷及经济金融活动，揭示经济金融运行中的问题，预测未来变化趋势。信贷经理人指数作为综合指数，可分为企业指数和个人指数。

企业信贷经理人指数。(1）按行业维度可划分为制造业指数、服务业指数、房地产业指数及其他行业指数；(2）按区域维度可划分为东部、中部和西部指数；(3）按企业规模可划分为大型企业、中型企业及小微型企业指数。对不同维度的指数按一定的权重进行综合，可得到企业信贷经理人综合指数，主要从生产和投资的角度预测经济金融形势。

个人信贷经理人指数。(1）个人住房信贷指数；(2）个人汽车信贷指数；(3）个人创业信贷指数；(4）其他个人消费类信贷指数。对上述指数按一定权重综合，可得到个人信贷经理人综合指数，主要是从消费的角度预测经济金融。

设想的指标体系如表 2 所示，每种指标应兼顾行业、区域等不同维度的信息。

**表 2　　指标体系示例**

| 一级指标体系 | 指标子体系 | 二级指标 |
| --- | --- | --- |
| 信贷经理人指数指标体系 | 1. 贷款数量指标（S1） | 银行贷款投放的额度净增（S11）<br>贷款客户数量净增（S12）<br>新增客户经理数量（S13） |
| | 2. 贷款去向指标（S2） | 用于企业生产方向的额度变化（S21）<br>用于企业流动性方向的额度变化（S22）<br>贷款企业行业的变化（S23）<br>用于个人消费方向上的变化（S24） |
| | 3. 贷款风险指标（S3） | 新贷款客户的风险总体变化（S31）<br>已贷款的客户经营情况变化（S32）<br>客户的还款意愿的变化（S33） |
| | 4. 贷款意愿指标（S4） | 银行放贷意愿变化（S41）<br>客户新增贷款意愿的变化（S42）<br>客户续贷的意愿变化（S43）<br>未来新增意向客户数（S44） |
| | 5. 银行资金面指标（S5） | 当前市场的流动性指标（S51）<br>利率政策的变化（S52）<br>资金成本的变化（S53）<br>国家支持政策的变化（S54） |

目前，国内的银行业正处于蓬勃发展的阶段，利率市场化为银行的发展提供了更多的机遇和挑战。我们应将指数编制工作融合到银行的战略发展层面，使指数编制成为未来大型银行国际化、市场化、专业化进程中的重要组成部分，促进银行业的发展。

# 重视银行业公司治理的普适性与特殊性

## 一、银行业公司治理已经成为监管核心议题

所有权与经营权分离是现代企业的主要特征之一，现代制度经济学认为，两权分离使得企业所有者和经营者之间形成了委托代理关系。委托代理关系的客观存在势必会带来代理成本，如果代理成本过于巨大，两权分离的设计将失去意义，因而降低代理成本成为现代公司治理必须面对的问题。中国稳定的市场化转轨过程，为全球的企业治理理论作出了贡献。经过几十年来实践的探索和理论的研究，业界和学界普遍认为有效的公司治理体系是企业降低代理成本、提升经营效率和内在价值的关键所在。通过一系列正式和非正式的制度安排，有效的公司治理体系能够厘清企业不同治理主体之间的职责划分，在各相关利益主体之间构建互相制衡的组织结构框架，并通过一套执行、激励和约束措施来保障治理机制的运行，最终实现企业各利益相关者的利益最大化。

不同的司法体系和社会文化背景，造就了全球各不相同的公司治理体系。同时由于银行业的风险具有强烈的外部效应，金融稳定理事会（FSB）、巴塞尔银行监管委员会（BCBS）等全球机构对银行业公司治理提出了更为严格的要求和建议。尤其是在2008年国际金融危机之后，国内外监管机构针对金融危机中暴露出的众多银行公司治理缺陷，进一步完善了关于银行公司治

理的法律法规及监管指引，进一步提高了对银行公司治理的监管要求[①]。中国的公司治理体制设计借鉴了世界各地最佳公司治理实践，并结合中国国情进行创新，旨在对标全球最高标准。

中国银行业的高速发展过程，也是公司治理体系缺陷不断暴露和持续优化的动态过程。2003 年，在国务院的统一领导下，银监会积极推动国有商业银行相继完成注资、重组、上市等工作，建立了规范的国有商业银行治理结构。2004 年，银监会出台《关于中国银行、中国建设银行公司治理改革与监管指引》，并于其后逐渐扩展到全部国有商业银行。2008 年国际金融危机之后，中国银行业的公司治理水平也取得了显著进步。多数银行在构建股东大会、董事会、监事会和高级管理层"三会一层"的法定治理框架之外，能够依据法律法规、监管精神、企业自身需要设立专业化治理主体，确立各相关利益主体的议事规则，健全银行业公司治理体系。部分银行还在监管规定的基础上，积极探索国际先进经验在中国的应用，进一步完善了具有中国特色的银行公司治理体系。但仍有很多银行，特别是未上市银行的公司治理只是按照监管机构的最低要求，做到了形式和程序上的合规，远远无法达到监管期望，与国际先进银行的实践相比差距较为明显。为了实现制度设计的初心，我们应该归纳总结中国银行业公司治理体制的特征，对比国际先进治理实践，分析并完善中国特色公司治理体制在实践中的不足。

中小银行业金融机构所暴露的问题，引起了中国银保监会的高度重视，并进一步提出加强公司治理体系建设，是解决中小银行业金融机构问题的重

① BCBS, Enhancing bank transparency [EB/OL]. [1998-09]. www.bis.org/publ/bcbs41.htm, and Review of the Pillar 3 disclosure requirements [EB/OL]. [2014-06]. www.bis.org/publ/bcbs286.pdf; and FSB, Enhancing the risk disclosures of banks – report of the Enhanced Disclosure Task Force [EB/OL]. [2012-10]. www.financialstabilityboard.org/publications/r_121029.pdf.

要举措[①]。坚持党对国有企业的领导是重大政治原则，必须一以贯之；建立现代企业制度是国有企业改革的方向，也必须一以贯之。面对复杂严峻的内外部形势，中国银行业必须坚持以习近平新时代中国特色社会主义思想为指导，坚持党对金融工作的集中统一领导，坚持以人民为中心的发展思想，落实新发展理念，紧扣完善公司治理这个“牛鼻子”，全面深化体制机制改革，加快推进高质量发展，更好地服务现代化经济体系建设。中国银保监会以全面加强党的建设为核心，加强股东准入管理，提出进一步全面改进银行业公司治理的三年规划[②]。

## 二、不同银行的股权结构影响公司治理结构

中国银行业股权集中度分化较大，不同类型和规模的银行之间存在明显的股权结构差异。我们应该对症下药，精细化、差异化地探寻银行股权结构的最佳调整方式。

### （一）国有资本保持对大型国有银行的绝对控制权

工行、农行、中行、建行自成立以来始终保持着国家绝对控股，据四家银行 2018 年半年度报告数据显示，国家持股占工行、农行、中行、建行总股数的比例分别为 69.31%、79.24%、64.02% 和 57.11%，均大于 50%。考虑到贯彻执行党和国家战略部署，履行国有商业银行责任的需要，工行、农行、中行、建行股权结构的调整空间有限。但参照交行较为分散的股权结构，在保证国有资本对国有商业银行绝对控制权的情况下，一定程度内降低国有商业银行的股权集中度存在实践基础。在政策允许的范围内，吸引长期机构投资者，巩固股权结构的稳定性，加强外部治理力量或引入战略资本，进一步

① 郭树清．完善公司治理是金融企业改革的重中之重［EB/OL］．［2020-07-03］．http://www.cbirc.gov.cn/cn/view/pages/ItemDetail.html?docId=914605&itemId=915&generaltype=0.

② 健全银行业保险业公司治理三年行动方案（2020—2022 年）．［EB/OL］．［2020-08-28］．http://www.cbirc.gov.cn/cn/view/pages/ItemDetail.html?docId=925393&itemId=926.

弥补银行经营方面的短板，有助于国有商业银行完善公司治理体制，强化经营能力，在国民经济中发挥更为重要的作用。

### （二）股份制商业银行股权集中度较为市场化

股份制商业银行的股权结构无须受国有资本控股的限制，股权集中度较为市场化。据各家银行 2018 年半年度报告数据显示，股份制商业银行第一大股东持股比例普遍低于 30%，招商银行、浦发银行、中信银行、光大银行、华夏银行、民生银行、兴业银行、平安银行和浙商银行这 9 家上市股份制商业银行的第一大股东平均持股比例为 27.22%[①]。如果在统计中剔除中信银行和平安银行这两家集团公司持股比例较高的银行，其余 7 家股份制商业银行的第一大股东平均持股比例将为进一步下降至 18.58%。股份制商业银行的股权结构中，对银行经营有重大影响力的主要股东[②]数量较多，第一大股东"一股独大"的情况相对较少，股东之间存在一定的制衡性。但需要注意的是，股份制商业银行的大股东中存在一定数量通过金融产品持股的金融机构投资者。对于这些金融机构投资者，股份制商业银行应该谨慎判断其持股目的，做好股东管理工作。

### （三）城商行和农商行的股权管理面临严峻挑战

中国银行业的股权结构管理问题主要集中在城市商业银行和农村商业银行。一方面，部分地方政府仍是一些城商行和农商行的绝对控股股东。由于银行监管体系的特殊性，地方政府对不受其控股的银行缺少直接的影响力。因此，受地方政府控股的区域性商业银行成为地方政府维持社会稳定、促进

① 以法人为单位，统计第一大股东持股比例，不合并计算集团公司通过子公司间接持有的银行股份。

② 根据《商业银行股权管理暂行办法》，商业银行主要股东是指"持有或控制商业银行百分之五以上股份或表决权，或持有资本总额或股份总额不足百分之五但对商业银行经营管理有重大影响的股东。""重大影响，包括但不限于向商业银行派驻董事、监事或高级管理人员，通过协议或其他方式影响商业银行的财务和经营管理决策以及银监会或其派出机构认定的其他情形。"

经济健康发展的重要金融资源。这导致地方政府不会轻易降低对相关银行的控股权，在一定程度上限制了城商行和农商行引入战略投资者，优化股权结构的空间。此外，地方政府治理目标有时会与商业银行经营战略冲突。比如，当某一行业众多地方国企遇到行业性的经营困难时，地方政府可能会协调其控股的银行为这些风险较大的企业提供融资支持，因而扭曲了银行原本的信贷政策和风控措施，损害了银行中小投资者的利益。由于地方政府对区域性银行的高控制力在短时间内不会改变，国有金融企业和国有非金融企业的独立管理对区域性银行保护中小股东权益而言十分重要。2018 年 7 月，中共中央、国务院下发《关于完善国有金融资本管理的指导意见》，首次明确各级财政部门履行国有金融资本的出资人职责。地方政府应按照指导意见的精神，统一国有金融资本对持股银行的管理模式，避免国资委、金融办等非财政部门干涉商业银行的经营，建立国有金融企业和国有非金融企业的隔离带。城商行和农商行也要积极地与地方政府沟通，争取地方政府对银行优化股权结构的支持，引入注重可持续发展，能够带来先进管理经验和长期稳定资本，帮助银行健康稳定发展的战略性投资者。

另一方面，面对当前较为脆弱的行业环境和银行自身发展阶段的需要，许多城商行和农商行内生了强烈的资本补充需求。然而城商行和农商行的规模普遍较小，股权结构易受新增资本的影响。在补充资本的过程中，这些银行既要避免单一股东持股过度集中可能引发的大股东过度干预问题，又要避免股权过度分散可能造成的“所有者缺位”问题。种种问题的存在对城商行和农商行的股权结构管理发起了新的挑战。

### （四）中外银行业股权管理对比和潜在问题

与发达国家银行业相比，中国银行业的股权集中度仍然偏高。据各家银行 2018 年半年度报告数据显示，主要上市银行（选取 18 家规模较大，包括国有银行、股份制银行、城商行和农商行在内的上市银行作为统计样本）第一大股东的平均持股比例为35.92%[①]。据Wind数据显示，截至2018年6月30日，在股权集中度普遍较低的美国，主要银行的大股东持股比例大多低于10%，其中摩根大通银行、美国银行、富国银行和花旗集团四家主要上市银行的第一大股东持股比例分别为7.58%、6.78%、9.32%和7.3%，前五大股东平均持股比例为25.19%。即便是发达国家中企业股权集中度相对较高的大陆法系国家，其主要银行的股权结构也非常分散，据各家银行数据显示，德意志银行、法国兴业银行和法国巴黎银行的第一大股东持股比例分为4.81%（数据截至2018年9月25日）、6.20%（数据截至2017年12月31日）和7.70%（数据截至2018年6月30日），德国商业银行的第一大股东德国政府持股比例约为15%（数据截至2018年5月）。一是因为发达国家的股票市场十分成熟，股权融资便利且能够补充银行一级资本，上市银行有动力通过股权融资补充资本，夯实扩张的基础。二是在银行公司治理水平较高的国家，存在完善的中小股东保护机制，股东参股银行的收益主要为资本利得和分红，大股东没有维持银行控制权的强烈动力。

反观中国，银行业对中小股东的保护相对薄弱，大股东通过掌握银行控制权能够获取投资收益以外的利益，因而不愿以股权的稀释为代价帮助银行增厚资本或引入战略投资者。个别民营资本，甚至通过资本运作，暗中增持银行股权，成为隐性股东。取得银行控制权后，这些民营资本再通过层层嵌套的金融产品，套取银行资金向自己"输血"，隐蔽地实现关联交易或关联授信。根据《亚洲公司治理协会2017年外国机构投资者调查问卷》，87%参与调查的外国机构投资者认为中国与亚太地区发达市场相比，投资者保护水平较差。

---

① 主要上市银行指工商银行、农业银行、中国银行、建设银行、交通银行、邮储银行、招商银行、浦发银行、中信银行、光大银行、华夏银行、民生银行、兴业银行、平安银行、浙商银行、北京银行、上海银行和重庆农商行。第一大股东持股比例合并计算汇金公司和财政部的国家持股比例，合并计算同一金融机构通过不同金融产品的持股比例，不合并计算集团公司通过子公司间接持有的银行股份。

2018年初，中国银监会公布了《商业银行股权管理办法》，对商业银行主要股东的行为进行规范和约束，有助于治理商业银行股东债务资金入股、影子持股和滥用股东权利等市场乱象。中国银行业股权管理机制的进一步完善，仍需要监管机构自上而下的顶层设计和统筹布局，进一步推动中小型银行的混合所有制改革，推进股权多元化。另外，银行自身也要积极履行股权管理的职责，依法防控违规股东对银行日常经营的负面影响。

## 三、中国商业银行公司治理主体的特殊安排

中国企业的公司治理架构首先借鉴了大陆法系“双层制董事会”的监事会设置，构建了董事会和监事会平行共存的“平行双层董事会”结构。在“平行双层董事会”架构下，董事会和监事会在法定地位上处于平行关系，但中国的法律法规对监事会的赋权不足，监事会难以制约董事会和高管层的行为。而在中国现代化企业发展初期，受大股东“一股独大”，国有企业高管层行政化任命等现象的影响，这一结构陆续暴露出大股东权利缺乏制衡和内部人控制现象等一系列问题。对此，中国的公司治理结构引入了英美法系“单层制董事会”的独立董事制度，并在中国证监会《关于在上市公司建立独立董事制度的指导意见》中对上市公司董事会中独立董事的占比、职权、义务等方面做出了明确规定。同时，国内商业银行多由国企改制而成，因而在治理结构中保留了党委的设置。结合中国特色和国际公司治理的实践，中国银行业逐步形成了党委、股东大会、董事会、监事会、高管层为内部治理主体、兼顾独立董事制度的公司治理结构。

### （一）党委领导下的“三会一层”分工治理体系

民营银行准入的正式开放始于2014年首批试点民营银行的筹建，故多数中国商业银行的实际控制权仍受各级政府或国企掌握，党委在这些银行的公司治理结构中发挥着至关重要的作用。国有企业的党委应该“发挥领导作

用，把方向、管大局、保落实，依照规定讨论和决定企业重大事项”。建立党委的根本目的在于确保国有企业的经营同党和国家的发展方向保持一致，有效落实党和国家的重大战略方针部署。过去，商业银行党委对“三重一大”进行决策的职能与董事会的决策职能有所重合，且党委职责划分较为模糊。目前，国内领先银行已按照党和国家的要求，陆续通过公司章程确立了党委的法定地位和核心领导地位。党建工作写入公司章程，在赋予党委相应法定权力的同时，明确党委职责划分，避免党委干涉银行一般性事项决策和日常经营，提高了银行的治理效率和透明度。

在实践中，银行党委履行职责一是通过党委会会议形成集体决策。在遵循党委会议事规则的基础上，从全局出发，统筹落实党、国家以及银行公司章程要求党委负责的重大事项。二是通过党委委员和董事会、监事会、高管层成员的交叉任职，确保党委和其他治理主体之间的沟通渠道畅通，及时传达党委决策精神，加强党委和其他治理主体之间的协同性。

### （二）从职责界定、人员构成和信息传递等三方面入手，提升董事会治理的有效性

以史为鉴，可以知兴衰。早在 1999 年 9 月，巴塞尔银行监管委员会（BCBS）就参考《经合组织（OECD）公司治理原则》，发布了《健全银行的公司治理》[①]，其后对经济金融形势的发展和银行业治理中暴露的问题持续进行完善。金融稳定理事会（FSB）认真检讨了 2008 年国际金融危机所揭示的全球银行公司治理（特别是风险治理）的缺陷，提出了进一步完善银行业公司治理体系的建议[②]。就银行董事会的有效治理而言，一是需要将工作重点聚焦在履行制定银行发展战略、制定银行资本规划、建立内控和风险管理

---

① BCBS.Enhancing Corporate Governance for Banking Organisations［EB/OL］.（1999-09）. https://www.bis.org/publ/bcbs56.pdf.

② FSB.Thematic Review on Risk Governance［EB/OL］.（2013-12-12）.https://www.fsb.org/wp-content/uploads/r_130212.pdf.

体系、构建公司治理框架、监督管理层履职情况、维护利益相关者权益等职责。二是需要合理的人员构成，确保董事会的独立性和专业性。三是需要畅通的信息传递渠道，尽可能降低董事会与高管层之间的信息不对称性。

**1. 次贷危机的爆发对银行董事会治理的启示**

美国的银行在2007年爆发的次贷危机中表现出的战略规划盲目追随市场短期热点，激励约束措施过于注重短期经营业绩[①]，以及风险管理体系缺乏动态的前瞻性调整等问题的危害性，至今仍对我们探寻未来中国银行业完善董事会治理的重点有着深刻的启示作用。

有效战略管理是银行健康稳定发展的基石。战略管理是银行董事会最重要的职责之一，董事会应结合银行自身发展需要，围绕银行经营理念和企业文化制定具有特色的发展战略，为管理层指明长期的发展方向和发展目标。然而许多国内银行董事会的战略管理趋于同质化，缺乏特色，导致银行无法形成核心竞争力。这一问题对于中小型银行尤为致命。由于规模和资源的限制，中小型银行无法像大型银行一样做到面面俱到。集中力量开展特色化业务，是中小型银行在同业机构中脱颖而出的关键。在特色化的基础上，董事会战略管理还要具备长期性和前瞻性，避免盲目追随市场热点。在美国次贷危机中，很多银行就是因为贸然拓展不熟悉的次贷业务，缺乏相应的风险管理能力和体系，蒙受了重大损失。而从国内银行业市场观察，在2014—2018年同业业务起起伏伏的过程中，众多缺乏专业管理能力和风险抵御能力，却又盲目转型发展同业业务的中小型银行已产生了巨大损失，为银行未来经营发展埋下了隐患。

这警示银行董事会必须重视战略管理职责，并设计相应的约束制度确保长期战略的有效实施。次贷危机爆发前，系统性金融风险暗中累积的一个重要因素是当时银行的薪酬激励制度过于追求短期利润，导致管理层为了获得

---

① FSF Principles for Sound Compensation Practices ［EB/OL］.（2009-04-02）.https://www.fsb.org/wp-content/uploads/r_0904b.pdf?page_moved=1.

业绩激励而大力推动高风险的衍生品业务，罔顾市场潜在风险，完全忽视了对市场的前瞻性判断。

吸取了次贷危机带来的惨痛经验教训后，多数国际领先银行日益重视薪酬激励制度对银行落实长期战略的督促和约束作用，通过将风险指标与薪酬挂钩，增设风险暴露后的薪酬扣回条款，延长薪酬递延支付周期，鼓励用股权激励等长期激励工具取代部分现金激励等方面的制度设计，确保管理层能够按照董事会的战略规划经营。国际领先上市银行在加强内部治理的同时，还主动披露风险指标如何与薪酬挂钩等方面的细节，借用外部投资者的力量确保其制度的有效性。当前中国银行业对管理层的考核仍然更为注重短期业绩，缺少长期激励约束机制，无法合理约束管理层的长期经营行为。而从银行资产结构来看，中长期资产占比十分显著，截至 2017 年末，非金融企业及机关团体中长期贷款余额 45.9 万亿元，占全部对公贷款的比重为 56.65%①。中国银行业有必要加强长期战略管理，建立长期激励约束机制，确保银行长期经营与战略规划的一致性。

银行战略规划的顺利执行，不仅需要事后的问责和惩罚，更需要内部控制和风险管理体系的保驾护航。美国次贷危机的实践表明，有效的内部控制和风险管理体系可以帮助银行减少甚至避免次贷危机带来的损失。在次贷危机导致多家大型金融机构倒闭，众多主流金融机构遭受巨额损失的情况下，摩根大通银行却在2007年和2008年连续两年实现净利润。其根本原因在于，摩根大通银行的风险文化、内部控制和风险管理体系要求银行回避层层嵌套、底层资产无法穿透到底的低透明度业务，因而未曾开展 CDO 业务，避免了 CDO 业务的巨大潜在风险。与摩根大通银行相反的是，很多大型金融机构在美国次贷危机爆发前，未能意识到次贷业务的风险，甚至为了进入次贷市场而大举收购具备次贷业务条线的中小型金融机构。比如，美林证券在 2006

① 中国银行业协会行业发展研究委员会 .2018 年度中国银行业发展报告：监管强化推动改革转型［M］. 北京：中国金融出版社，2018.

年9月出资13亿美元收购次贷机构第一富兰克林公司，而反对这笔交易的美林证券固定收益高管却遭到了解雇[①]。最终，美林证券因激进的次贷业务布局和公司治理缺陷造成了数百亿美元的损失。综合来看，公司治理规范、风险意识强的银行，在次贷危机中受到的冲击明显少于管理失控的银行，健全内部控制和风险管理体系的重要性不言而喻。

从中国银行业的业务发展角度进行分析，中国社会融资规模中贷款占比较高，呈现以贷款资金为主的间接融资导向型趋势，致使国内银行的风险管理资源主要向信用风险管理倾斜。然而，2012年以后，我国影子银行规模迅速扩张，金融业务模式的创新层出不穷，银银、银证、银信、银基、证信、证基及多层嵌套的模式应接不暇，金融创新在改变业务模式的同时，也重塑了风险轮廓。影子机构间的层层链条将各类市场参与主体连接在一起的同时，也将各类风险捆绑在一起，若任何一个节点发生风险，都可能诱发风险交叉传染。在此情况下，国内银行原有的风险体系可能已经无法有效地、前瞻地防范日益增加的金融市场风险。在全球经济形势日渐复杂的当下，宏观经济下行风险、金融市场风险和合规风险对中国银行业的挑战将更为严峻，从董事会层面全面深入地强化风险管理和内部控制体系对于银行具有战略性意义。

次贷危机的惨痛教训提醒我们，董事会履职必须从全局出发，抓重点、抓战略，不能拘泥于一时的业绩，否则将形成实质上的董事会缺位。

**2. 合理的董事会组成有助于董事会有效履职**

董事会是银行公司治理的组织主体，而董事是董事会治理的个人主体，董事会的有效履职需要合理配置董事成员。银行董事会的客观性和独立性是其能够有效监督管理层，保护银行利益相关者权益的基础。

实践中，中国银行业董事会的独立性较西方国家仍有较大差距。2018年

① 廖岷，国际金融危机中银行公司治理的主要问题及启示（上）[J]. 国际金融研究，2010（5）.

《财富》中国500强公司董事会中独立董事占比约为36%，与中国证监会和香港联交所规定的独立董事占比不得低于1/3的下限十分接近；而美国标普500公司董事会中独立董事占比约为85%，远高于美国纽约交易所和纳斯达克交易所规定的独立董事占比超过50%的下限。2018年10月，摩根大通银行、美国银行、富国银行和花旗集团四家美国主要上市银行董事会中独立董事的平均占比更是高于标普500公司的平均水平，达到91.23%①。尽管从公司本身结构来看，美国银行是“单层董事会制”，需要更多的独立董事以实现二元董事会制中的监督和制衡机制，但美国主要上市银行独立董事占比远超最低要求的现象仍可证明其对董事会独立性的重视程度。

虽然独立董事制度已经引入中国多年，但在中国银行业董事会治理中难以发挥预想的作用，其原因之一是中国银行业董事会的独立性较低。中国上市银行董事会中独立董事占比与其他类型公司相比，没有明显差异。据各家银行2018年半年度报告数据显示，主要上市银行董事会中独立董事平均占比为38.83%，独立董事人数为4~6人。从近几年的趋势来看，中国上市公司董事会中独立董事占比没有显著变化，独立董事的重要性尚未得到充分认识。2018年5月，中国市值前100上市公司董事会中独立董事占比约为39%，与2012年中国社会科学院调研得出的中国市值前100名上市公司董事会中独立董事占比约为37%的结果十分接近②。

受中国特色治理结构和股权结构集中度现状影响，国内银行的董事会主要由执行董事、非执行董事（股权董事）和独立非执行董事（独立董事）组成，与英美法系银行董事会主要由执行董事和独立董事组成的结构有较大差异。中国银行业不一定需要将独立董事在董事会中的占比提升到英美法系国家的水平，但合理、适当地提升独立董事在董事会中的占比有助于完善银行公司治理。银行应综合考虑银行经营发展所需的专业知识、技能

① 资料来源：银行官网、信息披露报告。

② 资料来源：亚洲公司治理协会。

和多元化背景，引入符合条件的独立董事，强化董事会构成的多样性及专业性。对于客观条件不成熟，无法引入更多独立董事的银行，则可以通过在法定的底线上，进一步提升独立董事在董事会专门委员会中的占比，降低执行董事在董事会专门委员会中的参与度，尽可能由独立董事在更多的董事会专门委员会中担任负责人。对于有能力额外引入独立董事的银行，则可以在引入新的独立董事后，减少独立董事在不同董事会专门委员会的兼职，避免独立董事在不擅长的领域投入过多的精力，促使独立董事在其专业领域承担更重要的职责。

独立董事制度难以发挥最大作用的原因还包括中国银行业董事会对专门委员会的授权范围较小。尽管越来越多的银行在董事会下设立了专门委员会，但并没有赋予专门委员会足够的授权。在此情况下，专门委员会会议偏向于讨论性和沟通性会议，只在议题提交董事会审议时有建议权，而无独立决策权。对于专业性较强的一般性非重大事项，银行董事会可以考虑对专门委员会适当授权，提升董事会的整体效率。

**3. 建立畅通的信息传导机制**

随着国内银行经营情况的复杂化，董事会与高管层之间的信息不对称性较过去更为明显。不仅日渐繁多的业务种类提高了董事会了解银行实际经营情况的难度，银行分支机构的迅速扩张，尤其是海外分支机构的扩张，更是为董事有效履职增设了阻碍。海外陌生的经营环境可能会衍生人们难以察觉的风险，而遥远的经营场所同时会延缓董事会知晓海外分支机构实际经营情况的时间。银行董事会有必要建立独立的内部控制和风险报告体系，确保董事会能及时、准确、详细地了解银行各级机构出现的风险事件和实际业务经营情况。

此外，董事会内部也存在着信息不对称性。由于股权董事和独立董事的工作不涉及银行具体经营，银行经营信息向这些董事的报告难免略微滞后。特别是对于独立董事而言，其日常办公场所往往不在银行内部，这大大减少了独立董事参与一般性事项讨论的机会。国内银行可以参考西方国家的非正式沟通制度，建立非正式会议机制，比如董事会每年可以通过不记录会议纪要的非正式会议形式，组织董事会成员对董事长和其他董事希望讨论的一般性事项进行讨论，向股权董事和独立董事传递更多信息。还可以通过组织集体调研等方式，为执行董事与股权董事、独立董事创造更多的沟通交流机会和实地考察机会，帮助股权董事和独立董事了解银行的经营情况。在董事会会议结束后，董事会可预留出一定时间，供执行董事与股权董事、独立董事进行简短的讨论，以确定股权董事与独立董事希望在未来的董事会会议上进一步讨论的事项。

### （三）监事会是中国银行业治理的薄弱环节

虽然中国企业的治理结构参考德法等大陆法系国家的“双层董事会”制度设立了监事会，但德国企业监事会的职权远大于中国企业。德国企业的监事会在法定地位上高于董事会，掌握董事会成员的任免权和薪酬决策权及重大事项审批权。而中国企业的治理架构是“平行双层董事会”，法律只赋予了监事会监督董事会的权力。根据《中华人民共和国公司法》的规定，股份有限公司监事会拥有“对董事、高级管理人员执行公司职务的行为进行监督，对违反法律、行政法规、公司章程或者股东会决议的董事、高级管理人员提出罢免的建议；当董事、高级管理人员的行为损害公司的利益时，要求董事、高级管理人员予以纠正……”等权力，但并没有赋予监事会对违规行为的惩处权力。从各家银行 2018 年半年度报告数据观察，国内银行的监事很多是由银行内部任职的人员兼任，主要上市银行[①]监事会中外部监事的平均占比仅为 32.41%，在行政序列中需要向高级管理人员汇报工作。而对比主要上

① 主要上市银行指工商银行、农业银行、中国银行、建设银行、交通银行、邮储银行、招商银行、浦发银行、中信银行、光大银行、华夏银行、民生银行、兴业银行、平安银行、浙商银行、北京银行、上海银行和重庆农商行 18 家上市银行。

市银行董事会与监事会的规模，监事会人数/董事会人数的比例不足60%。权利少、规模小、独立性受汇报路径限制的监事会难以完成对董事会的有效监督。

此外，监事会监督银行财务和内部控制等方面的职责，又与董事会审计委员会有一定的重叠。因此，完善监事会职能的解决方案一是可以借鉴独立董事制度，引入更多的外部监事，并由外部监事担任监事会下设专业委员会的主席。二是要根据银行实际情况，更为清晰地界定董事会审计委员会与监事会的职责划分，避免出现两个不同的治理主体审议类似事项，增加代理成本的现象。如果银行监事会难以确保独立性，可以考虑赋予董事会审计委员会更多的监督职能，同时减少董事会审计委员会委员在其他董事会专门委员会中的兼职，避免自己监督自己的局面。

## 四、重视ESG对银行公司治理的积极影响

传统意义上的公司治理的本质是实现股东意志的手段。股东的价值目标和导向通过董事会决策、管理层执行全面体现在经营活动之中，而经营活动的成果则由下而上反馈，并形成动态循环。这一过程通过市场机制体现资本意志，其目标完全指向股东价值最大化。

随着企业社会责任运动在20世纪80年代兴起，市场开始倡导在追求盈利的同时担当社会责任，将社会责任植入商业价值之中，约束企业等微观主体行为。公众对社会责任的关注影响了企业家的价值观。将社会责任融入企业的竞争战略和文化之中，良好的社会效益驱动可持续的商业利益。其中一项重要成果就是环境、社会和治理（Environment，Social and Governance，ESG）理念的崛起。

2006年，时任联合国秘书长安南发起设立了联合国责任投资原则组织，提出六项责任投资原则，标志着现代ESG体系的建立。此后，一些国际组织和监管机构发布相关指引，指数公司制定ESG评级与评价标准，投资者和企

业逐渐达成共识，ESG 从概念变成了理念与行动准则。

ESG 是关注企业环境责任、社会责任和公司治理效能等非财务因素的企业评价标准和投资策略，也是引导企业成长与环境、社会可持续发展有机融合的价值理念，涉及气候变化、能源利用、废弃物管理、隐私数据保护、产品安全、员工多样性和平等机会、社会发展和贫困、公司治理、股东权益、董事会职责、董事独立性、信息披露等多元领域。在投资领域和资本市场，勇于承担社会责任的企业越来越获得投资者的青睐，其社会形象已经成为无形资产，并在市值中体现出来。资本市场的理念升级之下，融合社会属性的商业模式正在成为企业新的护城河。

对银行而言，推进实施 ESG，本质上就是在重塑商业模式和价值取向。以往，我们讨论“好银行”的标准是安全性、流动性和盈利性；在新阶段，“好银行”的标准还应该再加上社会性，即“3+1”。这种调整在本质上是具有分水岭意义的一场变革。在大趋势面前，每家银行都必须结合自身情况作出相应的选择。

既然是场变革，就有正面的机会和负面的风险。我们应该做的是看清大势，结合自身优势，从长期的、社会的视角，积极拥抱 ESG 转型的变革。由于中国资本市场的散户投资者比例较高，机构投资者持股比例与成熟资本市场相比较低，难以独自或联合其他投资者形成对银行的重大影响力。更重要的是，中国银行业的信息披露水平较国际领先银行而言有较大差距，银行在监管要求的披露标准之外很少披露其他信息，投资者缺少主动参与银行公司治理的必要信息。然而更需要引起中国银行业注意的是，ESG 因素已经被越来越多的投资者，特别是国际投资者纳入自己的投资决策体系，在估值时为 ESG 方面表现优秀的上市银行赋予溢价，而对于 ESG 方面表现消极或缺乏透明度的上市银行，则会通过持股权或负面分析报告等方式对其施加压力。因此，ESG 投资已经成为投资者自身履行社会责任的重要手段，从而直接和间接影响相关投资对象的公司治理结构和治理效率。

在ESG评估中，信息披露透明度是一项重要评估因素。对于中国银行业，与其被动等待市场因为ESG因素调低评级，不如主动提高信息披露标准，在加深投资者对银行的了解，树立良好市场形象，提升银行估值的同时，引入外部治理力量，完善对银行利益相关者的保护。

# 第二篇
# 深刻理解需求

# 深刻理解金融需求<br>才能主动驾驭银行变革

国际金融危机之后，关心银行的人增多，对银行未来发展的讨论也风起云涌。有人说“银行不改变，我们就改变银行”，也有人甚至说银行快消亡了。其实，比尔·盖茨早在1994年就说过：“Banking is neccessary， Banks are not.”（人们需要银行业务，而不是银行本身）。我理解，这句话的真实含义是，人们对于银行的需求永远不可能消失，但是银行的形态会不断发生变化。也就是说，人们熟悉的银行形态将来可能会消失，但人们对银行业务的需求不会消失。我们在现实生活中也看到，随着移动互联网、智能手机、电子商务等的快速发展，很多银行业务都不用再到银行物理网点去办理，但是支付与汇兑、储蓄与借贷、征信与增信等金融需求几乎没有发生变化，只是实现需求的形式变了。因此传统银行面临巨大挑战，整个银行业正在主动或者被动地发生革命性变化。银行的未来肯定是一个不断探索、不断变化的过程。

## 一、金融需求的变化始终都是驱动银行变革的关键力量

任何市场化组织都是为了满足某类需求而产生发展的，银行也不例外。我们首先面临的是，客户到底想要银行提供什么服务？在商品社会里，人们需要的金融服务内容可能不断变化，但是有几个方面基本上是不变的：一是支付和清算服务，你要卖东西、要出口商品、要请劳务，大多数情况下都要

使用货币，保证交易过程的安全和效率，这就离不开银行的服务，现金、支票、信用卡等都是实现这类服务的载体；二是财富的储存、保值、增值，这是人们日常非常重要的、基础性的需求，从最初的储蓄到各种理财产品，再到信托等高端资产管理服务，充分反映了客户财产保值、增值的内在需求；三是借贷服务，我们想买一样东西钱不够，或者想做投资但缺少资金时，都会想到贷款，这也是银行一项最基本的服务，与此有关的还有征信和增信需求；四是对冲风险需求，与国外客商做生意时需要外汇，到国外旅游或购物需要使用外币，在汇率波动比较大的时候需要对外币资产风险进行对冲保值等。作为普通的公民，我们不仅有上面这些需求，可能还有安全方面的需求，比如说在日常各种各样的交易活动中怎样避免欺诈，我们的财产、货币会不会被盗走，由此产生了风险管控和安全管理方面的需求。在西方国家，防止欺诈、保管业务、风险对冲已经是非常重要的银行业务。

除了以上需求以外，客户对金融服务便利性的要求也越来越高。随着移动互联网时代的到来，以 BATJ 为代表的金融科技企业以客户体验和低成本分解为抓手推出了互联网金融产品，在给普通消费者带来全新金融体验的同时，也蚕食着传统银行的市场份额。与此同时，客户对金融服务的期望值也水涨船高，希望得到随时随地、随心所欲的金融服务，在有金融需要时希望马上能够找到银行，希望任何时候任何地点满足任何的金融需求；还希望在获取更便利、更快捷和更高效服务的同时，降低时间、人力和经济成本，并希望在实际场景中无缝嵌入，省去现有的烦琐流程。这也是一般消费者希望得到金融服务的理想境界。

为适应客户需求的变化，银行的服务形态其实也一直在改变。面对客户随时随地、随心所欲的理想化的金融需求，银行最开始推出了 7×8 小时服务，尽可能增加网点、延长服务时间，但是网点不能无限延时。ATM 等自助设备和电话银行的出现，使客户第一次脱离银行柜台的制约，做到了 7×24 小时服务，但仍然受到空间约束，需要在自助设备地点获得服务。20 世纪

90年代开始出现网络银行，客户虽然可以在自己的PC机通过网络处理银行业务，但由于携带不便等因素制约，仍然不能随时随地获得服务。进入新世纪，随着智能手机的普及，以手机银行代表的真正移动金融服务的发展，使客户基本上可以7×24小时、随地、方便、安全地处理银行业务。由此可见，客户需求一直是驱动银行变革的最主要的因素。

我们可能会想，既然客户对金融服务需求有这么多共性，为什么不能用标准化的产品体系来提供服务呢？其实，相对于客户的共性需求，不同市场主体的不同需求特点对银行更加重要。银行服务的客户，总体来讲包括居民、政府和企业三大类，其金融服务需求特点完全不同。就居民而言，可分为高收入、中等收入和低收入三大群体，他们对银行业务的需求不尽相同，政府各部门的金融服务需求有区别，企业中的大中小企业对金融服务需求也有差异。对银行而言，更重要的是了解不同群体的金融服务需求差异，不能用一个模式去服务所有的客户群体。以企业为例，过去人们认为企业金融服务需求应该是一样的，我们就把大中小型企业的信贷需求采取了同样的业务流程处理，但这三类企业的金融需求完全不一样。就企业的融资需求而言，大型企业由于自身信用评级较高，以面向市场直接融资为主。虽然直接融资的成本低，但市场直接融资是需要信用的，因此在许多资本市场发达国家，大型企业对银行的金融需求不是信贷需求，而是需要银行提供财务顾问和资金安排。但中小企业则不一样，尤其是小型企业自身信用状况不足以支持其到金融市场直接融资，它就离不开银行，天然是银行的信贷客户。这就是人们后来发现西方国家大型银行都在做小型企业生意，花旗银行、美国银行、桑坦德银行等很多全球大型银行，它们利息收入相当大的比重来自小型企业，而来自大型企业的业务收入则主要是财务顾问和投行。我们过去觉得不可思议，但现在越来越多的人已经意识到，不同的客户群体对银行的需求不一样，这本身就是驱动银行变革的基础力量。银行要想准确理解每个客户的个性化需求，就需要通过海量数据分析来准确定位需求，也只有在数据支持下才能做到这一点。

人类社会正在走进数据时代，数据将成为最有价值的资产，这在金融行业尤为突出。经济学中将劳动力、土地、资本定义为生产要素，是维系国民经济运行及市场主体生产经营过程中所必须具备的基本因素。随着科技的发展，技术和信息也作为相对独立的要素投入生产。人类进入工业社会后，如果没有技术要素，光有劳动力、土地和资本要素，企业注定难以存活。同样，在进入信息社会后，数据已经成为关系产业兴衰和企业存亡的关键生产要素，其作用好比农耕时代的土地、工业社会的钢铁和电力。拥有数据，并能充分利用数据的企业将在同业竞争中抢占先机，拥有优质数据资源并建立强大数据挖掘分析能力的企业，将不断侵袭同业甚至其他行业的领地。毋庸讳言，在中国以 BATJ 为代表的跨界科技公司，凭借其领先的移动智能技术和雄厚的客户行为数据资源，已经在 “存贷汇”三方面撼动传统银行业务。真实完整的客户金融数据隐含着客户潜在的巨大需求，许多业界领先的银行已经在朝这个方面转变，并取得了可观的回报。

## 二、关注“新居民”的全新金融需求

随着人口结构的变化和经济社会的发展，不同客群的金融需求日益显现出多样化的特征，老龄族群与年轻客群不同，跨国企业与初创公司不同，如果对他们套用同一个服务模式，客户体验必然大打折扣。数字化时代，客户细分成为银行的重要竞争能力。为客户“贴标签”是当前互联网企业营销中常用的做法，借助这些客户标签，可以有效细分市场，使产品和服务针对性更强。目前国内商业银行已经开始尝试借助数据分析和挖掘技术，通过人口统计、兴趣爱好、社会属性、金融特征和互联网特征等多维度特征，可以把客户群体进行初步细分，精准把握客户需求。当然有效细分是一个不断精细调整的过程，要跟踪客户需求的变化进行动态调整。在“互联网 +”和数字化革命的大背景下，个人客户使用金融服务的逻辑正在发生变化，这种变化正在加速银行服务创新和经营模式转型。

我们注意到，随着中国社会经济发展和经济转型升级，涌现出越来越多不同类型的“新居民”——新增城镇人口、养老族、中产阶级等，他们对金融服务的需求个性化要求很高。把握新客群不断加速变化的金融需求，提升客户体验将是未来银行变革的重点方向。

20 世纪，我国居民的活动范围比较有限，银行客户的工作、生活往往局限在某一城市或某一地区，现如今客户的活动范围急剧扩大，全国化、全球化的趋势越发明显。随着我国经济发展和城镇化建设的推进，我国城乡人口分布和结构明显变化。根据国家统计局公开数据，1995 年末总人口 121 121 万人，其中城镇人口 35 174 万人，占比约为 29.0%；农村人口 85 947 万人，占比约为 71.0%。到 2015 年末总人口达 137 462 万人，其中城镇人口 77 116 万人，占比约为 56.1%；农村人口 60 346 万人，占比约为 43.9%。20 年间，我国总人口增长 16 341 万人，而城镇人口从 35 174 万人增加到 77 116 万人，增幅约为 119.2%，农村人口从 85 947 万人减少到 60 346 万人，降幅约为 29.8%。由数据可见，我国人口呈现从农村到城市转移的趋势，新增的城镇人口成为银行主要的客户来源。伴随着人口的迁移，工作、医疗、养老、教育、住房和消费等领域存在着巨大的新增市场需求，也必然产生新的金融需求。

不仅就业驱动人口流动，旅游也日益成为新的驱动因子。据国家旅游局发布数据显示：2015 年中国境内旅游人数达 41.21 亿人次，中国出境旅游人数达 1.2 亿人次，同比分别增长 14.12% 和 12.14%；全国旅游收入超过 4 万亿元，人均消费 937 元；境外旅游消费达 1 045 亿美元，人均消费 870 美元。随着旅游人数的逐年增长，客户对旅游的金融服务需求愈发明显，支付结算、信用消费、外币兑换、个人证明、购买保险、订购机票、预订酒店等一系列的需求，使得“旅游 + 金融”已经成为一种趋势。

近年来，国际间的人才流动、教育合作日益紧密。据教育部数据显示，

1995—2015 年的 20 年间，我国每年出国留学人数由 1995 年的 2.03 万人增长到了 2015 年的 52.37 万人，增长 26 倍。根据世界经济合作与发展组织数据统计，全球留学生人数由 2000 年的 208.7 万人增长到了 2012 年的 452.8 万人，增幅达到 116.96%。在世界留学生中，我国留学生占比极高。在世界接收留学生人数前十的国家中，中国学生在六个国家占比都是第一。伴随着留学，甚至移民人数的增长，客户相关的金融服务需求也逐渐增加，如开立存款证明、境外汇款、兑换外币、办理外币携带证、信用卡、留学签证、留学咨询、中介服务、投资移民服务等都成为近年来新增的客户需求。

新世纪伊始，互联网和大数据技术掀起了个人金融服务革命。在互联网、移动互联网及数字化革命的环境下，个人客户获取信息的渠道极大丰富，金融意识和行为在加速分化，获取服务方式呈现全渠道、全天候、全方位、个性化特点，对金融服务和非金融服务融合的需求越来越大，在金融市场上掀起一场金融服务革命。

在银行和客户关系中，客户正占据更加主动的位置。我们已进入“金融消费者主权”时代，客户拥有了极其广泛的信息来源和前所未有的选择权。波士顿咨询的一项调查显示，越来越多的客户正将社交网络、微博、手机应用等作为获取金融信息的来源，客户越来越习惯于从网上比较各类不同金融服务的优劣，进而作出决策。换言之，消费者正从被动地获得信息推送转向更加主动地获得信息，银行等金融机构的金融信息主导地位正在改变。就像购买其他商品一样，客户更加愿意自己根据多样化信息比较后作出判断，希望主导自己获得金融服务的方式。

不同于传统意义上客户到银行网点获得服务，目前大量人群日益习惯于网络、手机购物，进而对电子化、数字化渠道银行服务的需求越来越大。客户越来越习惯于通过多个线上线下渠道频繁切换的方式完成服务选择、购买决策和交易。同时，客户越来越愿意通过让渡自己一部分行为数据的使用权，获得个性化的服务，正如允许电商通过自己的点击和购买行为推荐更加有针对性的商品，客户自然也希望银行能够根据自己收入、消费和理财等习惯数据来推荐更个性化的金融服务。适应这种变化，银行需要将线上线下各种渠道资源进行无缝整合。

在体验产品和服务后，客户会有更多的互动和分享的需求，比如朋友圈推荐、社交平台分享等。2014 年中国品牌推荐度客户调研结果显示，在 18~25 岁的年轻人中，45% 的人会明确地推荐或批评自己使用过的银行品牌，这一比例在 26~35 岁的人群中也达到了 36%。总体来说，客户的认知和决策过程不再是单一的、线性的、被动的，而是开放的、多线程、互动的。与这种变化直接相关的是，当客户评判自己所接受的金融服务是否足够好时，其比较的对象不再是其他金融机构，而更多的是其在相似领域的经历和体验。比如，客户在使用电子银行时，其参照物可能是购物网站便捷的流程和简明的页面设计；客户在使用银行网点时，其参照物可能是零售店、咖啡店的个性化视觉和舒适体验。

更应关注的是，客户对“银行服务”的认知正在发生革命变化。以往客户获得银行服务必须要有银行账户以及与此有关的介质，如存折、银行卡等。但随着支付宝、微信钱包、苹果支付等产品的出现，客户发现原来不需要在传统银行开立账户也能获得包括各类金融服务，进而发现银行卡成为“多余物”，只要一部手机就完全可以替代银行卡的所有功能。波士顿咨询和埃森哲公司的调查都显示，有相当比例的 90 后、00 后年轻人不再将拥有银行账户、银行卡视为必需。另外，蚂蚁花呗、京东白条及五花八门的创新消费金融产品正逐渐替代信用卡，成为年轻数字一代使用信用的方法。一旦这些被称为数字时代原生民的客户成为主要客户群体，银行服务的形态将发生更加剧烈的变化。

中国经济转型升级以后，特色客户群体催生银行专业化转型。过去，个人客户收入水平较低，生活方式趋同，对于银行业务的需求比较单一，个性需求少，金融服务也是同质化的。随着我国人均收入水平增长和客户生活方式变化，出现了一批需求特点鲜明、数量巨大的新型客户群体，由此催生银行必须专业化转型。

关注之一：养老一族群体。据统计资料估算，2010 年我国 50 岁以上的人口占全国人口的比例为 24%，2020 年这一比例上升至 33%。十年间我国退休人口大约增加 1.5 亿。老龄化在中国已成为不可回避的问题，但现有的以政府为主导的社会保障体制仍难以满足大多数人的养老需求。以 2013 年数据为例，全国城镇职工及城乡居民养老保险共覆盖 8.2 亿人，占人口总数的 60% 左右，但人均养老基金结余 3 800 元，难以为退休人员提供充足的养老保障。商业化养老金融需求应运而生，对于养老一族而言，银行能否提供稳健的投资使资产保值升值，以及相应的医疗健康服务产品是迫切需要的。

关注之二：城镇新兴群体。城镇化是中国经济社会发展的另一大宏观趋势，中国的城镇化率超过 60%，这意味着超过 1 亿人的新增城镇人口。这些城镇新兴客户在医疗、养老、教育、住房和消费等领域存在着巨大的新增需求，银行应及时拓展住房贷款、消费分期、教育咨询等相关业务。

关注之三：中产阶级群体。中产阶层作为一个新兴群体，在社会生活中扮演着越来越重要的角色。拥有一定资产、白领职业和高于一般大众的收入水平是这一群体的主要特征。中产阶层主要包括部分中高级经理人、中高级职业技术人员、中高层公务人员，以及中小企业主、自由职业者等。根据波士顿咨询公司测算，2014 年中产家庭的数量占全国城市家庭总数的 63%，个人消费总额占到全国个人消费总额的 76%。当前，中产阶级的消费正在从生活必需品逐步升级到更加高端的商品与服务，相关金融需求也不仅是投资理财，而是便捷的消费类金融服务、专业的金融管家及其他增值金融服务。

关注之四："肥尾"（长尾）客户群体。传统的"二八定律"认为：银行 80% 的利润由 20% 的客户贡献。与之相反，"长尾理论"认为传统意义上那些数量占比 80% 而利润贡献只占 20% 的中小客户，在一定的环境下，也能给银行带来不亚于 80% 高端客户的盈利机会。当前，不少银行开始关注从海量的中小客户中发现潜在价值，从中获取高额利润。

关注之五：社区大众群体。社区大众群体是指社区居民中的城市工薪阶层、个体从业人员，以及农村农民包括外出打工的农民工，涵盖了城市、小城镇、农村的大部分人群。以农民工群体为例，据相关资料推算，外出农民工月均收入由2011年的2 049元增长到2015年的3 072元[①]，增长50%；月均消费支出也由2011年的664元增长到2015年的1 012元，增长52%。无论是收入还是支出，农民工群体的增速都高于整体水平。作为数量最为庞大的客户群体，社区大众群体拥有家庭生活、社会活动以及投资理财等大众化的金融需求，这些金融需求正是商业银行未来发展"长尾"业务的基础和保证。

关注之六：在校学生群体。这一群体包括在校大学生和高中生。学生有一定的特殊消费需求和消费能力支持，因此在校学生成为一个特殊客户群体。在校学生群体的个性化金融需求较为突出，如时尚消费、移动支付、助学贷款、创业贷款，频率较高的取汇款需求，金融理财与投资方面的学习尝试需求等。教育部与国家统计局公布的数据显示，2015年我国在校大学生规模3 700万人[②]，在校高中生2 400万人。在学生群体中00后已经成为一股不可忽视的力量，其消费习惯也与其他群体有显著区别。

关注之七：SOHO一族。SOHO是small office和home office的缩写，指单独办公、家里办公。SOHO一族的本质就是生活、就业足不出户。随着电商平台的火爆，电商从业人员也加入了SOHO一族。据2015年中国就业促进会发布的研究报告显示：截至2014年末，我国电商网络就业人数为1 000万人。这一数字还在逐年增加。据中国互联网络信息中心报告显示，截至2016年6月，中国网民规模达7.1亿人，互联网普及率为51.7%。我们发现在报告统计的19项网民常用互联网应用中，已经基本覆盖人们的衣食住行。尤其

① 2020年，尽管受新冠肺炎疫情影响，这一数据仍然达到4 000~5 000元。

② 2020年，在校大学生规模达到4 600万人，在校高中生也超过4 000万人。

是网上外卖需求的客户群体半年内净新增 3 600 万人[①]，增长率达 31.8%，也就意味着更多人选择在家订餐。由此可见，随着互联网的发展，SOHO 一族实现生活、就业足不出户已成为可能。这些足不出户的客户群体，也必然产生新的金融需求，例如网上银行、手机银行、支付结算、网上理财等。

## 三、银行回归本源的动因仍然是需求驱动

国际金融危机前，受发达经济体消费驱动型经济增长模式影响，欧美大银行普遍倚重零售业务。同时，资本市场的繁荣促进了投行与衍生品业务的发展，各类金融衍生工具的创新层出不穷，为银行带来高收益的同时也积累了高风险。国际金融危机后，欧美国家消费疲软，一般零售客户对银行的利润贡献下降，低利率市场环境压缩了传统银行业务的利润空间，投行与交易业务受到重创。花旗银行、汇丰银行等老牌零售银行大规模收缩零售业务战线，将主要精力放在了利润更为稳定的高净值个人、公司客户和机构投资者。目前，花旗银行的业务重心正由零售业务转向公司业务，其公司与投资银行业务的收入已超过零售银行业务。汇丰银行的零售银行业务在利润总额中的占比已下降了一半，占比份额已让位于公司与投资银行业务。

2008 年国际金融危机之后，国际银行业重新审视和定位公司金融业务，交易银行、新兴产业、金融科技的兴起及“围栏”法则的实施赋予了公司金融业务新的活力。例如，汇丰银行、摩根大通银行、三井住友银行、三菱日联银行等银行公司金融业务收入占比都在 50% 以上。以零售业务见长的花旗银行和富国银行，公司金融业务收入占比在不断上升。2014—2016 年，花旗银行公司金融业务收入占比从 43% 上升至 48%；富国银行公司金融业务收入占比从 30% 上升至 32%。

从资产负债表来看，公司信贷是国际大银行资产增长的主要来源。在美

① 据专业咨询机构测算，2020 年网上外卖用户规模超过 4 亿人。

国，摩根大通银行、花旗银行、富国银行等先进银行公司贷款占比在 40% 以上，且在国际金融危机后公司贷款比例逐步上升。如花旗银行，近年公司信贷业务一直是重要的资产增长来源，在整体信贷负增长的情况下，公司信贷业务保持了正增长。在日本，主办银行制度下的银行与企业存在长期稳定的信贷关系，银企合作十分密切，银行公司贷款占比高达 70% 以上。银行长期稳定的支持是日本企业能够精耕细作与科技创新的重要支撑之一，也造就了“日本制造”以高品质形象享誉全球。

全球交易银行快速发展。交易银行业务是指商业银行围绕客户交易行为，为其提供覆盖交易全过程的一揽子金融服务，包括支付结算、现金管理、贸易融资、资产托管等。此类业务虽然单笔收益率不高，但业务量大，具有轻资产、低风险、低资本占用和收益稳定的特征，而且是银行提高公司客户忠诚度、维护客户关系的有效手段。2008 年国际金融危机前，国际大银行普遍青睐收益率较高的投资银行业务，对“赚小钱”的交易银行业务重视不足。国际金融危机对投行业务造成严重冲击，而交易银行业务则逆势增长，成为国际大银行的“救命稻草”。例如，花旗集团在次贷危机的第一年整体利润大幅下降，但全球交易银行净收入却增长了 55%。2008 年，花旗集团整体亏损，但全球交易银行业务净收入仍大幅上升；在随后几年，该项业务净收入仍持续增长，占比维持在 30% 以上，逐渐成为集团的主要利润来源。国际金融危机后，国际大银行开始重新重视交易银行业务。事实上，交易银行是商业银行的基础服务，是银行公司金融业务本源的回归。

商业银行与投资银行互动的全融资业务成为重点。在欧美领先发达国家，高度发达的资本市场降低了企业对信贷业务的需求；同时随着市场竞争的加剧，投行类业务在未来一段时间的利润空间可能逐步收窄，特别是股权承销业务短期内发展空间较为有限。从未来趋势看，单一的信贷业务或独立的投行业务已不能满足企业多元化的金融需求，客户需要的是一揽子金融服务方案。未来独立商行或投行将难具竞争优势，而相应崛起的是在风险隔离的前提下，商行和投行相互补充、相互促进的业务地带，金融控股公司将迎来新的发展。这类公司的投行业务将依赖于集团优势，与商行业务互为补充、互相联动，充分满足客户的一揽子金融服务需求。商投互动的全融资业务成为公司金融的重点。

新兴产业开辟公司信贷新空间。随着经济发展阶段迈向中高级，国家的产业需求、比较优势都会发生变化。在经济增长动力新旧转换阶段，传统产业信贷需求下降，新兴产业尚未形成规模，由此造成信贷业务整体增长趋缓。而随着新产业的成长，公司信贷将迎来新的成长空间。在与咨询公司的专家讨论中，许多人观察到摩根大通的 TMT（科技、媒体和通讯）产业一直是公司投行部门除金融机构外的第二大客户源，信贷占比从 2008 年的 8% 上升至 2016 年的 10%，是除房地产行业、消费行业以外的第三大信贷业务领域；健康医疗信贷占比从 2008 年的 5% 上升至 2016 年的 6%。花旗银行的 TMT 行业信贷占比也从 2010 年的 8% 上升至 2016 年的 12%；消费与医疗信贷占比从 2010 年 12% 上升至 2016 年的 16%。

“围栏法则”促进小微金融发展。作为最具活力的市场主体，小微企业是居民创业创新的主要阵地。国际金融危机后，国际大银行越来越重视小微金融业务发展，把零售与批发业务进行风险隔离。例如，英国对银行业实施“围栏”法则，规定核心存款（从个人及小企业客户吸收的存款）超过 250 亿英镑的银行，需将个人及小微金融业务与大企业及投行业务在集团内部实行经营主体的分离。目前，劳埃德银行、巴克莱银行和汇丰银行均按照监管要求进行了拆分，投入专门力量经营零售银行，发展小微金融。近年来，中国政府鼓励大中型商业银行设立普惠金融事业部，实行差别化考核评价办法和支持政策，也有助于改善中小微企业的融资环境。从全球趋势来看，专业化的小微金融服务将为公司金融业务带来新的增长点。

金融科技为公司金融业务发展带来新机遇。随着大数据、云计算、人工智能、区块链等一系列创新技术的应用，金融与科技相互融合，促进了金融科技（Fintech）的蓬勃兴起。金融科技并不是“金融”和“科技”两者的简单叠加，不是互联网公司的简单包装，也不是传统金融企业的简单触网，而是在新理念、新思路下的相互融合与共同发展。由技术带动的金融创新通过一系列新的业务模式、技术应用、流程和产品对金融供给产生重大影响。金融科技以科技为尖刀切入金融领域，用更高效率的科技手段抢占市场，提升金融服务效率及更好地管理风险。目前 Fintech 主要冲击的是个人金融的支付领域，但冲击范围已出现扩大趋势，未来公司金融业务发展也可以从中获得启示。

## 四、未来银行应是数据洞悉需求、需求驱动创新

未来的银行到底是什么样？能否画出一个图？这很难。在大数据、移动互联、云计算、人工智能等变革性技术的带动下，我们正处于一个新技术革命的开始阶段，满足客户金融需求的手段和方法会出现革命性的变化，到底怎样我们很难说清楚。但是只要抓住几个基本的方面，我们就能理解未来银行，银行的发展方向也是清晰的。

我们看到互联网金融也好、区块链也好，这些新兴的金融业态或技术做的第一件事就是深入研究客户到底有什么样的需求。它们不但能找到客户能说得出来的需求，还通过大数据分析挖掘出客户潜在的还没有说出来的需求，将客户的社交、购物等日常生活与金融服务密切串连起来，产生了诸如支付宝、微信红包、余额宝等“爆款”金融产品。以往银行更多的是被动响应客户的需求，但在大数据时代，将客户各种碎片化数据有机融合起来，发现客户潜在的还没有说出来的需求，在此基础上及时创造金融需求、创新产品服务，不像过去一个产品用好多年。另外一个特点是快，很多需求大家都看到或分析到了，但是到最后谁行动得快，而且针对这种需求创造服务、产品，谁就能抢占先机，针对这种需求创造出实际产品，未来银行一定是针对需求加速创新的银行。

不要用一成不变的思维来理解未来银行，关键是把握市场个性特征，深刻理解内在需求。比如亚洲客户使用在线服务率高达70%，而欧洲客户喜欢现场服务，这样一种行为特点对金融服务需求的影响就很大。我们现在都在争取年轻客户群体，这类群体有朝气有活力，这没问题，但是美国的数据显示一些银行60%的收入来自50岁以上的人，而且老年人为自己的养老准备了大量的钱，需要大量的金融服务，我们中国已经进入老龄化，怎样对老年人的金融服务需求进行深刻理解，及时创新我们的金融服务，到现在还是没有完成的一个课题。部分银行之所以被动，就是对需求理解不深刻，理解了又不能及时创新，这是我们面临的最大问题，解决了这些问题，未来银行的发展方向应该说还是明确的。

深刻理解客户需求，方法、路径很多，但数据永远是核心。银行发展史在一定程度上就是一部数据驱动变革的历史。银行从诞生之日起就与数据脱不开关系，最开始是数字记账，银行账簿上的数据记录金融交易，数据变化代表了客户资金的变动。最早起源于罗马的古代银行业雏形中就有记账的记载，在中国钱庄里我们也能看到算盘、密码本及账簿等数据化管理技术。之后随着复式记账法的出现，数据逐渐成为核算与银行管理的主要手段，银行借助会计核算技术，全面了解经营状况及风险特征，并使大型银行的出现成为可能。在计算机技术普及以前，银行的账务及交易数据以大量的纸质账本的形式存储。20世纪六七十年代开始，计算机技术在银行管理中普及应用，电子表格系统、电子交易系统、数据库系统先后成为银行经营管理的必备工具，尤其是网络技术和数据库技术的出现，使银行的资金流、数据流真正有机融合为一体。到20世纪90年代，国际大型银行已基本建立了集中化的交易和核算系统，领先的银行开始着手建立数据仓库系统，现代银行管理技术得到迅速发展。可以说，数据一直是驱动银行转型发展的关键要素，银行传统上就是数据型企业。

波士顿咨询公司研究表明，在主要行业中银行业是数据最密集的行业，每单位营业收入对应的数据量远远大于传统制造业，甚至大于电信行业及互联网行业等信息行业。一直以来，数据都被视为银行最有价值的资产之一，银行历来重视数据管理和数据应用。数据采集、存储和处理能力的提高也已经引起了银行管理的重大变革。一是数据库营销为代表的客户关系管理技术革命，通过对大量内部数据分析，银行能够真正理解甚至预测客户需求，进而提供有针对性的服务。以花旗银行为例，其亚太地区零售业务中有 50% 以上来自数据化营销手段，在香港等金融业竞争非常激烈的地区，依托深入的数据挖掘分析提供营销策略已成为标准化的工作流程。中国的商业银行近年来也在数据库营销方面投入巨大，大量的营销客户清单都是在数据挖掘分析基础上产生的。二是风险管理技术的变革，数据分析和统计计量技术已经成为现代风险管理的核心技术，客户评级、授信、贷后管理、清收等阶段都依赖大量的数据支持，尤其是内部评级法的普遍使用，使银行家意识到通过对大量数据的分析，能够有效发现、量化和管理银行经营中的各种风险。随着数据类型和数据范围的扩大及数据分析技术的发展，银行越来越发现大数据在风险管控中的应用更加广阔，例如一些弱相关变量组合能够更加有效地预警风险。三是数据正在改变银行内部经营管理的流程，包括人力资源管理、产品创新、流程优化直至网点选址等，精细化管理离不开大量数据的支持。另外，数据在洞察市场走向、了解客户需求变化方面也发挥了重大支持作用。然而，与快速发展的电商、互联网金融、零售等行业相比，银行对数据的应用还有很大的差距，需要做更大的努力。

数字化银行的发展还不止如此，随着互联网、移动互联网技术的发展，数字化渠道正迅速成为银行服务客户的主渠道。据统计，2015 年中国零售业中已有 90% 以上的交易通过电子支付完成，银行账务性交易中也有 80% 以上通过电子渠道。客户使用银行的方式正在发生革命性变化，互联网银行、手机银行、微信银行逐渐成为银行服务主渠道，这使银行记录客户任何行为成为可能，除了传统结构化的账务交易数据之外，大量的位置数据、行为轨迹数据、语音和视频数据被记录和保存下来，对这些数据的应用正在彻底改变银行与客户的互动方式。比如，智慧银行就是在对客户行为数据深入分析的基础上，为客户提供大量实时有针对性的服务，甚至通过跨界协作满足客户的非金融服务，包括购物、医疗、健康、娱乐等。数字化技术的发展使跨界、泛在、智慧成为银行未来发展的方向。由于银行拥有全社会资金交易这一最有价值的数据资源，如果将商品流、资金流和数据流结合在一起，可能产生全新的商业模式，我把这种可能的银行商业模式称之为“数据驱动型银行。”

大数据、云计算、区块链等革命性新技术正在重新定义金融业的交易模式及服务体验，这些技术为外部竞争者进入银行服务提供了更多可能。适应内外环境的变化，越来越多的银行正在把数字化银行建设确定为战略转型方向，数字银行的建设正风起云涌。放眼全球，商业银行的数字化转型正在加快推进。例如，德意志银行建立数字技术的创新开发实验室，目的就是对大规模数据进行有效处理及大规模的创新性技术开发，提升银行的客户服务与产品创新能力；花旗银行和汇丰银行在印度等地建立了大数据能力中心（卓越中心），整合海量数据，支持业务发展和战略转型；美国银行专门成立了独立于技术部门的数据分析中心，一方面探索内外部数据的应用，另一方面加快开发和引进先进的数据分析工具。国内银行业一样，工行确定了 E-ICBC 战略，在数字化渠道、数据分析能力建设方面投入了巨大资源，全行数据分析人员已经接近 1 000 人；建设银行在转型规划中明确提出了大数据战略，并在上海建立了专门的数据分析中心，全力提升大数据应用能力。适应数字化银行发展需要，建设银行、农业银行、广发银行、浦发银行等新一代核心系统相继投产，一些银行还开始探索设立数字金融子公司甚至是大数据子公司。

银行数字化转型既会产生前所未有的数据，也会导致前所未有的数据需求。为此，银行需要制定明确的数据战略。一是努力扩大数据源，既要有内部的结构化和非结构化数据，也要引入外部的结构化和非结构化数据，包括政府数据、跨界数据共享等，形成内外部结合的统一数据视图。二是抓紧提升大数据管理和分析的应用能力，包括异构数据存储、非结构化数据处理转换、海量数据挖掘、数据可视化、大数据分析工具等。三是建立一支适应数据战略的多层次人才队伍，要对银行领导层开展大规模的数字化培训、对数字化部门领导人进行全面的业务培训，使银行高管层对数字化转型方向达成一致，要努力改变构建引进和借用数字化人才资源的方式，既要在内部培养数据分析人才，又要呼唤专业化、商业化的数字服务市场与相关的专业人才市场，在这方面未来银行将有大量的外包及外购服务需求。四是构建既能支持数字化战略实施，又能不断发展和完善的组织架构，特别是在数字化客户体验、大数据和高级分析平台、端到端流程的持续改善以及数字化创新枢纽四大关键领域大规模构建数字化能力。五是必须高度重视数据资产管理，建立严格的数据管控机制，制定严格的数据采集、存储、整合和应用方案，通过企业级统一的数据标准、数据规范、数据认责机制，确保数据质量达到可靠水平。银行实施数据战略过程中，要有分阶段的策略目标，首先是建立完备的数据整合共享平台和客户全景视图；其次是建设大数据分析中心，选择关键业务领域实施系列大数据应用案例；最后是建立数据驱动型银行，建立全渠道数据分析、营销管控、渠道推送、营销反馈、风险管控的闭环体系，形成全行大数据经营体系。

## 专栏

### 客户需求驱动银行变革[①]

当前，云计算、大数据、人工智能等信息技术创新步伐不断加快，工业

① 本文为作者在2016金融理财发展与创新论坛暨第六届中国金融理财“金貔貅奖”颁奖盛典上的讲话。

步入智能化、数字化的新阶段，移动互联网已经完全渗透到生活，银行的客户行为也呈现出翻天覆地的变化：广泛使用电子现金和移动支付技术，对银行卡和现金的依赖度大幅降低；越来越多通过银行的网银或手机银行等电子渠道自主办理业务，而不愿意去银行网点；不再单独使用银行的特定渠道或产品，而是以多种方式与银行互动；对银行产品或服务的评价会通过社交媒体发布出去，而面临产品选择时往往也更依赖社交媒体传播的口碑；互联网企业跨界竞争，以极致的客户体验分流了大量客户。在这样的变化面前，客户眼中的银行只是提供金融服务的机构，而不再是必须去的地方，银行以往的控制地位正逐渐瓦解。

## 一、客户需求的变化一直是驱动银行变革的主要力量

盈利、同业竞争、客户需求过去都曾驱动过银行的转型与变革，而当今银行转型与变革的动力更多源自客户需求的变化。当前客户的金融和非金融需求及综合需求不断深化，构成推动银行转型的强大动力。

研究发现，公司和个人金融消费者多年来有一个梦想，就是“随时随地”“随心所欲”地享受金融服务。

为了满足客户“随时随地”的需求，商业银行的服务方式已经经历了几轮变迁：一是银行最初的主要形态是网点和柜台，与柜员和客户经理面对面是客户接受银行服务的主要方式，通常限制在7×8小时的实体网点内；二是自助存取款设备的出现，使客户第一次脱离银行柜台的制约，自主使用一定的银行服务，服务时间也扩大至7×24小时，但服务仍受地点限制；三是20世纪90年代，银行开始推出网络银行服务，客户可以使用PC机通过网络办理各类银行业务，银行服务的便利性大大提升；四是随着智能手机和移动网络的普及，以手机银行为代表的移动金融服务迅速发展，客户可以随时随地、安全、便捷地办理银行业务，移动金融逐渐成为银行提供服务的主流渠道。据高盛公司估计，全球移动支付交易额从2012年到2016年将以年均

42% 的速度增长，2016 年将达到 6 169 亿美元[①]。纵观银行服务方式的变迁，简而言之就是从传统的、单一的，以有形网点、人工操作、柜面服务为主的服务模式向主要以电子化为载体的无形网点服务、自助服务及多元化交易渠道的转变。

“随心所欲”实质上是客户金融需求在内容上的深化，而在满足客户这类需求方面，银行还需要做得更多。例如，个人客户对金融服务跨界化需求日益强烈，例如便利支付、延伸服务等。客户有这样的需求，但是银行忽略了，而这些需求被互联网企业予以重视并加以利用，借此占据了支付等银行传统优势业务的巨大份额，而互联网金融的竞争和倒逼也进一步激发出银行变革的新活力。

随着人们行为模式的改变，客户会要求更加便捷、更加自由、更加安全地使用银行服务，未来银行的形态还可能发生更大的变化。但是，由于金融在现代经济中的核心地位，银行服务不会消失，只是银行服务的方式在迅速改变，变革的速度会越来越快。随着金融业务的“随手可得”，客户金融需求的满足已无法实现客户体验的超值感，而客户非金融需求满足的能力将是银行提供差异化服务的重要能力和核心竞争力之一。客户金融与非金融需求的转变将驱动银行的持续变革。

## 二、互联网技术颠覆客户需求，最终将改变银行的经营运作模式

移动互联时代创新技术层出不穷，互联网与移动应用改变了人们的工作、娱乐和生活，客户对金融服务的需求也日新月异：对便捷性、方便性、个性化的要求越来越高，银行与客户的交互方式迅速变化。

*BANK 3.0* 一书中谈到，目前两股力量正推动消费者行为改变：一是资讯时代和各项创新所带来的“心理冲击”，二是创新科技的“扩散效应”，两种因素共同促成消费者行为的转移。银行客户行为模式的改变有四个“破坏阶

① 业界普遍认为，全球移动支付市场交易规模突破 1 万亿美元最早发生在 2019 年。

段”：第一个阶段的特点是“互联网与社交媒体”，主题词是“控制与选择”。客户可以用自己想要的方式、在方便的时间使用自己的钱，到银行柜台的必要性锐减。近10年，美国银行临柜交易比例从50%~60%骤减至5%，而使用网络、客服中心、ATM进行交易的比率已达95%，这一趋势在中国银行业也越来越明显。第二阶段，即Bank 2.0时代，也是目前大多数银行所处的阶段，“屏幕和移动终端”无处不在，催生出银行的各种新型应用，客户在智能手机上可实现除存取款以外的所有查询和账务性交易，银行远程服务向智能手机终端转移。第三阶段是“移动钱包”，也就是Bank 3.0时代，客户对银行卡和现金的需求大幅萎缩。这一阶段实际上已经拉开序幕，第三方支付机构的线下二维码支付已经接入大大小小的实体店，出门只带手机完全可以满足日常衣食住行的需要。目前我国手机银行客户已达到一定规模，随着移动钱包业务的发展，手机可能成为很大一批客户的账户，加之余额宝、京东白条、预付卡等移动支付方式推陈出新，对基本银行结算账户的竞争将开展，银行与其账户脱钩可能颠覆金融服务产业。第四个阶段是未来十年将要进入的阶段，客户不再把银行视为一个“地方”，而是一种“行为”，银行要无处不在，在任何时间和任何地点都能满足客户的金融服务需要。

实际上，现行规定银行除柜面开户外，还可通过远程视频柜员机和智能柜员机等自助机具、网上银行和手机银行等电子渠道为开户申请人开立个人银行账户，银行账户实行分类管理，预示着银行个人业务有可能实现全流程电子化。

以计算机网络为基础的互联网成就了“互联”的扁平世界，各类创新正促使我们加速从“互联”世界迈向基于移动互联的“超互联”世界。除了正在重构社会生活方式、改变客户需求，移动互联网也终将改变银行的经营运作模式。随着科技进步，创新技术扩散速度越来越快，客户使用银行服务的行为已经发生翻天覆地的变化，他们不会只单独通过银行的特定渠道使用特定的产品，而是以多种方式与银行互动，未来是客户，而不是银行在业务中占据主导地位。

如果银行创新和改善客户体验的速度跟不上客户采用新科技的速度，就会陷入劣势，甚至可能因为中介和第三方机构的积极创新而流失客源。银行供给与消费者需求间的巨大鸿沟正在被支付宝、P2P借贷平台、余额宝等更灵活的竞争对手快速填满，将“我们是银行”“金融业管制很严”“系统及作业流程老旧无法配合”作为阻碍创新的借口已经行不通。只有那些适应客户需求变化而进行变革的银行才能在市场竞争中占据越来越有利的地位，不断发展和壮大；而那些变革速度慢、过度依赖传统模式的银行，势必成为“恐龙”，加速走向灭亡。

## 三、银行变革的几个趋势

在信息经济和互联网金融的冲击下，金融媒介竞争多元化，商业银行如果不主动变革将难以适应快速变化的市场和客户需求。正是因为如此，比尔·盖茨预言商业银行将成为“21世纪灭绝的恐龙”。然而，科学家通过研究分析426种恐龙腿骨厚度，发现自从恐龙出现之后体型快速趋于变小，表明体型缩小有助于恐龙进化成鸟类，适应新的生态环境，从某种意义上说，现在的鸟类就是恐龙的后代。我认为，银行变革的实质就是银行进化，市场和客户在变化，商业银行也要随之进化；银行只有主动顺应客户需求变迁而变革，才不会成为“21世界灭绝的恐龙”；在银行进化过程中，行将灭绝的可能只是商业银行的传统经营模式，未来商业银行的形式和承载内容将迥异于当今。

### （一）移动金融生态日益兴起

移动金融的发展过程就是金融机构的互联网化、移动化，以及互联网金融的移动化。早期传统金融机构都是在线下做业务，互联网的兴起初期，银行、保险、证券等金融机构利用信息技术将业务搬到了网上，本质只是线下业务简单的复制。后来互联网金融开始兴起，出现了第三方支付、P2P网络借贷、众筹等。互联网与金融的结合深入业务领域，并且结合形式越来越多样化，APP应用不断渗透客户的日常生活，衣食住行、财务管理、社交购物等需求都能在移动终端上得到满足。

在互联网企业构建的移动金融体系中，传统银行逐渐被边缘化，仅仅承担资金通道的角色，面对互联网金融对传统优势业务的侵袭，银行也尝试对业务模式进行重组改造，开始探索新的金融模式。而随着移动通讯技术的迭代发展和上网费用的不断降低，客户使用偏好向移动端迁移的趋势已经非常明显，手机可谓成为客户的“器官”，银行移动金融的发展可谓恰逢其时。依托移动终端“时刻在手、永远在线、使用频繁”的独特优势，通过为客户提供随时随地、内容丰富的移动互联网平台和服务，移动金融将变身为银行连接客户最直接、最频繁的“触角”，成为效率最高、流程最顺畅、体验最好的银行服务方式。

作为银行变革方向之一，移动金融应以客户为中心，发挥自身在客户、渠道、数据、技术、风控等方面的优势，通过整合银行集团、优质第三方的产品及服务，满足客户金融和相关非金融服务需求，串联资金流、信息流和物流形成闭环，打造客户、银行、第三方“三位一体”的移动金融生态系统。利用信息技术整合传统业务，形成统一的业务平台，客户通过唯一标示进入后可以办理全部业务，包含银行集团及子公司的保险、期货等各种业务。

以建设银行为例，该行打造的移动金融生态包含目前五大领域，即移动银行、移动支付、移动生活、移动商务、移动社交。其中，移动银行是生态的核心组成部分，是银行、保险、证券等金融服务的载体；移动支付在生态中起到串联各种金融、非金融应用场景的纽带作用；移动生活是围绕客户日常生活提供缴费、优惠等服务，是生态的重要组成；移动商务专注于根据客户消费行为提供全方位服务，提升生态价值；移动社交是与客户沟通交流，进行业务营销宣传的重要方式。银行移动金融生态就是要打造“客户选择第一入口”的品牌，当前互联网生态中的客户“入口”之争日趋激烈，只有通过打造市场最强大的客户入口和移动平台，提升市场资源整合能力，才能在移动金融大战中脱颖而出。

（二）跨界服务是未来金融的常态

随着技术进步和市场竞争加剧，行业间相互渗透、交叉融合，已经很难对企业或者品牌清楚界定，跨界经营成为潮流和趋势。银行也不例外，客户非金融需求满足跨界银行，就是银行依据不同产业、产品、环境、偏好的消费者拥有的共性、联系的消费特征，把一些原本没有任何联系的要素进行渗透、融合与延展，通过产品、渠道、支付等服务手段的合作和经营，提升银行自身“交易撮合能力”，从而实现市场和利润的最大化。基于移动媒介、数据经验和专业服务支持，依托庞大的现有银行客户群体，未来银行必将突破传统服务边界，挖掘更多利润增长点，银行服务无处不在、无所不包。

首先，银行产品或交易将融入客户的日常生活，例如购房过程和房贷销售结合；旅游、汽车4S店、零售商；社区管家云平台；银医线上金融服务等。客户不再只属于银行，银行只是支撑起银行功能服务体系的生产者、网络和流程。银行必须拥有产品、交易和支付的平台，并积极引入新技术、形成广泛的伙伴关系。如建设银行的“E商贸通”就是以大宗商品、零售批发市场、物流、电子商务等平台型客户为服务对象，为平台及平台上的商户、会员提供资金结算、分账户管理、托管、信贷资金监管等服务，优势明显。

其次，银行将会对跨行业竞争对手进行反渗透。随着第三方支付的快速发展，银行的支付结算业务面临严峻挑战：客户交易具体信息被屏蔽，银行逐渐沦为第三方支付的“收银员”。跨界“抢钱”的第三方支付，已经把传统银行逼到墙角。为改变这种被动状态，国内不少银行纷纷进军电子商务和其他领域。目前银行电商网站有几十家，建行的B2C购物商城已开业几年，其他如工行、农行、中行、交行、招行、光大银行、兴业银行、民生银行等皆涉足电商。平安银行成立了陆金所网络投融资和房屋自主交易平台等。跨界银行的依据不是简单功能互补，而是用户体验性互补。

据目前银行业竞争态势，不难判断商业银行还将进一步延伸其金融服务链条，拓展至客户生活的方方面面，金融服务将无处不在：未来银行将通过与第三方支付、旅游网站、运营商等外部合作资源对接，借助于第三方快速接入各大平台，形成银行、客户、第三方三位一体，以金融服务为核心、客户需求为导向、开源服务为支撑的新型服务模型。客户只要登录银行网银或手机银行，就能顺利完成购物、买机票、看电影、订酒店、看病、房屋买卖等一系列看似与银行传统业务无关的行为，将银行服务完美融入客户生活。银行将基于自身强大的客户资源，广泛接入各行各业和各种形态客户的供给和需求信息，建立强大的客户供需信息库以及强大的信息搜索工具，让所有客户的交易需求都能通过银行平台进行精准撮合和完成，全面实现客户的价值创造（供给方）和需求满足（需求方），客户非金融需求满足能力即“交易撮合能力”将是银行核心竞争力之一。

（三）专业化作为银行的传统优势仍需要被延续

虽然在金融创新的步伐上落后于跨界竞争的新兴金融实体，但传统银行仍有自己的优势：一是在某些产品及服务上已经做到极致，形成了广泛的口碑效应，例如建设银行的住房金融业务、中国银行的外汇业务、招商银行的信用卡业务等；二是银行业务本身具有专业性，例如，银行的风险管理技术不容易被跨界公司复制，借助于管理优势，银行的融资成本明显低于跨界公司；三是银行长期积累的资源非跨界公司能够比拟，银行依托网点、自助设备、网络银行、移动银行、电话银行及逐渐兴起的各类社区银行，可以为客户提供更全面、更专业和更便捷的服务，借助于海外机构和合作银行，大型银行已经具备全球服务能力，这也是跨界公司难以逾越的障碍。

这些优势归根结底来自银行的专业化经营，在金融创新和金融脱媒的冲击下仍需要被延续。专业化银行是指在金融市场竞争中，将某一特殊金融服务从传统银行价值链分离，通过专业化服务和风险控制，降低运营成本和经营风险，并凭借在细分领域的优势积累获得生存、发展和超越的空间，有效避免过度竞争下的价格战与风险边界拓展，最终实现更高的资本回报和更快的业务增长。

20世纪70年代以来金融创新速度加快，金融产业链被重新分解和再造。在此过程中多种专业化银行应运而生：信用卡和应收账款证券化创新，使个人消费贷款业务从传统银行链中分离出来，产生了专业化信用卡公司，其中最著名的是美国运通公司；而抵押贷款证券化诞生将房地产贷款从传统银行价值链中分离，出现了专业化抵押贷款担保银行、专业化抵押贷款零售银行、专业化抵押贷款证券化银行；此外还有专业化教育贷款银行、专业化服务于金融机构的清算银行、专业化发放汽车贷款公司、专业化中长期项目贷款银行、专业化船舶融资银行和专业化金融产品分销商等，现代金融体系功能已经被分化为多个专业化领域。银行变革应致力于提供更加专业化的服务和体验，增加客户黏性。从美国等成熟市场发展经历看，只有少数银行走向"大而全"，更多银行走向了地区化或专业化。

面对海量存量客户和潜在客户，面对同质化竞争，综合性银行的专业化发展应重点立足规模和资本优势，突出银行混业经营、集团化的优势，致力于提供整套金融解决方案。这里的"专业化"就是要全方位的专业化，而不只是局限于传统银行业务方面，包括财务战略和管理、税务规划、内控合规计划、员工福利薪酬计划、供应链管理计划等，增加客户黏性。同时，寻找并购专业化银行的机会，最终成为建立在专业化分工和专业化并购基础上的现代全能银行。

专业化服务也是商业银行提升效率和防止过度竞争的有效途径，并将成为未来银行的价值增长点之一。随着利率逐步市场化，国内商业银行存贷款利润空间将进一步被挤压，中间业务收入逐渐成为新利润增长点，专业化服务有望为中间业务收入作出更大贡献。2007年以来上市商业银行非利息收入占营业收入的比重快速上升，未来这一趋势还将延续。无论是依赖于专业化体验的个人客户，还是依赖于专业战略和计划的对公客户，都是银行咨询服务的潜在客户，为银行利润结构转型带来动力。

专业化队伍建设是银行创新落地的基础。客户是感性的，需要人际沟通与认同，特别是客户的需求满足到一定程度后（如VIP客户），更需要人为的贴心服务，而不全是冰冷的机器、虚拟的网络。面对高端客户综合金融服务、投资组合规划、境外投资建议等高端综合需求，除了应用系统进行数据分析外，更需要一支专业队伍对数据进行综合分析应用。因此，"小、精、专"的队伍建设作为银行传统优势需要在新形势下加以延续及提升。

（四）数据成为银行的战略资产与核心竞争力

作为颠覆性的技术成果，大数据改变了传统金融业务的运作模式。银行虽然天然拥有数据属性，但跨界竞争者拥有的海量数据资产已经对商业银行形成挑战，未来比金融脱媒更令人担心的可能是客户数据脱媒和信息脱媒，最终导致客户流失、服务能力降低。大数据时代同样为传统银行发展带来机遇，以互联网为代表的现代信息科技的发展，门户网站、社区论坛、微博、微信等新型传播方式的兴起，移动支付、搜索引擎和云计算的广泛应用，在为银行创造全新客户接触渠道的同时，构建起了全新的客户信息体系，打破了银行固有的经营模式。

一是全面准确的客户需求洞察。银行得以运用来自网点、PC、移动终端、传感器网络等渠道的结构化、非结构化海量数据，编织出各种信息链条最终将客户、员工与银行串成一个完整有机体，有效整合完整的客户行为数据，充分了解客户消费和投融资偏好，实时为客户提供针对性精准营销服务。当客户走入银行，轻轻点击触摸屏，银行就可以根据指纹等生物信息快速识别其身份，并通过客户交易及消费行为记录、收入情况、各种贷款及固定还款情况推测客户可能要实现的交易需求。同时将客户的基本特征与大数据分析结果比对，推测客户可能的风险承受能力平均值及倾向性理财需求，为客户提供一款适合其性格及消费习惯的个性理财产品，并配套产品服务推介。银行还可以为部分特定客户提供专业化的信贷服务，通过收集上游信息，利用大数据技术分析，直接为客户提供融资，而不需要抵押。技术革命实现了过去看似不可能的金融服务。

二是更高的管理水平。互联网思维和决策数据化已经开始嵌入经营管理的全流程，并为银行经营管理提供全方位、精确化和实时的决策信息支持。通过大数据技术和数据挖掘分析，商业银行可有效优化运营流程，提升管理精确度，不断调整自身的改革战略，在可承受范围内适时调整自身风险偏好，研究预测市场营销效果，随宏观经济环境变化及时调整自身的经营结构，从而创造先发竞争优势。“物联网”技术是银行“大数据”在物流信息方面数据实现的基础，被认为是计算机和互联网之后的第三次信息技术革命，结合大数据发展物联网金融，可以更全面地对信贷业务进行管理。

三是完美的客户体验。大数据对银行意味着巨大商机，运用大数据可以强化客户体验，提高客户忠诚度，那些善于利用数据分析引导决策的银行将获得更多竞争优势。通过大数据挖掘和分析，银行将由“被动”提供产品向“主动”设计产品转变，由“广泛撒网”营销向“精准制导”营销转变，由“经验依赖”决策向“数据依据”决策转变；银行对客户行为习惯和偏好进行分类汇总，提炼出客户需求信息，将即时或潜在需求的产品和服务有针对性地推送给客户；优化各类营销资源配置，以合适的营销渠道和促销策略对客户实施精准营销；为客户量身打造金融解决方案，推行客户自主定制服务，极大地改善了客户的体验。

四是引导客户及员工行为。大数据时代，对知识的占有意味着从对历史的了解转变为对未来的预测能力。银行不需要见面就可以全面了解客户和员工，将打破客户传统的消费、理财等金融行为和员工固化的操作、思考及服务行为模式，以数据分析引导客户更为理性的金融需求和行为，激发员工服务创造力，进而促进银行发展。如通过网点、社交媒体和网络，银行有条件及时收集来自各个渠道、各种类型的海量数据，并利用大数据技术加以整合，及时了解客户对产品、服务、定价或政策调整的反应，并及时知晓员工的真实情绪。当客户的反应对银行有利，银行可以积极介入，实现更好的营销和服务；当客户的反应对银行不利，银行也能及时发觉并妥善处理，对员工的动向也能及时采取相应措施加以引导。银行要全面改造和收缩实体经营战线，要建立强大的客户经营后台，基于大数据分析和设计，通过电话和网络等虚拟平台去激活、唤醒和引导客户。

未来银行对大数据等技术的运用将达到前所未有的高度。通过层层交织的数据网络，在这张严密的信息网络中，智慧创造价值，智慧促进发展，智慧推动银行经营出现以下三大变革：其一，在大数据时代，信息的获取途径、表达方式和传递方式发生质变，传统意义上的信息不对称问题得到解决甚至完美解决；商业模式将从依托信息不对称转为依托数据不对称，这将成为未来商业发展的重要逻辑出发点。其二，成本变革，解决或建立数据不对称，是大数据商业模式的主要范式。建立大数据中心，突破传统信息不对称边界，获取数据不对称地位，确立新的竞争优势，传统成本转变为数据成本。其三，思想变革，银行家思考问题的方式发生变化，从样本到全体，从精确到模糊，从因果到相关，从经验到数据，关联性重于规模。

# 银行支持实体经济创新并不简单

支持实体经济创新是全社会应有的共识，银行支持实体经济创新不仅是社会责任，也是自身经营与长远发展的内在要求。

## 一、银行支持实体经济与支持实体经济创新是有区别的

从理论上说，银行支持实体经济主要表现在，一方面，为实体经济部门提供必要的周转资金支持和其他金融服务，以保障实体经济部门（包括工商业、服务业企业）的生产经营活动正常运行；另一方面，当某个实体经济部门面临新的发展机遇时，提供必要的固定资产更新与投资的项目融资。银行其实是社会再生产的重要一环，既包括支持企业生产经营周转的资金需求，实现既有规模下的简单再生产；也包括增加厂房、设备，扩大生产规模等一般意义上的扩大再生产。从实践上来看，尽管社会各界对银行支持实体经济还有更高的期待，但是从过去一个时期和现实政策导向上观察，银行业支持实体经济在认识上是比较到位的，在行动上也是比较积极的。理论与实践都表明，服务实体经济既是各种银行业务本源，离开了实体经济，银行经营就丧失了赖以生存和发展的基础；银行自身也在其长期实践中形成了相对成熟的金融产品和服务模式，也能够行之有效地服务于实体经济。如果说与社会各界的期待相比，银行支持实体经济也存在一些“不足”，那也属于能力有待提升，说明潜力很大。

银行支持实体经济创新，则有着完全不同的重点，重在提高新生产函数的成功率，而不是日常“运转”。熊彼特“经济创新理论”认为，所谓创新就

是“建立一种新的生产函数”或“生产要素的重新组合”，就是将一种从未有过的（生产要素和生产条件）“新组合”引进到生产体系中去。熊彼特将创新看成是“革命性变化”，具有特殊价值。

从这个意义看，通常的实体经济活动与实体经济创新活动具有不同内涵。通常的实体经济活动遵循既有生产函数，这个既有的生产函数不但在现有条件下是行之有效的（无论是简单重复还是按相同逻辑扩张），并且能够观察其（较长周期）历史表现，能够预测（相对准确）其未来发展，其发展演变更多地呈现线性变化的一些特征，波动性较小。实体经济创新活动遵循的是新的生产函数，这个新生产函数能否持续有效运转，既缺乏证据，又难以预测，其发展变化更多地带有非线性变化的一些特征，常常大起大落。

因此，银行支持实体经济创新有为创新活动提供资金支持的一面，但提高经济创新活动成功率则更为重要。这是因为，原有生产函数下的“投入—产出”关系已经被证明是有效的，增加资金等生产要素投入能够带来产出的增长。但是新的生产函数具有很高的不确定性，是否有效不得而知，许多创新活动投入不少，但没有相应产出。从实践看，许多创新活动的失败并非缺乏资金，而是因为“新生产函数”缺乏内在合理性或缺乏有利技术市场条件，或缺乏某种有效催化剂（如企业家或银行家）。支持经济创新面临的主要问题是提高创新成功率问题，而不是简单归结于提供资金支持。

## 二、支持实体经济创新实践中的三个“误区”

近年来，我国银行业在监管政策引导下积极探索支持实体经济创新的路径、方法和适用的金融产品。客观地说，很多方面都实现了“零的突破”，成效很大，但实践中存在的认识“误区”也是值得警惕的，因为这些可能是方向性的。

一是银行支持实体经济创新不等于简单给钱。

怎样发挥银行信息枢纽和信息中介的数据优势，譬如通过广泛的客户联系和海量交易数据，帮助企业洞察市场需求，及时准确把握创新重点与方向，努力提高创新成功率，是可以有所作为的。尤其是对于中小企业创新而言，大型银行的“创新顾问”角色十分重要。在一些银行的实践中，透过广泛的全球客户网络，通过搭建信息交流平台，帮助科创企业找到了有效市场，帮助需要新技术的企业找到了靠谱的供给者，也发挥了非常好的支持创新作用。

二是资金融通支持永远是银行的本分，但资金支持实体经济创新不能简单等同于信贷支持。

商业银行业务特性决定了其审慎稳健的风险偏好。银行的资金来源于普通客户存款（更关心资金安全），必须确保即时支付要求（保持较高的资产流动性），要求其经营活动必须遵循“安全性、流动性、盈利性”三性原则，保持审慎稳健，趋向选择预期明确、收益稳定、波动较小的资产类型。此外，由于银行处于信用链条枢纽地位，银行倒闭具有很强的负外部性，出于对社会财富和信用体系安全的考虑，各国都对银行活动实施严格监管。这就决定了银行在面对带有间断性、突变性、革命性变化特征的创新活动时，传统意义的融资服务就有些力不从心。相对而言，一些专业性较强的风险投资机构通过股权募集的方式（面向超高净值客户）获得长期资金，其投资人多为超高净值客户，具有较强的风险耐受能力和较丰富的投资经验，能够也愿意承受较高风险，这类机构在支持实体经济创新方面更为积极进取（但通常较少参与为实体经济日常运行提供资金支持的业务活动）。需要指出的是：这种差异主要应归结为两类机构在资金来源、基本职能和内在属性方面的差异，而不是认识和意愿问题。

因此，非信贷融资更适合实体经济创新的融资需求。企业创新性资金需求规律完全不同于正常经营过程的资金需求规律，银行应该努力适应不同的风险特点，创新金融服务。现代银行基本上都是多功能银行，这种制度安排的本意，就是考虑了不同的市场需求具有不同的风险特点，让银行通过不同手段设计出不同的产品，满足特定需求，解决单一信贷手段风险收益不匹配问题。目前，许多银行通过投资银行子公司、理财子公司、债转股子公司、各种专业基金公司对企业创新甚至科创类企业的研发资金需求予以积极支持，取得了很好的成效。

三是在支持实体经济创新方面对于传统信贷产品上进行的一些“变通”并不等于符合金融规律。

银行信贷仍然是我国银行业熟练运用的金融工具，但传统信贷工具支持实体经济创新面临很多束缚。在实践上，一些银行为了加大支持实体经济的创新力度，采取了很多变通创新措施，其中的大部分金融创新偏离了银行作为信用中介的基本功能。作为曾经的职业风险经理，我深切地感受到，银行信贷支持实体经济创新也要回归信用本源，而创新贷款回归信用本源，必须首先突破信用评估的技术瓶颈。

当前银行业所使用的风险评估技术，大多是建立在对企业现金流、资产负债表历史考察的基础上，这种方法比较适用于反映既定生产函数下的生产要素投入—产出的线性变化，对于新生产函数下投入—产出的非线性突变特征却难以反映。从实践看，如何在风险评估模型中增加创新因素（或创新因子）的现行评估技术的难点，而对于科创企业的信用评级更是世界性的难题，克服这一难题能够为银行提供有力的技术工具。

受制于银行传统信用评估技术，实体经济创新的风险无法科学评估，信贷产品设计也无法创新，大部分银行只能在传统信贷产品的基础上进行“变通式金融创新”。譬如，知识产权抵押贷款等。这种不得已而为之的所谓创新，背离了银行信用的本源，既无法从根本上解决银行的困惑，也无法有效满足实体经济创新的信贷需求。因此，只有实现适应经济创新环境下的信用评估技术革命，才能实现银行支持实体经济创新贷款回归信用本源，从而避免现在有悖于信用本源的各种变通。

## 三、改善金融供给才能有效促进经济创新

综合来看，实体经济创新是一类特殊的实体经济活动，是构建新生产函数或生产要素的新组合，其运动规律与普通的实体经济活动不同。从实践看，银行在支持实体经济方面发挥了重要作用（尽管社会各界有更高的期待，但主要也属于“量”的问题），但是在支持创新方面却相对不那么得心应手。主要原因在于银行的资金来源、基本职能、业务特性及外部效应等因素决定了其必须遵循稳健审慎的风险偏好。

实际上，经济创新有多种形式。熊彼特提出了创新的五种情况：一是产品创新，如引进一种（消费者还不熟悉的）新的产品（或增加某种现有产品的新功能）；二是技术创新，如采用一种新的生产方法；三是市场创新，如开辟一个新的市场；四是资源配置创新，如控制一种新的供应来源或原材料；五是组织创新，如形成一种新的工业组织（形成垄断或打破垄断）。

上述五种经济创新活动所面临的产业基础、支撑条件、政策和市场环境不同，创新成功的可能性也不尽相同。如果进一步落实到具体创新项目上，由于企业家这一重要因素的个体差异，使创新活动的成功率差异更大。总体看，实体经济创新活动也可以分为两大类。

一类是正常企业的创新活动，如产品更新、技术工艺改进、业务模式优化等，此类创新的共性特征有：可以依托已经存续经营的母体、能够形成一定规模的经营收入、在技术变革方面带有渐进改良的特征、对创新前景未来趋势评估困难相对较小。对于此类创新活动，银行可以借助传统信贷业务体系框架，并通过一些适应性调整改善金融供给。例如，充分发挥银行掌握广泛的客户需求、海量交易数据、全球市场动向等信息优势，帮助企业更好地理解市场，更准确地把握创新方向；又如，充分利用银行客户资源广泛的优势，帮助企业创新产品进入供应链，转化为实际的供给，加快其获得市场认可的进程；再如，充分发挥银行连接产业上下游的纽带作用，通过撮合并购

安排等方式促进产业链整合。这些非融资性手段实际上都有助于提高经济创新的成功率，对于中小企业、服务型企业而言更为重要。

另一类是科创型企业的创新活动，这类创新活动常常涉及引入一些全新的产品、开发一些颠覆性的技术、探索全新的盈利模式等从无到有的突破性变革，缺乏既有产业生态依托，又在短期内难以形成销售收入。此类创新不确定性大、成功概率小，有时带有偶然性，适合风险投资予以支持。对此类创新，银行可以根据其所处生命周期的不同阶段采取不同的支持策略。例如，创新活动前期，尚未形成成熟的产品或技术方案时，银行可以发挥信息中介的优势，将重点放在协助把握创新方向上，提供顾问服务；在市场导入期（形成产品或技术方案后），银行可以协助撮合交易，促进各类生产要素的结合，还可以利用银行多牌照优势，提供一些股权资金支持，为其顺利进入产业化运行阶段提供帮助；在市场培育期，银行可为其提供周转性资金，协助满足生产经营需求，鉴于此阶段产品技术尚未成熟，也没有形成可持续的现金流，银行信贷仍面临较大风险，需要通过相对较高的风险溢价予以补偿，可以采取“投贷联动”的方式；进入成熟期后，银行就可以用传统信贷工具给予支持。

## 四、需要进一步研究的问题

要更好地发挥银行支持创新的作用，还必须对一些重要课题进行探讨。

一是金融体制问题。很多人认为，以资本市场直接融资为中心的金融体制比较适应实体经济创新的金融需求（以美国为代表），以商业银行间接融资为中心的金融体制则比较适应维持实体经济正常运行的金融需求（以中国为代表）。我国已经形成了以商业银行为中心、以间接融资为主体的金融体制，要更好适应实体经济创新需求，需要完善金融体制。在此过程中，我们不可能照搬美国的金融体制。依托现有框架，提高金融体制对创新活动的适应性，我国可以考虑借鉴日本和德国的金融体制。这两个国家都以间接融资为主体，但是因为较好地解决了产融融合问题，两国实体经济也都反映出较强的创新活力（德国的数控机床、日本的新能源汽车等高端制造领域具有很强的国际竞争力）。

二是监管政策问题。例如，在政策导向上，不能简单地将融资规模作为评价银行支持实体经济创新的主要指标，因为银行支持经济创新主要任务是提高成功率；又如，可以考虑允许银行出于支持实体经济创新的需要持有一定比例（或一定数量）的股权性资产，并在计算加权风险资产时给予一定的优待（不执行普通股权资产 1 250% 的加权风险资产系数）；再如，在企业和银行高管交叉任职方面，放松管制。进入企业董事会、管理层能够帮助银行理解企业创新活动，减少信息不对称反而更有利于银行支持创新。

三是经营理念问题。过去 100 多年来，银行客户选择与项目融资始终坚持“只做我熟悉的”，这是银行发展历史经验教训的结晶，本身是没有问题的。但在实践中一些银行家却将这种理念教条化，以至于对“不熟悉”的从心理上恐惧与排斥。实际上，银行经营理念上的“熟悉你的客户，熟悉你的组合……”等，从来都不是静态与教条的，熟悉不是天然的，对于不熟悉的客户与项目，必须保持兴趣，及时学习，达到真正理解，实现从不熟悉到熟悉。如果对于不熟悉的客户与项目从心里恐惧与排斥，不去学习研究，就永远不会变成熟悉，其结果必然是要么“踏空”，要么“踏错”，都是战略失误。银行要承担支持实体经济创新的重任，就需要拥有一批愿意尝试构建生产要素“新组合”的银行家。他们对于不了解的事物，不是简单地采取“回避”的态度，而是具有学习的热情、尝试的动力，乐于探索新的银行经营技术方法，愿意为创新活动的成功承担一些风险。而形成这样一个银行家队伍，需要相对包容的银行文化。

四是无论是中央银行与商业银行，还是地方政府与企业，都必须深化经济与金融关系的理解，准确把握“金融回归本源”的科学内涵，金融服务实体经济、解决融资难融资贵问题不能简单理解为增加银行的信贷规模。目前，一些政府部门甚至业界都存在一种误解，认为金融是否支持实体经济，就是观察银行的贷款增速。在这种误解的引导下，我国的社会融资结构出现过扭曲异化的苗头。虽然 2018 年 5 月国家出台的《“十三五”现代金融体系规划》中明确了“显著提高直接融资特别是股权融资的比重”，但股权融资占社会融资的比重还是降至 2% 以下。由于融资结构已过度间接化，不仅相应的社会融资效率会大打折扣，还可能带来潜在风险的不断积聚，与宏观决策上的金融支持实体经济的政策初衷背道而驰。当务之急是必须明确金融回归本源的内涵是提高金融资源配置效率，为此需要推动多层次金融市场的发展，而非教条地将金融资源运用过度集中于银行信贷领域。即使是银行业在积极解决融资难融资贵问题时，也必须在深刻理解实体经济的金融需求基础上，既要加大信贷投放力度，又要把握好方向，积极主动选准好的客户与项目，使金融服务更好地契合国家发展战略。同时还要认识到，服务实体经济不仅要靠资金实力，还要靠金融智慧。譬如，深刻理解和解剖企业的痛点，通过多样化的金融创新来有效满足企业的实际金融需求；依托大银行丰富的国内外金融信息资源优势，帮助企业疏通国际国内市场；积极优化业务流程，通过金融科技手段提升金融服务效率等。

我们注意到，第五次全国金融工作会议提出了金融要服务实体经济、防控金融风险、深化金融改革的三项任务，其中针对金融要服务实体经济，重点强调金融要回归本源，服从服务于经济社会发展。金融要把为实体经济服务作为出发点和落脚点，全面提升服务效率和水平，把更多金融资源配置到经济社会发展的重点领域和薄弱环节，更好满足人民群众和实体经济多样化的金融需求。这是继“金融是现代经济的核心”之后，对金融本质认识的又一次重大突破。

# G 端经营需要特别思维

银行业的客户总体上由三大部分组成：个人类客户（俗称 C 端客户）、公司类客户（俗称 B 端客户）和机构类客户。机构类客户主要是由金融同业机构、超国家主权的机构（UN、IMF、AIIB）、非营利公益和公共服务机构及政府类机构客户等组成。政府类客户就是我们通常所说的 G 端客户。一般来说，西方商业银行的客户战略都是三端并重，主要是指所有的商业银行都普遍重视个人客户、公司客户与非政府类机构客户。从发达市场银行经营实践来看，由于机构客户中的政府类客户具有行为上的特殊性，往往只有大型商业银行有能力又愿意为其提供特殊的一揽子金融服务，而且即使是大型银行，也会因为对政府类客户的理解不同而采取不同的经营策略。这一点恰恰是中国银行业许多管理者忽视甚至根本没有意识到的问题。

## 一、特殊客群需要特质银行提供特殊服务

在西方国家的大型商业银行的体系中，政府类客户是一个界定清晰[①]且行为非常特殊的群体，譬如美国金融市场认定的政府类客户一般是指联邦政府的各个部门，主要是财政部、央行、主权基金，各级地方政府（州、市、县）及社区财政部门和投融资平台等。在西方国家中，政府类客户一般都是以平等的市场主体身份参与金融市场活动，对大型银行而言，除了其资金体量大、安全性要求高、产品谱系全（如美国地方政府除了存贷业务外，还大

① 一些西方商业银行把中国的国有企业，尤其是央企当成政府类客户，在做业务时除要占用国家风险限额外，还要扣减政府主权的授信额度，这是一种误解。

量发债和开展衍生交易），政府类客户与一般企业无异，故一般纳入其公司投行部门（偏重于融资业务，譬如发行债券和复杂衍生交易）、公司机构部门（偏重于银行整体服务）或者金融同业部门一体经营管理，并无专门、自成一体的政府机构专营部门。

西方金融市场上政府类客户的特殊性在于：其总体业务量并不比公司业务或个人业务大，但单笔业务可观，并对金融安全、高效、便捷服务要求高。譬如，因安全因素考量，政府财政资金不会存放于中小型商业银行。政府账户资金特殊的合规性管理、快捷与方便的支付网络和个性化的服务方案也只有大型商业银行才能满足。当然，对大型商业银行来说，争夺政府类客户不仅是为了盈利需要，更是为了自己的声誉。政府类机构常常会就其金融服务进行招投标，无论哪家大型商业银行中标，为政府提供金融服务都是一份荣耀，也是对自身信用的一种加持。因此，大型商业银行为政府类客户提供全方位的服务是互惠互利的双赢市场行为。

中国的商业银行从一开始就重视 G 端，不仅与它们的出身有关（大部分银行的发起设立都有政府背景），更重要的是与市场环境有关，中国的各级政府在经济活动中扮演着非常重要的角色，拥有丰富的金融资源。这种业务模式在 20 个世纪甚至 21 世纪的前十年都是可以理解的。但 2012 年以后上述情况发生了显著变化，持续了几十年的“银政传统业务模式”面临一系列挑战。

首先，中国强力清洁社会环境，虽然政府职能还在加强，但政府的行为方式却在快速变化，使银行界传统的依靠人际关系的营销模式逐渐被市场规则所取代。由此，银行业的 G 端经营策略开始从“拼人际资源”转向“拼价格”。然而，随着利率市场化改革的不断深入和行业自律的强化，“拼价格”的空间也是有限的，一些政府机构和部分地方政府扭曲化的市场行为使得一些银行不堪重负，G 端经营陷入困惑。既然 G 端的重要性不变，传统的营销策略失灵，迫使银行家重新探索 G 端经营的新出路。

其次，由于历史渊源和本位主义等原因，虽然一些地方政府机构还习惯性地选择中小银行譬如城市商业银行等进行合作，但中小银行的风险管理水平和能力十分有限，已经影响到一些政府财政资金的安全。不仅如此，地方政府债券的发行、承销及债务管理安排和全球性的便捷支付服务也不是一家中小型城市商业银行能够承担的。

最后，在深化政府治理结构改革和智慧政务日新月异的今天，只有大型商业银行才能够打通数据孤岛，使提高政府社会治理能力、为百姓提供高效便捷服务成为现实。再进一步观察，即使是大型商业银行，也必须深刻理解政府需求。只有抓住了理解需求这个主要矛盾，解决好这个主要矛盾，其他一切细枝末节的问题才会迎刃而解。

建设银行 2018 年提出了全新的经营思维，即“深刻理解需求、把握客户痛点、依托金融科技、塑造核心优势”，站在客户的角度，寻找客户的痛点，运用现代金融工具或方法帮助客户消除隐痛，从而赢得客户信任，最终与客户建立更广泛的业务关系。在政务变革的大背景下，机构业务部门尝试运用“痛点思维”帮助地方政府构建“智慧政务”平台，解决多年来政府的便民难题，政府也将相应的业务委托建行办理，G 端经营新模式完成了另辟蹊径的探索。在调研中我发现，真正“理解政府痛点”并不是一件简单的事情，至少应抓住三个核心要点：一是弄清楚政府治理的具体目标，想尽快满足哪些民意；二是弄清楚居民对政府的诉求，想让政府办什么事；三是企业和投资者基于营商环境方面的考虑，对政府的期盼到底是什么。如果仅仅是“东施效颦”或“邯郸学步”建平台，不能深刻理解政府痛点，那么勉强建成的平台肯定是低效甚至无效，银行 G 端经营仍然难以摆脱困境。在近年业务观察中我还发现，G 端经营模式从“拼人际关系”到“拼价格”，再到“理解痛点、化解痛点、赢得业务”转变，伴随着的是银行经营技术含量不断提升与经营能力的提高，在这种能力提升与提高的过程中，日积月累的技术进步会逐渐形成独特、不可模仿的核心竞争力。这正是我们最希望看到的金融

"继长增高"。

## 二、把握"痛点"才能找到方向

怎样理解金融需求？不知从何时开始，一些银行家认为金融服务就是帮助客户解决货币与信用难题，客户找银行或银行找客户，大家围绕的都是"经济利益"。然而，经历了无数次金融危机之后，西方金融市场主体对于大型银行的金融需求不再满足于狭隘的"货币与信用"；银行自身的社会定位也开始从狭隘的"经济属性"属性转向"社会责任"（近年来比较流行的ESG就是佐证）。

我国自2017年以来，随着全面深化改革向纵深不断推进，金融市场主体的行为特征也开始分化：居民端对金融机构的诉求重点不仅是利息与收费等"经济利益"问题，开始更多地关心便利、安全、效率等体验性需求；企业端的金融机构的诉求也不局限于传统的利息与收费等"经济利益"问题，开始关注谁能提供高水平的金融顾问服务（譬如咨询诊断与融资安排）、谁能提供及时专业的市场信息并促成交易完成（譬如搭建有效的市场撮合平台等）；政府端的变化更显著，不再是简单的存款利息与资金汇划效率，而是谁更安全、谁能借助于金融思维与金融工具帮助政府解决行政难题，提高行政效率。

客户"痛点"始终驱动着外部服务需求。应该说，商业银行对于公司客户和个人客户的"痛点"及其变化的反应比较敏感，也比较准确，但很少分析研究政府类客户的"痛点"。在许多银行家眼里，政府要么有钱，是银行重要的负债来源；要么缺钱，对银行的融资能力甚至存款利息十分在意。其实，政府作为银行的客户，之所以不同于公司客户和个人客户，运行的目的不是"钱"的循环，而是行政的效率。

回顾历史不难发现，推进国家治理改革提升政府行政效率，始终是摆在各国政治家面前的重要任务。虽然中国政府治理结构改革不断深化，政务改革始终聚焦“放管服”，取得了显著成效，但是老百姓和企业仍普遍反映办事难和效率不高等问题，公共服务满意度不高、市场监管不完善、营商环境有待优化等痛点问题一直困扰着各级政府及其相关部门。大型银行在实践中也深刻感到，金融服务不能满足于传统的业务合作模式，而必须有助于政府解决这些当前存在的突出问题。一是怎样有助于提升公共服务水平。在数字经济背景下，如果借助大型银行的技术和服务，政府可以有效整合分散在不同职能部门的数据，打通数据孤岛、数据烟囱和部门分割，创新监管方式和手段，加强和改进社会管理，提升公共服务水平，实现老百姓放心消费，增强安全感和获得感。二是怎样有助于提高 C 端政务满意度。大型银行助力数字政府和智慧政务建设，有助于提高政务办理效率和百姓满意度和幸福感，将有效解决老百姓办事难、办事烦、办事慢问题，推动政务服务模式由“百姓跑腿”向“数据跑路”转变。三是怎样有助于改善 B 端营商环境。大型银行运用互联网思维、信息技术和大数据，助力政府审批权下放，用政府权力的“减法”换取市场活力和创新的“加法”；通过技术和数据支持，解决中小企业缺信用、缺抵押担保等问题，优化企业融资环境，提高中小微企业融资可得性；等等。

同时也应该看到，大型银行只有跳出“利益”的局限来服务 G 端，才能有效应对来自非金融业的金融竞争和弥补传统银行自身的“短板”。以支付宝、微信支付等为代表的第三方支付机构，通过电商或社交平台获得先机，逐步在 C 端和 B 端确立优势，并灵活地通过资本运作和平台合作进行跨界布局，不但在零售支付市场遥遥领先银行机构，还逐步侵蚀存款理财、投资、保险等银行传统业务，银行业可谓是面临 C 端丧失殆尽，B 端被形成合围的风险。与此同时，腾讯、阿里等互联网巨头运用其全量用户、全维手段、全域扩张优势进行“自上而下”跨界生态布局，先后提出“非现金城市”“城市大脑”“智慧城市 2.0”等新概念，力图通过占据 G 端市场居高临下覆盖各类市场主体和经济活动，辐射 B 端和 C 端，使银行市场地位被边缘化，业务根基被侵蚀。面对这种前所未有的市场挑战，如果用传统思维和方法去正面反击，其结果必然是事倍功半；但如果透过有效的 G 端经营辐射 B 端和 C 端，就会形成独特的市场经营优势，不仅可以有效应对非金融业的金融竞争，还可以在银行同业内部形成核心竞争力。譬如，银行通过服务 G 端可以有效突围 C 端特有的“长尾效应”。政府治理能力现代化建设，不仅涉及民生服务的方方面面，也涉及千千万万个 C 端用户的核心利益，无论是省、市、区县层级的 G 端，还是 G 端自身纵向的政务信息化系统，均对应大量 C 端用户。银行通过服务G端用户，就可以轻松介入传统银行无法拓展的C端客户“长尾”区域，实现 C 端经营的“革命”性突破。再譬如，服务 G 端也可以带动 B 端更好地服务实体经济。G 端拥有海量企业数据、资源与诉求，大型银行从服务 G 端入手，助力 G 端改善营商环境，可以精准理解并有效服务实体经济需求，更好地解决中小企业融资难融资贵等难题和大型企业走向国际市场面临的信用与信息难题。

## 三、正视大型银行的服务优势与自身问题

在调研中我发现，大型银行和互联网头部企业都在努力理解政府的“痛点”，并在深刻理解的基础上积极想方设法缓解矛盾，都想成为服务 G 端的先行者。譬如，平安集团打造的智慧城市已在 20 多个城市 30 多个委办局推进 50 多个项目，树立了深圳智慧政务城市标杆；阿里集团提出打造数字政府 2.0 方案，阿里云已成为数字政府大数据市场第一；建设银行智慧政务平台在“六省五市一办一会一平台”落地，突出政务事项“只跑一次”、线上办、指尖办、24 小时办、一网通办，并在此基础上形成智慧社区、跨境撮合平台等，受到各方好评。深入比较分析，由于中国大型银行的特殊体系与体制优势，与互联网头部企业相比，大型银行更容易在产品、渠道、资源、科技、资金、安全等方面形成优势。

### （一）产品服务优势与 G 端需求具有较高契合度

金融承担着资源配置功能，特别是大型银行提供的基础金融产品和服务，与国家和社会治理密切关联，具有准公共产品属性。大型银行经过多年建设与运维，在政府信息化领域也作了很多探索与实践。银行业务信息化与政务信息化具有一定相似性，而银行信息化发展一直走在社会各行业前列，从信息系统整合、统一服务平台、移动端建设与服务，到线下大厅、网点、智能终端、智能热线服务等，政务信息化建设特别是"互联网 + 政务服务"建设一直沿着银行信息化发展道路前行，整体化的 G 端建设趋势也越发明显。此外，大型银行以金融支付为核心，通过住房、养老、公共资源交易、税务、惠民、扶贫、三农服务等多种行业应用，与政府需求具有较高的契合度。

### （二）渠道优势为全面高效服务 G 端需求夯实了基础

大型银行拥有覆盖到省、地市、县、乡村的渠道优势，可通过手机 APP、PC 端政务平台、网点 STM、裕农通，"线上 + 线下"全渠道、全方位、全区域为政府、企业和老百姓提供"统一、规范、安全、高效、融合、智慧"的一站式政务自助服务，推动"政务服务无处不在"。如建设银行开放渠道服务资源，33 家分行累计 1 万多个网点、4.6 万台智慧柜员机可开展智慧政务业务，提供税务、医疗、证件办理、养老、司法等政务类服务 166 项，其中 95 项实现"客户一站式办理"，形成 APP、PC 端、网点 STM、裕农通、政务大厅"五位一体"的服务模式，为大型银行助力政府治理能力提升做出了独特探索，为全面高效服务 G 端夯实了基础。

### （三）资源优势助力 G 端优化营商环境

营商环境是我国经济摆脱下行压力的着力点，如何激发市场主体活力，推动降低制度性交易成本，下硬功夫打造好营商环境是 G 端关注重点。大型银行经过多年发展，积累了大量客户数据、信用、技术与服务资源，通过参与G端建设，在服务G端过程中作更有效的输出与资源优化，能够实现市场资源与公共服务的高度融合，从而助力G端深化“放管服”改革，优化营商环境。同时，大型银行还可以发挥数字金融的创新创造和互联互通优势，不断整合政府资源和市场资源，搭建营商环境服务平台，持续推动营商环境优化，共同推动数字经济发展，把数字金融打造成为数字经济发展的助推器，并逐步成为经济社会发展的新引擎。

### （四）科技优势和资金优势为服务G端提供强有力支撑

技术方面，大型银行具有金融科技、人工智能、人脸识别认证、区块链应用等先进技术，以及可满足G端转型发展需求的信息技术平台。大型银行依托自身业务系统形成的技术、人才与经验，为服务G端注入了优质的业务基因。与此同时，G端正在实施大规模的“减税降费”，各级政府财政压力空前加大，而国家对放管服改革、优化营商环境提出更高要求，急需大型银行这样具有金融实力、技术实力和服务实力的合作伙伴。在政银融合发展框架下，银行逐渐成为较大的政务第三方服务机构。

### （五）金融级安全优势为服务G端需求提供坚强后盾

数据和信息安全事关国家安全，大型银行在统一用户认证、数据传输加密、移动APP加壳保护、访问控制、单点登录等方面拥有金融级安全手段，以及支持敏感数据的加密存储、支持多种不同等级的认证方式，运用了等保三级的安全标准，关键核心技术达到等保四级。从物理、网络、数据、系统到应用可提供全领域的安全管理与监控，能够落实好国家信息安全保护制度要求和数据安全管理要求，最大限度地消除政府部门担心数据泄露的顾虑。

应该看到，银行服务G端参与“智慧政务”、数字政府建设还处于起步阶段，程度参差不齐，有的银行深刻理解政府需求，将介入智慧政务建设作为全行战略加以推动，有的银行还是从“揽存”的角度用投入产出思维开展同业竞争。在调研中我们注意到，即使是实践领先的大型银行在推进过程中也存在一些亟待解决的问题。

第一，服务 G 端需提前布局，进一步转变观念、深化认识。G 端对大型银行的重要意义不言而喻，但在实际工作中仍然存在对 G 端特殊需求的认知不足，对发展 G 端的理解不透彻，“照葫芦画瓢”生搬硬套，专注“跑马圈地”，针对性、创新性、适应性不足，战略效果难以彰显。

第二，内部整体协同配合不够，影响效应发挥。服务 G 端数字化涉及机构业务、金融科技、公司业务、零售业务等多个条线，需要内部密切协调配合发挥协同效应。目前，大型银行服务 G 端的条线间仍缺乏科学有效的沟通机制，层级职责分工不清，资源活化、流程优化、共建共享、融合创新能力明显不足，内部协调和运转机制不规范，有效的协同工作机制不完善。

第三，服务 G 端方式有待优化，理解能力有待提高。大型银行在深刻理解百姓需求和营商环境薄弱环节等方面，以及如何通过这些方面梳理、简化、优化政务流程，最终推动机构改革，助力国家治理体系和治理能力现代化，提高百姓满意度，并提出金融解决方案和智库建议等方面还存在差距。此外，对政府业务逻辑的理解、业务流程的把握、方案支撑和市场推进等方面仍有欠缺，尚不能快速准确把脉政务服务痛点、难点和要点，与政府部门打交道的经验不足，与政府领导平等对话能力有限，习惯于传统的关系营销，存在“穿新鞋走老路”的现象，不适应数字政府、智慧政务等新环境要求。

## 四、避免 G 端经营同质化的关键是培育核心竞争力

大型银行必须提高对服务 G 端重要性的战略认识，但 G 端需求的特殊性也需要银行具备特殊的经营思维，避免 G 端经营同质化。G 端经营模式变革伴随的是银行经营技术含量提升与经营能力提高，日积月累的技术进步会逐渐形成独一无二的核心竞争力。在我看来，形成不可模仿的 G 端经营核心竞

争力至少应包括三方面能力：业务梳理能力，梳理业务流程，形成独特的方法论和工具箱；业务整合能力，实现数据标准、流程标准与利益匹配；市场挖掘能力，提供广泛金融和非金融服务（包括数据服务）。尤其是中国幅员辽阔，各地社会和市场环境、经济基础及地方政府各职能部门承担的责任不一样，必须深刻认识G端发展趋势、精准把握G端痛点和难点，通过科技创新、银行智库建设及数据思维驱动强化银行服务G端的内功，以G端服务撬动B端、C端市场，充分释放潜在价值。

以"数据+技术"的进化和应用为支撑，培育核心竞争力。市场目前的共识是，建立以"公有云"为基础的开放架构平台，以横纵关联的服务网络为目标，联通其他服务资源，帮助政府构建"线上+线下"服务入口，开放接口与平台，支持第三方服务功能及资源接入，融合、汇聚社会各方服务资源要素。没有物联网、云计算、移动互联网、人工智能等现代科技的运用，智慧政务、数字政府便无从谈起，也很难为深化政府机构改革找到精准量化依据。

加强智库建设，前瞻性研究智慧政务、数字政府解决方案。我在日常研究与业界交流中逐渐发现，智库型银行是未来大型银行可能的发展趋势之一。大型银行服务G端，更应该成为政府的智库。美国一些大型银行就是政府最重要的智库资源，花旗银行和摩根大通下设研究团队，致力于为政府和公众提供丰富的数据分析和专家见解；英国汇丰集团和渣打银行致力于为银行客户提供高品质的研究和分析；日本三大金融集团智库属于产学研用综合型，提供研究、孵化、咨询、系统集成、人力资源开发等业务。大型银行应集聚高层次G端业务专家，借智借力，加快一流智库建设，为政府提供全面规划咨询、课题研究、技术方案、技术创新、应用创新等服务。还可以从政府组织优化与流程再造、数据治理与数据利用、营商环境与数字经济等维度，研究未来的服务架构、数据架构、业务架构、技术架构与治理架构，建立融先进性与创新性为一体的数字政府解决方案，真正解决G端痛点、难点与堵点。

树立数据思维、深挖数据价值。大型银行服务 G 端要聚焦于数字政府，树立数据思维。应充分重视大数据在服务 G 端中的作用，深入理解“数据业务化、业务平台化、平台智能化”的发展趋势，逐步建立“用数据决策、用数据管理、用数据服务”的发展理念。通过服务 G 端大幅拓展银行在 B 端和 C 端的服务群体，增加获客，沉淀 B 端和 C 端用户数据，并充分利用 B 端、C 端原有数据，融合政府数据，构建经济发展、政府决策、民生服务等数据支撑体系，努力使银行成为政府最重要的数据中心和城市大脑，由传统信用中介向大数据和信息中介转变，不断强化用户对金融链条的使用频度和依赖程度，形成银行在 GBC 领域多赢共生的发展新格局，进而探索出新的盈利模式。

多管齐下，加快专业化人才队伍培养。专业化人才队伍是 G 端战略成功实施的前提和关键。一是开展普及培训。突出重点地扩展和提升相关人员的知识技能，支持 G 端新型业务应用推广与普及拓展。二是着重培养业务型专家。G 端战略需要创新性复合型人才，应着重培养金融与政务领域跨界专家，通过引进来、走出去等方式，加强与业内各方交流学习，打造高专业技术、高职业素养的专家人才队伍，提升 G 端服务能力。三是“产学研用”融合。加强与各级政府、智库、高校合作，建立政银“产学研用”模式，加快政府机构和银行机构的智慧政务专业人才培养，建立政银业务融合、深化合作的良好机制。

# 破解中型企业融资难题具有特殊意义

中小企业融资难是一个世纪性话题，更是一个世界性话题。由于中小企业是一个范围十分庞大而复杂的市场群体，对于融资难的体验差异很大，也使得相关的财政金融政策很难全面兼顾。在深入企业调研中发现，针对长期以来存在的小微企业融资难的问题虽然还有较大的呼声，但普遍反映明显改善，而中型企业甚至中大型企业则强烈反映现有普惠金融政策难以惠及，融资难的问题比过去任何时候都要突出。这种现象引起了我们的注意。虽然中型企业同大型企业、小微企业一样，都是市场经济主体的重要组成部分，而且在产业链供应链和经济生态中常常扮演启承或链接等关键角色，应该得到更多的重视，但中型企业自身的成长性特征、不大不小的规模特性使得其信用风险更加突出，融资途径更加狭窄，银行现有的风险识别技术很难支持。在笼统讨论支持实体经济政策时，如果忽视中型企业的发展特征、金融需求的特殊性，就会出现“群体性被忽视”。作为中型企业金融服务的主要提供者，商业银行有必要重新理解中型企业的经济地位，深刻理解中型企业的成长性特征导致的融资难点，重新审视中型企业服务策略与工作方式，提升金融服务的针对性和有效性，助力中型企业发挥专长、活跃市场、促进良性经济生态的形成与金融高质量发展。

## 一、中型企业的经济地位与商业银行的中型企业金融服务战略

中型企业对于国民经济至关重要，在经济生态中发挥着重要作用。中型

企业是实体经济的重要组成部分，按照国家统计局标准[①]，粗略估算国内中型企业约占全社会企业总量的近10%，占大中型企业的80%；从企业特征上看，民营企业是中型企业的主力军，占比九成以上[②]；50%以上的中型企业归属制造业等实体经济，超过半数下沉县域，遍及全国所有行政区，在促民生、活实体、稳就业等方面发挥着生力军作用。从国际视角看，中型企业在各国经济结构中都具有举足轻重的作用，美国营收在500万到10亿美元之间的中型企业为美国提供了三分之一的财政收入，也是就业市场的中坚力量及国民经济的支柱。

中型企业是部分细分行业中的主力企业。基于行业特点，部分企业不需要大量的人员或经营规模就可以达到行业领先地位，具备长期核心竞争力，对增加经济活力、提高效率、提升创新能力都起到至关重要的作用。例如，传统相机行业中的徕卡，特种玻璃行业中的汉式，一直将经营规模控制在中等规模，由于注重研发和深耕专业品牌，成为行业翘楚、德国制造业的中坚力量。德国的"隐性冠军"，我国的"小巨人"企业都有这样的特质特征，经过多年市场孕育，国内目前专精于中等经营规模的"专精特新""小巨人"企业也很多，工业和信息化部曾通过四次评选，评出了256家单项冠军企业和90家待培育的单项冠军企业，其中大量是中型企业，他们专注于生产性供应链上的某一个产品或服务，拥有较高的技术优势和市场优势。

中型企业是企业成长和市场生态链条中的重要一环。"万物必有盛衰，万事必有弛张"，一切事物发展都有自身的规律，企业由小到中再到大是企业发展的必然过程和客观规律。中型企业是企业由小变大、由弱变强的必经阶段，是企业生命周期中最重要的成长期，也是企业健康发展的重要一环，目前全球500强企业在主业的竞争能力、企业文化往往在其处于中型企业时期就形成了。同时，中型企业在产业链供应链布局和市场集群中实际作

① 区分不同行业，按照人员总数、营业收入、资产总额划分企业规模区间。

② 根据人民银行口径。

用也很重要，它们常常扮演承启链接角色，甚至在很多行业地位和影响举足轻重。

中型企业的特殊地位决定了其对商业银行体系的天然依赖性，也决定了其对银行发展的重要意义。一是中型企业多数无法完全依靠自有资金和民间融资解决自身资金需求。中型企业相较于小企业，资金需求量大（从工行、农行、中行、建行四家银行中型企业贷款余额看，中型企业户均贷款超 1.5 亿元），难以通过个人和民间渠道筹措等量规模资金，必然需要金融中介服务。二是中型企业无法通过规范的公开债务市场、资本市场融资。相较于大型企业，中型企业自身体量与社会影响力均较小，信用评级不够高，拥有较多资产但变现慢，不能达到证券融资门槛，企业债、公司债发行困难，因此大多数企业难以通过债市、股市直接融资。长期看，中型企业的资金筹措对商业银行有着与生俱来的依赖，需要商业银行的鼎力支持。针对中型企业市场，美国、德国都有专门的中型银行提供专门服务，受规模及资本渠道的限制，这些银行基本不提供资本市场重组及高财务杠杆的业务，而以传统的关系型[①]贷款和小规模行业内并购服务为主。在西方大型跨国金融集团往往也专门设置中型客户（Mid-Cap）服务部门，为中型企业量身定做服务方案。无论是中型企业、为中型企业提供金融服务的中型银行，还是大型银行的中型客户部门，都是金融市场的重要组成部分。由于中型客户既能贡献较高的回报，又兼具风险分散化、需求稳定的特征，在一定程度上平抑了市场的系统性风险。

## 二、普惠金融战略无法惠及中型企业

一直以来，大型企业都是商业银行和直接融资市场的“宠儿”。一方面，大型企业管理规范，财务制度健全，具有较高知名度，受到外部监督管理更

① 银行和企业形成长期合作、相互了解的双边关系，并非靠公开市场信息和公开债务工具形成合作。

完善，能够通过公开信息和财务分析手段进行较好的甄别，风险相对易于控制；另一方面，大型企业信贷的单位管理成本低，易于营销和管理，经多岗位集体决策，出现问题问责相对较轻，“垒大户”方式成为商业银行不可言说的共识，大企业资金需求经常能够得到及时有效满足，甚至还可能出现过度授信。

与大型企业比较，中小企业融资难是一个世界性的难题。正因为如此，普惠金融才受到各国政治家、银行家和经济学家的广泛重视。经过多年的不懈努力，中国普惠金融工作作为国家重点督办事项得到快速推进，监管部门明确提出金融“两增两控”[①]要求，小微企业融资难的问题得到有效缓解。特别是随着数据挖掘和分析技术的提升，基于小微企业的庞大数量和海量行为数据，商业银行和各类金融服务者已较为容易地通过大数据分析找到小微企业群体特征，建立小微企业科学授信模式。在政策、观念、技术、模式上突破后，对小微企业的信贷供给大幅增加，银行还通过开发专项金融产品、降低利率、延长贷款期限、创新贷款服务模式等方式加大对小微企业融资的支持力度，降低小微客户综合融资成本，融资贵问题也得到了有效解决，市场上小微企业的融资比例大幅提高。以建设银行为例，截至2020年第三季度末，普惠贷款余额已接近1.5万亿元，前三季度增长了近5 000亿元，增幅近50%，新发放小微贷款利率平均下调64个基点。

与此同时，我们在调研中也深切感受到，中型企业融资难问题仍然广泛存在。比较而言，小微企业政策红利、技术红利和市场红利明显释放，国家政策对普惠金融明显集中倾斜，数据经营平台的经营在大数据、人工智能技术支撑下突飞猛进，小微企业线上化模式探索推进不仅提高了服务效率，

① 《中国银监会办公厅关于2018年推动银行业小微企业金融服务高质量发展的通知》提出，“两增”即单户授信总额1 000万元以下（含）小微企业贷款同比增速不低于各项贷款同比增速，贷款户数不低于上年同期水平，“两控”即合理控制小微企业贷款资产质量水平和贷款综合成本，突出对小微企业贷款量质并重、可持续增长的监管导向。

也有效提高了市场覆盖率，商业银行针对小微企业贷款短、频、散、急等特点，在经营上创新了线上批量、小额分散、自动审批、自助办理的业务策略和解决方案。而中型企业则完全不同，虽然客户数量上明显少于小微企业，但单个体量上的金融需求往往超出小微企业的几十倍甚至上百倍，不具有小额分散的天然普惠金融经营特点，无法充分享受普惠金融政策。从实践上来看，银行业新增信贷资源也主要集中于小微领域，中型企业贷款获得率始终不高，一般不足10%[①]，即一百户中型企业中不到10户能够获得金融机构的信贷支持。甚至有个别企业从小型成长为中型后，因为不满足普惠标准而无法继续从银行获得信贷支持。在小微企业融资问题逐步得到解决的情况下，中型企业融资问题显得更为突出和紧迫。

银行深耕中型企业市场的阻碍，根本上还是对中型企业风险收益平衡能力的不足。从银行供给端看，传统大中型企业信贷评审方式主要依赖企业财务报表数据，但中型企业普遍与小微企业有共同的规范性顽疾，即财务报表不正规，资信材料真实性、有效性不足，面对银行、税务、股东等不同报表需求方，大量中型企业存在瞒报、虚报财务数据行为，在企业信息客观真实性不足、银企信用信息不对称的环境下，银行无法判断企业的经营状况，经营风险高企成为发展障碍。此外，中型企业经营相对不经济、风险高、业务规模小、经营动力不足、专业能力不够，形成了非良性循环。

国内面临的中型企业融资难问题在国际上并不鲜见。美国学者克鲁格在研究企业规模分布特点时，提出了“消失的中间段”现象：在发展中国家，相较于大型企业和微型企业，中型企业的数量明显偏少。孙文凯在2020年8月的中国宏观经济论坛上的讲话认为，相较于大型企业，中型企业往往没有能力通过大量资产抵押担保或信用贷款的方式来满足融资需求；相较于小型企业，中型企业的固定资本约束更高，资本回报率较低，需要更多的融资来

① 2019年，全社会约400万户中型企业，其中近40万户中型企业从金融机构获得信贷支持。

维持企业运转，却往往没有得到相关金融机构的足够关照。

## 三、中型企业的成长性特征导致其与生俱来的融资难点

从银行历史数据看，中型企业信贷不良率相对较高，也缺乏较好的控制手段。中型企业所处的发展时期正是企业生命周期中的不稳定时期，企业特征难以有效把握，新投资项目和回款往往周期较长，利率高、贷款金额和期限与企业生产经营周期的不匹配给中型企业带来了新的资金压力，也进一步加重了企业的经营负担，容易出现风险。常见风险诱因有以下几个。

一是企业日常管理跟不上企业发展速度。当企业处于小微阶段时，因人员数量少、业务单纯，靠人工管理能够较好地满足企业的日常运营需求。我国中型企业存在快速成长，甚至盲目逐利扩张的问题，随着企业的成长与扩张，员工数量增加、业务多元复杂，一则单纯靠以往的人员和方式管理容易出现漏洞，二则主业坚守不够。盲目跨越或多元发展，不确定性很大。而且随着企业的不断成长，业务路径的选择也是企业成败的关键。相关数据表明，平均 14 个小企业能成长出一个中型企业，主要是缺乏专业的技术和管理人才，企业的内部管理难以跟上其发展速度。

二是企业治理结构不健全。多数中型企业没有规范的法人治理结构，主要采取家族式管理模式，一方面企业内部管理制度不健全，缺乏决策制衡机制，企业发展取决于实际控制人的眼界，其个人素质、经验、能力甚至健康状况直接影响着企业的发展前景，决定着企业的经营成败，企业发展具有较大的不确定性；另一方面企业财务管理不规范，容易出现“公私不分”，资金划转随意性较大，存在较大的资金风险隐患。

三是企业面临的外部环境变化，出现不确定性。大量中型企业集中在制造业、批发零售等传统型行业，多数还属于劳动密集型、资源依赖型和能源消耗型企业，行业准入门槛低，市场竞争激烈，受上下游客户及市场需求影响较大，市场话语权较弱，容易受到经济波动的冲击。企业处于小微阶段，

市场环境相对友好（如金融、行业监管要求等），经营成本较低。随着企业的发展，人力资源、环保投入等成本的不断推升，企业比较优势被逐步蚕食，发展不确定性显现。

四是财务信息隐蔽性高，不对称明显。相对于大型企业，中型企业财务信息更隐蔽，财务信息的获取存在明显的内外不对称。“中型企业 + 小型不知名会计师事务所”的组合大量存在，客户财务报表的可靠性、信息披露的及时性、会计审计机构的权威性等与大型企业存在较大差距。银行难以掌握企业的真实财务状况，在核算真实信贷需求、有效防控信贷风险等方面存在客观困难。

五是企业特征不易归纳，难以通过单维角度进行判断。与大集团（特征明显）和小企业（大数概率）不同，中型客户区域、行业差异化、信息不对称，很难用一套标准或几张报表衡量判断，更倚重有丰富信贷经验的客户经理。与 3 000 多万数量的小微企业群体相比，400 多万的客户体量以及分散的地区行业分布难以支撑单纯依靠大数定律选择客户的基础。

## 四、努力破解中型企业融资难题

随着国际形势复杂多变叠加国内需求疲弱，经济下行压力持续增大，目前存活下来的中型企业是历经经济周期洗礼、经受市场考验的企业，同时企业经营投资趋向保守稳健，更加专注主业发展。寻求能够守成保业，特别是有能力持续发展的中型企业合作，就是在逆周期调节中寻求结构性机会。

从业界经验数据来看，中型企业对银行的价值贡献很大。从宏观上看，随着 LPR 的落地实施，银行利差、NIM 水平不断收窄；大客户金融脱媒、议价能力高[①]，普惠客户需要较低的融资成本，银行对公信贷业务亟须新的

① 从债券市场看，中型企业发债成本基本高于 6%，而同期大型企业发债成本为 3%~4%。从银行业历年新发放贷款加权利率看，中型企业普遍高于大型企业 20 个基点左右。

利润增长点。相关数据表明，中型客户经营生产活跃，信贷需求旺盛[①]，对银行的存、贷、汇、公私联动等领域均有不俗贡献（以建设银行中间业务为例，中型客户的每1亿元贷款可平均派生31万元中间业务收入，比大企业多7万元，比小微企业多13万元）。因此，中型客户越来越成为银行对公资产业务发力的主战场，是负债和中间业务的重要支撑，是公私联动的广阔平台，是价值创造的重要来源。从国际上看，虽然企业划型标准不一样，但规模处于中段的商业客户是国际大行的主要对公客户群体，是其对公业务的重要支撑。

国外银行在中型企业服务方面的经验值得借鉴。美国银行业注重从两方面挖掘中型企业金融需求，一是由中小企业事业部门设立中型企业服务团队，寻找细分行业里的优质中型企业，并订制金融服务方案；二是由财富管理事业部门从高净值人群[②]中筛选有企业经营需求的客群，提供专门的一揽子产品方案，作为私人银行业务的一部分。在前台服务的同时，中台风控部门结合客户企业所在行业、市场地位、发展阶段、监管政策及客户的信用行为数据，对客户风险进行预判，进而提出适当的产品配给建议，形成与前台服务的良好互动。在分析中型企业客户风险特征方面，美国银行业更注重中型企业的长期竞争力，即跨周期的财务表现，对偿债能力、资产流动性、高质量的财务报表、信用记录也较为关注。

近年来，中国的银行业一直都在积极探索如何有效支持中型企业发展，也取得了一定成效。随着对中型企业发展特征和规律的认识加深，中国银行业有必要在几个方面重点强化中型企业综合经营与风险管理能力。

第一，聚焦关键指标，做好客户选择。一是聚焦主业。重点关注主营业务收入占比、主营业务收入变化趋势、毛利率等指标，针对财务信息的不确定性，还需要通过现场走访、非现场调研以多方了解其上下游企业合作信

① 中型客户信贷获得率较低，2018年，中型企业贷款获得率仅为15%左右。

② 美国高净值人群中75%有企业经营融资需求。

息、订单信息、资源消耗信息、生产服务现场和员工整体行为状态，佐证其主业持续发展情况。二是聚焦中型客户所处生态环境的影响。中型客户选择要结合审视区域、行业、营商环境等外部生态环境。中型客户受体量和实力的限制，很难有大门类大行业的领头者，但在细分行业中常常具备比较优势，因此要重点分析细分行业或领域产值以及行业内头部企业产值的比重，判断中型企业的生存空间，真正将“好行业有好客户，不好的行业也有能存活的好客户”“每个行业中都有大中小客户的生存空间及空间差异化”的研究思考落到实处。中型客户的另一重要特征体现在区域和生态上，对中型客户而言，区域和生态在某种程度上比其所处行业更加重要，要充分考虑地方经济发展程度以及区域产业特点，在区域选择上要跟从政策支持；在营商环境上，要看企业所赖以发展的政治生态环境，政商关系是否正常，政府对企业的支持保护等。三是聚焦创新。重点关注产品和技术研发投入占比、研发人员占比、市场营销费用占比。四是聚焦企业家精神。重点关注的指标是资产负债率、企业治理结构。企业家精神可以有很多理解，但稳健经营、规范管理对中型客户的发展至关重要，行业合理水平的资产负债率以及专业的经营管理团队、规范的企业治理结构对其长远发展至关重要。五是关注中型企业的综合还款来源。除主业、副业产生的第一还款来源，担保相关的第二还款来源，还应关注营业外收支、存货、生产设备或投资项目带来的损益、母子公司代偿、股东增资、关联方资金投入、政府补贴或救助资金投入等，近期特别关注对疫情冲击行业出台专门政策而产生的影响。六是聚焦中型企业实际控制人所控制企业的风险隔离。在现实中，普遍存在企业实际控制人进行多元化投资、控制的关联企业较多的情况。因此，首先要密切关注实际控制人关联企业的经营及负债情况，以及关联企业之间的资金往来情况。对于关联企业之间的交易性资金活动，要深入了解交易背景、交易条件、交易价格以及账期合理性。其次要关注企业实际控制人对关联企业和其他企业的担保问题，落实被担保企业的风险状况，避免关联互保和担保链风险。

第二，有的放矢，做好四类客群营销。一是优质集团内的中型企业。选择优质集团内的中型企业，既能通过集团背书减少经营中型客户的风险，也能通过服务成员单位提升集团整体服务水平，密切银企关系。二是供应链顶部和腰部中型企业。主要选择供应链条中技术含量高（顶部和腰部）、订单稳定（主流产品或核心部件）、供应商替换成本高（3 年以上）的行业隐形冠军和单项冠军。三是高科技及瞪羚企业。关注国家级高新技术产业园区的瞪羚企业；挖掘细分行业专精特新小巨人；做好创新创业金融债券投放领域客户储备。四是存量优质小企业成长起来的中型企业。关注银行存量小企业发展，并做好承接，尤其是持续观察存量小微客户成长为中型客户的趋势，特别关注信贷需求超过 1 000 万小企业的服务及承接。

第三，积极设计、投放适用于中型企业客户的产品。根据不同中型企业客户的经营特征，投放合适的传统信贷产品或专门的创新金融产品。例如，中型企业多处于活跃的产业供应链之中，在贸易背景真实的前提下，可结合供应链需求提供更多的自偿性产品，如商票、保理，并通过线上运行、核心企业担保，实现风险可控，适度降低对中型企业财务状况的门槛要求，从而平衡中型企业风险收益，提高金融服务获得率。近年来，国家金融基础设施建设已经为相关服务提供了广阔平台，2020 年 4 月上海票据交易所宣布供应链票据平台成功上线运行，平台依托于电子商业汇票系统，供应链企业之间产生应收应付关系时，可以通过供应链票据平台直接签发商业汇票。信用环境的改善也为供应链产品提供了相应保障。

第四，释放科技力量发展中型企业客户。充分运用银行金融科技力量或联合第三方公司，与政府共同开展行业信息化建设，通过政、银、企三方合力，共建行业生态。一方面帮助地方特色产业内的中型企业实现经营管理的信息化和智能化，提升中型企业管理水平和持续经营能力。同时，银行也能更直接地获得中型企业的生产经营数据，打破银企间的信息壁垒，有效解决信息不对称问题，帮助银行进行客户选择和风险控制，并通过产品设计、产品创新，将数据转化为生产力，助力中型企业成长。建议运用金融科技、大数据、人工智能，建立中型客户分析及选择模型，强化客户选择，高效屏蔽风险：一是财务数据与行为数据并重，更关注行为分析；二是逐户分析存量不良风险因子，聚类分组、归纳提炼，量化后构成中型客户选择模型的风险预判因子或预警要素；三是量化企业掌舵人、企业行为、发展趋势、技术产品先进性等指标，形成一套规范化、标准化的客户选择与识别标准，嵌入客户选择模型，将客户选择由“中医号脉发展为西医看病”；四是客户选择、准入实现人工+智能结合，借助客户选择模型的力量，实现规范化、标准化、精细化与智能化。

第五，提升主动风险管理能力。一是加强对客户财务信息的甄别与管理。针对“中型企业+小型不知名会计师事务所”的组合，在加强客户选择的同时，做好相关会计师事务所的精细化和差异化管理，防止联合财报造假。从以往案例中总结报表“美化”的方式，对虚增收入、操纵利润，虚增资产、夸大偿债能力的企业及时压缩退出。二是全面加强贷后管理，改变“贷前全在看，贷后缺手段”的业务模式，多渠道、多角度地开展贷后管理工作。一方面通过大数据模型进行自动风险预警；另一方面提高现场检查的频率，除客户经理、风险经理外，要求机构负责人对重点客户进行现场检查等。三是加强对潜在风险客户的风险分类、拨备和资本占用进行管理。由于信贷经营收益与风险的期限错配性，需要对潜在风险客户提高信贷成本、资本成本，以更好地反映一笔贷款的风险调整后收益，确保对中型企业客户的客观评价和健康可持续发展。

第六，完善社会信用体系，为精准有效支持中小企业融资营造良好环境。目前国内经济处于低位运行，中小企业普遍出现收入及盈利水平下降、重大风险事件频发的现象，银行机构信用风险相应增加。同时，我国当前金融生态环境尚不理想，部分中小企业缺乏诚信意识，加之企业信用信息征集与评价体系仍不健全，银企之间的信息不对称等原因，造成银行机构对中小企业融资服务的顾虑。因此，建议银行业及其监管部门持续加强与政府相关部门的沟通与对接，取得政府提供在信息、平台、政策等方面的有力支持，争取加快构建完善的社会信用体系、构筑诚实守信的经济社会环境，严厉打击惩处失信违法行为，为银行机构支持中小企业营造良好的生态环境。

# 第三篇
# 数据驱动共识

# 银行家视野的大数据

大数据已成为当今社会的热门话题，不仅在专业技术领域出现了大量的数据处理新技术[①]，而且很多领域业务都出现了大数据应用革命，尤其在金融领域，互联网企业携其数据与技术优势，在第三方支付、P2P、金融理财等方面向传统银行业务进军，Facebook 等大型互联网企业开始发行数字货币，尤其是大型电商平台依托上下游交易信息优势介入小额贷款、供应链金融、理财等传统金融领域，确实让银行感受到了切肤之痛。更值得银行关注的是，电商依托中小企业海量交易等行为数据解决了困扰银行多年的客户选择难题，挤入传统银行信贷市场，而银行始终面对中小企业“蓝海”般的信贷需求裹足不前。原因可能是多方面的，但不容忽视的是，一些银行对大数据充满疑惑甚至恐惧，无法有效利用大数据技术解决客户选择、客户风险管理和定价等问题。

## 一、大数据的追求源于人类“知己知彼”的决策梦想

大数据看似神秘，其实了解了也很简单。人之所以区别于其他动物，其本质在于思维，人类总是基于理智判断环境，作出决策。孙子兵法有云，知己知彼，百战不殆；不知彼而知己，一胜一负；不知彼，不知己，每战必殆。这其实揭示了人类决策的三要素：知己、知彼、权衡。早期，受制于数据收集、存储、分析技术和工具的局限性，人们的决策仅停留在有用的、直

① 例如，以 Hadoop 和 MapReduce 等为代表的分布式数据技术，以及广泛应用的数据湖；数据分析方面的机器学习、深度学习、图分析技术等也广泛应用，大幅度提升了数据分析的深度。

接的、可感触的小数据层面，以满足对现状的认知。随着社会的发展，人们对权衡的需求越来越迫切，但“知己、知彼、权衡”的难度也越来越大：所谓“知己”，不仅仅是了解一个个体，而是了解其作为群体中的个体、作为集团中的个体、作为区域中的个体；所谓“知彼”，受制于数据安全管制、数据垄断、欺诈利用等行为，传统的数据收集方法不再有效；所谓“权衡”，由于追求的目标日益复合化，模式日趋复杂，传统的决策依据和经验失效，都是导致行为出现偏差的重要原因。

传统的事实分析多采用基于因果逻辑的趋势预测方法，即根据经验认知和直接信息等“小数据”推演事物的规律[①]，揭示事物发生的原因，但由于经验的局限、小数据的片面及分析方法的落后，往往在预测方面效果不佳。随着科技的进步及数据量的迅速扩大，基于相关性而非因果性的事实预测能够帮助我们有效解决这个难题。比如地震预测，虽然在当前的技术和认知水平下，全面收集地震形成的地质变化数据几乎是不可能的任务，但是我们可以通过观察动物的反常行为等相关事件来预测地震，这就是基于相关性的事实预测，而且通常高效、准确。基于相关性的事实预测，最大的挑战是如何动态地记录、储存、量化、分析海量的结构化和非结构化数据。一直以来，我们对基于结构化数据的相关性分析并不陌生，但实际上非结构化数据之间相关性分析有着更广阔的应用空间，近十几年来随着非结构化数据处理技术的引入和发展，我们获得了更加准确的相关性分析结果。

如何将非结构化数据与结构化数据整合到一起进行分析，成为我们面临的重大挑战，IT 革命的出现使处理大规模的结构化和非结构化数据成为可能。IT 革命不仅是设备或技术的革命，更是数据和技术相互影响的共同革命，数据的广泛高效及低成本收集、存储、分析变成现实，互联网、移动互联网、物联网的出现与发展解决了数据动态记录与实时反馈的问题，从而使得以相

① 例如，传统的回归分析模型、逻辑回归模型，其假设往往都是用样本数据去“拟合”理论上的模型，即变量间的因果关系。

关性分析而非因果性分析为特点的大数据方法得以普及，使数据分析更深入、更准确、更及时、更前瞻。越来越多的金融机构从公共数据源或社交媒体等非结构化数据中提炼出商业价值，如在客户情绪分析领域，英国的巴克莱银行出台相关政策规定，18 岁以下客户不得办理汇兑业务，政策对外发布后在社交媒体和移动 APP 上引起了青少年和家长的强烈不满，银行利用实时社交媒体分析技术掌握了客户的不满情绪，立即修改政策允许 16 岁以上客户办理。

大数据技术的突破带来了对社会经济发展规律认识的飞跃，使过去很多不可能的事情变成了现实。如果数据记录足够全面，从理论上来说，我们几乎没有任何事情是不可知的，因此决策将会更加精准、更加科学、更加理性，社会经济运行效率将会极大提高。在美国，大数据甚至应用到了社会公共决策上，专家们通过大量的数据收集、分析、测试、检验，得出“1 元钱的就业指导将减少 5 元钱失业保障支出”的结论，政府基于这个结论调整就业指导政策后，大幅度减少了失业保障金的支出。在国内，大数据也同样被运用于政府治理中。在社会治安领域，公安部门依托人口信息库等大数据平台严厉打击刑事犯罪。大量多年未破的犯罪案件在近年来纷纷得以告破，这与大数据技术的进步密不可分。又如，在此次新冠肺炎疫情防控中，政府部门运用大数据技术精准判断中高风险地区的人口流向，为相关地区做好疫情防控工作提供了决策依据。大数据的应用前景非常广泛。在“知己”方面，大数据可以帮助我们更加了解个体和群体，了解客户对产品的喜好和黏度，更加了解市场的过去、现在和未来；在“知彼”方面，大数据可以让我们更全面地了解竞争对手、合作伙伴和各种利益相关者；在“权衡”方面，应对多元化的经营目标时，大数据可以帮助我们更好地权衡收益、风险、政治、社会责任等。传统认知工具很难面面俱到、和谐兼顾，但通过大数据技术的应用，我们可以开展多目标、多层次、多角度的权衡测试，进行多方案的选择，极大地提高了个体和群体的行为能力。

## 二、银行家怎样把握大数据的核心特征

美国著名咨询公司麦肯锡（McKinsey）是最早关注和研究大数据的公司之一。在其报告《大数据：下一个创新、竞争和生产力的前沿》（*Big data: The next frontier for innovation, competition, and productivity*）中提出：大数据指的是大小超出了常规的数据库软件工具获取、存储、管理和分析能力的数据集。但它同时强调，并不是说一定要超过百万兆（TB）字节的数据才能算是大数据。国际数据公司（IDC）则进一步从大数据的四个特征（4V）来定义，即海量的数据规模（Volume）、快速的数据生产速度和更新频率（Velocity）、多样的数据类型（Variety）和巨大的数据价值（Value）。

虽然"数据量大"是存储和分析大数据的一个难关，但比"数据量大"更大的挑战是数据的实时性、多样性和不确定性等各种特性。同时，判断一个数据集是否有价值也是一件很困难的事，今天没有价值的数据也许将来会有很大的价值。因此，我们应关注的并不是EB级、ZB级或YB级[①]的数据，而是从海量规模的数据、多样型的数据中及时获取价值的"能力"。相比于传统的"小"数据，大数据在以下几个方面的特征更为明显。

首先，对大数据不能过分地追求所谓的精准、无误。为什么大数据时代我们不再严格追求数据的精确度？一方面，随着数据容错标准的放松，我们掌握的数据也多了起来，由此可以弥补其中少量的缺失和错误数据。举个例子，假设我们要测量一个葡萄园的温度，如果整个葡萄园只有一个温度计，那就必须确保这个温度计是精确的而且能一直工作，这就是小数据时代的特点；但是如果每棵葡萄上都有一个温度计，即使其中有些温度计的结果是错误的，但众多的温度计也一定会提供一个更加准确的结果，这就是大数据时代的特点。再考虑到读数频率，如果一个小时读一次，对读取的准确性要求

① TB、PB、EB、ZB、YB都是数据存储单位。

就必须很高；但如果每个温度计每秒钟都能产生一个温度，那么即使其中存在一些错误也是完全可以接受的。大数据时代，为了收集到数量庞大的信息，我们需要放弃严格精确的数据选择，这是值得的。我们怎么看待使用全部数据和部分数据的差别，以及如何选择放松要求取代严格的精确性，将会对我们与世界的沟通方式产生较为深远的影响。

过去，银行的数据规模虽然很大，但按照严格质量标准筛选后真正有用的数据不多，尤其是在风险建模时，每次“清洗”后，只有部分数据是有用的，大量的信息全都被洗掉了。我们过去经常批评数据仓库“垃圾进，垃圾出”，其实在大数据背景下人们应该学会在适当的范围内接受数据的不精确。我们过去讲数据要精准，那是在我们存储能力和分析能力有限的情况下必须借助高质量的数据进行分析。事实上，经过严格清洗的高质量的数据可以降低处理难度，但其数据价值也大打折扣。大数据的“大”，不仅是量的“大”，还有“全、复杂和乱”。通过对这样一种大数据进行分析，我们更有可能发掘出更有价值的东西。阿里的芝麻信用评分数据源涵盖了淘宝的网购数据，支付宝的信用卡还款、网购、转账、理财、水电煤缴费、租房信息、住址搬迁历史、社交关系等各种金融和非金融行为数据，还接入了外部的公民身份证系统、学籍和学历查询等政府公共数据源，还有合作的商家如租车公司、酒店等，这些数据源结构、质量各不相同，很难达到规范性、零缺失率的“完美”标准，但是利用大数据技术可以从纷繁杂乱的数据中凝练和提取出一些特征数据，并运用抽象的数学模型来准确评估个人的信用水平。其实在模型中缺失值、极值、扰动点都能被加工转化为具有分类价值的变量。随着技术革命的持续发展，海量数据存储和处理都不再是问题，大量结构化、非结构化数据看似价值不大，但可能蕴藏着宝贵财富，我们必须用大数据的理念来看待我们的数据资产。

其次，大数据的核心价值在于预测，这对于银行来说是最重要的。所谓预测就是把数学算法应用到海量数据中来推测事情发生的可能性，例如一个客户购买某个金融产品的可能性、一笔贷款发生违约的可能性、从一个人的理财和消费行为来看客户利用信用卡分期付款的可能性，这些预测之所以会成功，关键在于其是建立在海量数据分析的基础上。随着大数据系统接收到的数据越来越多，预测结果也会越来越准确。在不久的将来，许多现在单纯依靠人类判断力的领域都会被大数据系统改变甚至取代。大数据的应用使我们的生活发生了改变，比如亚马逊和当当可以向我们推荐我们可能需要的书，京东可以向我们推荐我们可能需要的电子产品，百度可以为关联网站排序，社交网站可以猜出我们认识谁。同样的技术也可以运用到银行管理的各个方面。银行也可以归纳推测出谁是谁的朋友、哪些客户对哪些产品感兴趣、客户潜在的需求等。大数据带来的预测能力最大的价值在于银行可以利用这些数据信息提前部署营销或挽留客户的商业机会。当银行提供的服务或产品与客户的需求密切相关时，将大大增强客户与银行之间的黏性，同时正确趋势性的预测将最大可能地控制风险。在大数据时代，随着我们掌握的行为数据越来越多，就能够根据个体之前的行为轨迹数据预测他或她未来可能的行踪。商业银行过去做风险评级，讲的是从过去看现在，试图发现规律。大数据不仅在意过去和现在，还更关注未来，这就是其核心价值。其实人们都想知道未来，知道未来就能做出科学决策，关键是能不能预知未来。我们过去所有的统计都在试图解决这方面的问题，但收效甚微。大数据方法出现以后，预测未来成为可能。实践中，我们必须把握两个关键点：第一个是预测方向，预测值不会是非常精准的，但方向至关重要；第二个是刻画一个个体所具有的某种行为特征，就银行而言，客户刻画能帮助选择好的客户，选择了好的客户，风险也就可控了，价值也就有了。

最后，大数据更关注相关性而不是因果关系。也就是说只告诉你“是什么”，不回答“为什么”，这已经足够了。相关关系不仅能为我们提供新的视角，而且提供的视角都很清晰。举个例子，一个人的信用常被用来预测他的行为，美国个人消费信用评估公司（FICO）在20世纪50年代发明了信用评分，2011 年他们提出“遵从医嘱评分”——通过分析一系列的变量来预测一个人是否会按时吃药，包括一些看起来风马牛不相及的事情，比如说这个人在某地居住了多久、是否结婚、多久换一次工作及是否有私家车等。有无私家车和是否会按时吃药并没有因果关系，但数据显示他们相关，这样的评分会帮助医疗机构节省开支。再比如美国新兴大数据风控公司（Zest Finance）发现填写表格喜欢全部使用大写字母的人违约率更高；在未验证情况下，自行填写月收入为 7 500 元的人违约率是最低的，而填了 7 500 元以上的人违约率更高。利用大数据技术帮助我们找到了这些以往艰难发现的、潜伏着的相关性。

同样，利用客户的资金交易行为数据，我们可以做很多关联分析，甚至发现一些隐藏的规律特点。例如一家国际大型银行通过大数据分析，发现年长足球爱好者的利润率是普通客户的 3 倍，进而通过为这批客户提供特定服务获取了不菲收益。再举一个广为流传的著名例子。Target 是一家非常大的美国零售公司，他们利用大数据分析发现客户的购物规律。有一天，一位非常生气的客户打电话说公司送给他 17 岁的女儿一个产品折扣券，产品是尿布或者是避孕药，这位客户说：“我 17 岁的女儿根本不需要，我需要你们道歉。”几天以后，客户自己却跑来道歉，他说你们预测的很准，我的女儿真的怀孕了。因为怀孕的女性会有不同的生活习惯，会买不同的东西。这些例子说明，大数据时代，我们不一定非要知道现象背后的原因，而是让数据“发声”，一旦找到了一个现象的良好关联物，相关关系就可以帮助我们捕捉现在、预测未来。

2008 年，时任《连线》杂志主编的克里斯·安德森（Chris Anderson）指出，数据时代使得一些科学研究方法落伍了，用因果关系验证各种猜想的研究范式已经不实用了，如今它正被基于大数据的相关关系研究所取代。让数据说话，我们会注意到很多以前从来没有意识到的联系的存在，例如对冲基金通过对社交网络上数据信息的剖析预测股市走向，京东和亚马逊根据用户在网站上的查询进行类似产品推荐，微博通过用户的社交网络图来推测其喜好。当然，在据此研究完善制度规范时可能需要进一步分析原因，但是对于许多决策而言其实并不需要精确了解因果关系。大数据展示的相关性，为我们的预测提供了很多的便利。比如一家银行的一个支行行长在做小企业业务时通过朋友聊天发现有个老板经常去澳门，就怀疑这个企业可能有问题，事实证明确实如此。这就是相关性分析，经常去澳门不一定是赌博，但是赌博的概率比较大，老板只要一赌博，好端端的企业可能就给赌没了。所谓大数据思维在很大程度上就叫作相关性思维，通过一些相关性来捕捉信号，进而进行预测。我们在理解和运用大数据时，一定要深刻理解并牢牢记住“相关性”这个词，努力通过相关性分析来解决具体问题。

我们在实践中还领悟到，只有深刻理解大数据的基本范畴，才能正确把握大数据的核心技术与常用工具。大数据的基本范畴首先是数据量要足够大。现在大型银行系统中的数据往往都是PB数量级的，而且这个范畴是没有边界的，没有人知道未来数据量将会达到什么程度。其次是数据面要充分广，从传统的结构化交易数据，扩充到语音、文本、图像、视频，甚至在过去看起来无法利用的垃圾、噪声，以后都有可能成为我们的宝贵资产。再次是数据粒度要充分细，要把握每一个细节，才能充分发挥效果。最后是数据要尽可能相关，打破传统的数据孤立局面，在不同数据之间建立相关的联接，真正使用大数据。最后是数据要有“活性”，数据更新频度足够快，数据流要与业务流实时同步。在零售银行领域，一些信贷决策要在几秒内完成，必须依赖于实时更新的数据①。

从IT应用技术的角度来看，大数据的技术体系通常可分为大数据采集、大数据存储、大数据治理、大数据挖掘分析、大数据可视化及大数据隐私与安全等几个方面。大数据采集是运用大数据的第一步，旨在将客观世界中复

① 当代大数据发展还有一个趋势，数据要形成“闭环”，在数据流过程中不能出现断点，形成数据生产的自我增值。

杂纷繁的信息，有选择性地转化为可以被计算机系统识别辨认的数据。大数据治理的目标是将采集到的数据进行保存、加工并在需要的时候进行调取。这一过程看上去很简单，但对于大数据治理来说，由于面对存储规模大、存储结构复杂以及数据服务种类和效能要求高的困难，其所涉及的理论方法和工程技术手段是极其复杂的。大数据挖掘分析主要是利用机器学习、深度学习、人工智能、图数据分析等建模技术方法，从业务的角度对大数据进行挖掘和价值提取的过程。大数据分析的工具有很多，常见的工具主要包括回归分析、机器学习和随机试验等。回归分析和机器学习是统计学中革命性的进步，随机试验则能够让我们选取的样本更加具有代表性，特别是在样本足够大的时候，其客观性更加有保障。大数据可视化通过交互式视觉表现的方式来帮助人们探索和解释复杂的数据。大数据隐私与安全旨在运用大数据挖掘价值的同时，最大限度地保障数据安全和数据中的隐私信息。

如果我们从银行应用目的的角度向前追溯，大数据有三个核心技术始终被业界所关注。一是所谓的大数据收集与处理技术，因为大数据需要利用互联网和物联网等新型技术收集，而不是传统意义上的统计调查或者人工录入数据；二是非结构化数据处理，大量的语音、文本、视频、点击流等非结构化数据，承载着许多行为信息，将这部分行为信息转化为结构化数据，纳入我们已有的结构化数据体系进行量化分析，这实际上是大数据目前的一个核心技术；三是相关性关系建模，这个建模方法能够帮助我们快速、理性地进行决策。

## 三、数据挖掘分析是银行大数据运用的重中之重

随着信息技术在银行业应用的快速普及和不断深入，特别是互联网和移动互联技术在银行业的广泛运用，银行业的数据量呈几何级数增长，如何从飞速发展的数据中提取出有价值的信息，并将这些信息用于促进业务发展、提升经营管理与战略决策能力，从而增强自身竞争优势，是银行业的发展方

向之一，这离不开数据挖掘技术。数据挖掘是知识发现和机器学习的重要组成部分，它可以从大量的业务数据或其他数据库中智能、自动地获得有用的信息和知识并转化为经济效益。

根据 MBA 智库百科的定义，数据挖掘（Data Mining）是指从大量的、不完全的、有噪声的、模糊的、随机的实际应用数据中，提取隐含在其中的、人们事先不知道的、但又是潜在有用的信息和知识的过程。数据挖掘与传统的数据分析（如 BI 报表、时间序列等）的本质区别在于其是在没有明确假设的前提下去挖掘信息、发现信息，所得到的信息应具有隐含未知、非平凡、有潜在价值三个特征。

数据挖掘按功能可分为六类：一是概念描述。概念是指某类对象的内涵。数据库中存放了大量的数据，用户通常希望以简洁的形式描述汇总数据集，以提供一类数据的概貌，或将其与对比类相区分。与此同时，用户可能还希望方便、灵活地以不同的粒度和从不同的角度描述数据集。二是分类与预测。分类与预测是两种数据分析形式，可以用于将数据项区分为不同的组别或对未来的数据趋势进行预测。回归算法是使用最广泛的分类算法，它可以研究分析现象之间的相关性、相关方向和密切程度。ARIMA 等时间序列模型是常用的预测工具，用于对观察对象未来走势的分析。三是聚类分析。聚类分析是根据“物以类聚”的道理，将数据对象分成多个类（簇）的过程。原则是在同一类（簇）中的对象有很大的相似性，而不同类（簇）中的对象差别较大。四是关联分析。关联分析是寻找存在于大量数据集中的关联性或相关性，其核心是找出关联规则，也就是发现事物中某些属性同时出现的规律和模式，如某些事件的发生引起另外一些事件的发生等规律。五是孤立点分析。数据库中可能包含一些与数据的一般行为或模型不一致的数据对象，这些数据对象被称为孤立点。在大部分数据挖掘中，孤立点被视为噪声或异常值处理。但在一些应用中，如信用卡欺诈等，孤立点可能比正常的数据更有价值。六是演变分析。演变分析用于描述数据随时间变化的规律或趋势。

数据挖掘的一般过程包括五步：（1）数据收集，根据确定的数据分析对象抽象出所需要的特征信息，采用合适的方法，将信息存入数据仓库中。数据挖掘中，至少 60% 的费用可能要用在这一步骤。（2）数据预处理，一是数据规约，使得数据集变小的同时仍近于保持原数据的完整性；二是数据清理，将数据库中缺失的、异常的、不一致的数据进行清理；三是数据变换，通过平滑聚集、数据规范化、属性构造等方式将数据转换成适用于数据挖掘的形式。数据挖掘中，至少 60% 以上的时间和精力用在数据预处理上。（3）数据挖掘过程，选择合适的分析工具，应用规则推导、遗传算法、机器学习、神经网络等方法对预后处理的数据信息进行处理，得出有用的分析信息。（4）评价输出结果，由行业专家对数据挖掘结果进行评价。（5）生成结果报告，将通过数据挖掘得到的分析信息呈现给用户，或作为新的知识存放在知识库中，供其他应用程序使用。

数据挖掘是一个反复进行的过程，在反复过程中，不断趋近事物的本质。任何一步如果没有达到预期目标，都需要重新调整并执行。

数据挖掘技术在国外已广泛应用在市场营销、金融投资及欺诈甄别等领域，在我国企业的应用也十分广泛，尤其是各商业银行在实现了数据大集中后，也都在尝试进行自己的数据仓库建设，利用数据挖掘技术支持经营决策正在成为银行业的共识。

银行在日常经营管理活动中产生了海量数据，但这些原始数据价值不太明显，要在激烈的市场竞争中取胜，需运用先进的技术手段和管理手段对数据进行整合、预处理、挖掘等，实现价值增值。数据挖掘技术可以有效地帮助商业银行提升客户服务水平、风险管控能力、产品与服务创新、运营管理能力、市场需求预测等，让数据创造更多价值。银行利用数据挖掘技术对其经营的各个基本要素配置情况进行分析，掌握全行的经营状况，使决策源于数据而不是主观判断。在成本、利润管控方面，数据挖掘技术可以实现对产品、部门的利润成本分析，使成本控制更加严密和精确、使管理结构更加扁平化，全面提升银行的核心竞争力。利用数据挖掘技术，对银行业务进行全方位、多维度的风险分析，对信贷资产进行有效管理，对各类风险进行预警和防范，从而有效控制各类风险，不断提升银行的资产质量和利润率。

## 四、银行越大，大数据越重要

现代的商业银行和过去相比，已经发生了革命性的变化。随着商业银行资产规模越来越大，业务结构越来越复杂，以往的经营经验已经不能完全满足现代银行经营管理的要求。银行越大，面临的市场挑战越大，业务运营越复杂，客户结构更加多元化，风险也更加不可预测，大型银行管理层级多、机构复杂，已经不可能完全依赖经验来进行管理了。可以想象，面对一百多人的队伍，管理者能够基本了解、把握大家的特点，但当管理几千人、几万人的队伍时，涉及客户营销、风险管理、内控控制、运营支持等大量职能，管理者要凭经验全面了解员工就成了一件不可能完成的任务；客户也是如此，大型银行由于客户地域广、数量大、情况复杂，已不可能通过经验了解客户。跨界经营的探索者同样面临这样的问题，量化经营管理成为行业发展的共同趋势。从西方商业银行分化的历史来看，基于自身交易数据量化分析与数据挖掘，曾经是商业银行分化的主要驱动因素。但是，挖掘自身交易数据的局限性在于，我们无法据此准确地预测市场趋势，也无法准确地判断客户的行为走向，从而在战略选择和经营决策上经常出现失误。近年来，部分银行受相关性分析方法的启发，开始尝试运用内部的非结构化数据，甚至外部的结构化和非结构化数据，进行内部的潜力挖掘、外部的市场预测及客户的行为分析，并收到了意想不到的效果。由此，银行的大数据思维开始形成，并展现出以下特征：第一，了解客户的金融需求。在过去，我们依靠走访企业的财务总监，由交易人员来发觉判断客户的金融需求。但是由于获取的信息不全面，可能造成盲目的推荐产品，导致客户黏度、客户贡献度都很难提升。现在许多国外的商业银行已经开始用大数据方法分析、了解并把握客户的金融需求。第二，预测客户的风险。银行是经营风险的，银行的风险既来自市场又来自客户，但主要来自客户。我们传统的分析方法依赖于收集客户的财务数据和我们自身积累的交易数据，很难做到更早、更全面、更细致地把握客户的风险。风险管理要进步，不能局限于过去基于历史数据的内部评级上，要用大数据的方式和方法，引导风险管理发生根本性的变革。第三，把握交易价格走向。现代的商业银行，资金交易业务的比重越来越大，地位也越来越重要。大数据在交易价格方面的应用，能够帮助我们预测价格走向，决定交易定价。第四，挖掘内部潜能。有人分析，我国银行业如果真正能够做到精细化，利润再翻两番都是有可能的。大数据能够帮助我们准确定位管理上的薄弱环节和内部配置上的资源浪费，不断挖掘内部潜能，实现银行的可持续发展。

随着外部资本监管日趋严格、同业竞争日趋激烈、客户行为日益敏感、盈利能力不断下降，越来越多的商业银行开始运用大数据方法驱动经营模式转型，并深度服务客户选择与风险管理、产品设计与精准营销、资源配置与结构调整，终于出现“数据驱动型银行”。所谓“数据驱动型银行”，是指从客户的选择到产品的设计，从风险选择到内部管控，都是由数据驱动，由数据支撑决策。银行从大数据思维到数据驱动型经营，需具备以下特点：第一，要养成一切靠数据说话的思维习惯，这是数据驱动型银行的基础。第二，要有庞大的、专业高效的数据挖掘能力体系。第三，要有积极广泛的数据应用，这些数据应用要更多地体现为风险识别与预警、市场拓展与产品设计，以及绩效考核与资源配置。第四，要实现真正意义上的精细化管理，彻底扭转客户、市场、盈利等方面的粗放型管理方式。第五，要认识到数据是银行未来最重要的战略资产，是持续创利的资产，是没有天花板的盈利资产，银行未来竞争力与盈利能力主要取决于数据积累和数据挖掘，而且有可能呈指数级增长。

随着我国银行业越来越清晰地认识到自身与国外先进同业在大数据应

用上的差距，制定我们自己的大数据战略就显得尤为重要。在战略制定的初期，有几个方面是不可忽视的：首先，这是一个重大的战略，需董事会和高级管理层牵头制定，将数据战略与全行其他战略有机融合，切实推进大数据挖掘与应用，形成全员大数据思维习惯。其次，优先选择市场潜力巨大，现实经营粗放的业务领域，开展大数据的挖掘与运用。比如跨国公司金融服务、高端个人客户价值挖掘、国际业务产品开发、养老金融业务、结算与供应链产品、业务单元与分支机构考核与激励、风险识别与预警等。再次，要树立数据是一种重要资产的战略观点，不仅把数据当成经营资源，更要把数据作为资产来加以经营。最后，要重视人才培养和基础平台的搭建。大数据并不神秘，但是核心技术、常用工具还是需要专业人才来熟练运用。

# 大数据应用深度决定着商业银行能力提升程度

比较而言，商业银行在大数据应用方面具有天然优势。商业银行在业务开展过程中积累了海量的高价值数据，很多大中型银行的数据量级已达到PB级，这些数据既包括客户身份、资产负债情况等结构化数据，又包括客户影像、音频等非结构化数据，在运用专业技术对其进行挖掘和分析后，这些数据将会产生巨大的商业价值。与此同时，商业银行资金实力雄厚，有能力采用最新的大数据技术，以满足其大数据应用的需要；也可以吸引到众多实施大数据技术所需的高端人才，为其采用最新的大数据技术提供保障。正在兴起的大数据技术与银行业务的快速融合给银行业的发展带来重要机遇，可以说，大数据应用深度决定着商业银行能力的提升程度。

## 一、全面及时把握市场变化

银行家要面对复杂的形势作出各类决策，透彻地了解市场、把控市场是其最大的梦想，知道市场的发展趋势才能作出有效的战略决策，这是银行的核心能力。要实现银行家的“市场梦”，许多问题亟待解决：面对这样一个相对饱和的市场，我们要做到多大规模才合适？面对这样一个复杂的市场，什么业务是我们必须要做的？各个业务单元应该做到多大规模？这些问题的存在，都说明市场选择极其困难。传统上已经有很多工具和方法帮助我们去分析市场，例如波士顿矩阵、标杆分析、SWOT分析等，以及抽样调查等成熟的统计工具，但只有大数据方法才为我们透彻地了解市场创造了可能，通过对全部客户海量行为数据的分析，我们将有能力知道市场未来的发展方向，进而可以有针对性地作出战略安排。

依托大数据，人们了解市场的方式正在发生重大变化。例如，海关出口数据是判断外贸形势的关键指标，以往是在出口企业卖了货以后进行统计、分析，时效性很差。由于买家在采购商品前，通常会比较多家供应商的产品，在阿里巴巴网站的统计数据中就反映为查询点击的数量和购买点击的数量会维持一个相对的比例。2008 年初，阿里巴巴发现平台上整个买家询盘数急剧下滑，进而推断世界贸易形势发生了变化，这比海关统计数据提前了半年，为国内出口企业调整生产策略提供了重大帮助。如果没有大数据技术的支持，这种分析是难以完成的。再如，美国劳工统计局每月都要公布 CPI，为此他们会雇用很多人向全美 90 个城市的商店和办公室打电话、发传真甚至登门拜访，反馈回 8 万多种价格数据，每年的数据采集费用达 2.5 亿美元，结果一般会滞后几周。从 2008 年的国际经济危机看，结果滞后是致命的。麻省理工学院（MIT）的两位经济学家阿尔贝托·卡瓦略（Alberto Cavell）和罗伯托·里哥本（Oberto Rigobon）就此提出了一个大数据解决方案，即在互联网上收集价格信息，每天可以收集 50 万种商品的价格，这些数据虽然很混乱，但是利用大数据分析方法，这个项目在 2008 年 9 月雷曼兄弟破产之后马上就发现了通货紧缩趋势，而官方数据直到 11 月才知道这个情况。银行家的“市场梦”非常美好，但并非想象的那么简单，必须依靠大数据方法才能实现。

## 二、深入理解客户需求

大数据在微观层面赋予银行准确了解每个客户行为的能力。现代银行通过大规模地收集客户的各类数据，深入分析、准确预测客户的行为，其对客户的了解深度是传统银行无法企及甚至难以想象的。例如，我们可以通过数据挖掘信息，了解客户是否有车、住在哪里、喜欢在哪些地方消费什么产品、资产管理偏好如何、在哪家企业工作、是否是企业主、喜欢以什么方式使用产品等①，这样就可以用更加个性化、更加贴近客户需求的方式提供服务。在对公客户方面，通过数据挖掘可以发现其上下游客户、企业的产品销售渠道、现金流特点、所在行业的特点，企业产品在市场上的竞争力如何等。现在我们在大数据挖掘方面刚刚起步，但也意味着有很大潜力。

银行业需要大力投入资金做三件事情，一是建立单一的客户视图，将不同系统的客户数据整合在一起，展现客户信息全貌，实现经营模式向“以客户为中心”转型。二是按照用户行为进行分类，未来银行业的客户分析将随着用户消费行为的变化而变化，因此，除按地理区域、年龄、收入等方式分类外，还要按照用户的行为特征来分类。三是为客户提供质量一致的客户体验。“在 BANK 3.0 时代，银行不再是一个地方，而是一种行为；重要的是银行服务，而不是银行本身”②。一致的客户体验有利于产品品牌的形成。因此，不管用户通过银行网点还是网上银行、手机银行抑或是社交媒体等渠道使用银行服务，都应该得到质量一致的体验。美国第一田纳西银行借助大数据预测分析模型，针对每个客户购买的投资产品进行组合分析评分，结合产品营收和成本信息将客户划分为不同的细分客群，如高价值客户、摇摆型客户等，模型针对特定客户的某个产品或服务进行预期利润的量化评价，同时对不同的产品或细分客户赋予预期的投资回报率，以此为优先级来配置相应的资源无疑是更科学有效的。

“以客户为中心”客观上要求银行必须实施大数据战略。运用数据挖掘，客户细分从大众化、模块化向个性化、颗粒化方向转变，客户实质性介入并掌握了银行服务和产品设计的控制权。大数据时代，每一个客户都能发出清晰的声音，单个客户的声音越来越强，传统的粗放的客户管理方式必须向基

① 需要注意的是，数据应用深度的增加同时会伴随着数据安全和隐私保护的挑战。

② 布莱特・金 . 银行 3.0：移动互联时代的银行转型之道 [M]. 广东：广东经济出版社，2014.

于数据挖掘的精细化的、个性化的客户管理方式转变。

通过大数据分析，能够在以下五个方面帮助银行提升客户服务水平。（1）构建360度全景客户信息视图；（2）实现精准化营销和精细化服务；（3）深化客户关系，提高客户的产品覆盖度和渠道交易活跃度，增加客户黏性，与客户建立更密切关系；（4）提升客户对银行的价值贡献；（5）获得新的业务机会。

过去，大型国有商业银行的利润，在一定程度上是借助国内经济快速发展、股改红利及监管机构对市场准入的保护来实现的。随着未来市场进一步开放，竞争进一步加剧，若不快速提升银行价值创造能力，那么银行家的"价值梦"是要泡汤的。"价值梦"的关键是要知道哪些客户、哪些产品、哪些行为能够为银行带来利润，银行应该如何满足客户需求，这一切的前提是了解客户需求并迅速行动，大数据正是实现这一目标的利器。运用大数据思维、主动应用大数据推动业务发展，已成为银行家实现"价值梦"的必然选择。

在某种程度上，银行数据中最重要的部分是客户行为数据。与财务数据等静态数据相比，客户行为数据具有更强的规律稳定性，基于行为数据对未来的预测更加准确。例如，违约率是风险计量中最核心的指标，使用大数据技术，可以使我们从客户行为数据中发现对违约率判别有重要帮助的信息（尽管有时候这些信息在经验上看来可能与违约不相关），用于违约预测和客户风险评级。通过分析零售客户的消费偏好、通讯方式（电话、邮件地址等）的留存情况等，可以判断其在信用卡和房贷业务中的信用表现，准确度甚至超过基于客户财务（收入）状况的预判。对企业客户而言，目前银行主要依据财务报表对客户违约率进行建模预测，但实践证明这种预测的准确性、前瞻性不是很理想。对银行风险管理者来说，如果等企业的亏损反映到报表才为银行所得知时，已经晚了，再等到利用这些情况对评级结果、业务决策进行调整时就更晚了，所以通过财务报表来判断企业的违约概率已经明显滞后。而通过研究企业账户行为（如现金进出、投资行为等），建立行为评分模型，可以在客户出现早期风险信号的时候就及时作出预警和应对，其准确性要好于财务数据评级。因此，要打破单纯依赖财务数据进行风险评价的传统做法，重视行为数据在客户风险评价中的作用，提高风险预测的精准性。当然，目前行为评分的技术还很有限，需要各方合作研究。

## 三、增强客户黏性

近年来，随着我国经济步入新常态，受金融脱媒加剧、利率市场化逐步推进、同业竞争日趋激烈及互联网金融快速发展的影响，商业银行的经营管理面临巨大挑战，因此，如何依托大数据优势，根据客户的个性化需求开展精准营销，有效提升客户体验、增加客户黏性，增强服务的超前性、提高核心竞争力，成为商业银行亟待破解的重要课题。商业银行要从以下几个方面入手。

一是经营模式的转变，加快实现经营模式从“以产品为中心”向“以客户为中心”转型。大数据时代，客户有着比以往更多的选择和更自主的需求，银行的一个金融产品和服务就能满足大多数客户需求的时代已一去不复返，商业银行需要通过深入挖掘和分析出客户线上线下的行为习惯，全方位、多维度地掌握客户的需求特征、行为模式和兴趣爱好，从而更灵活、更高效地满足客户的金融需求。大数据时代，一切社会现象的规划、解释、监控和预测都离不开对数据的收集、整理、挖掘和分析。因此，商业银行需要具有大数据思维，在理解数据、规范数据、组织数据、分析数据、应用数据“五个层面”完善数据管理机制，将数据转化为决策依据，推动决策从经验依赖向数据驱动转变。在现有数据库和数据分析系统的基础上，从客户营销、产品创新、运营管理、服务监控等方面入手，通过整合内外部数据资源，进一步充实完善客户数据分析系统，不断提升对数据的分析、挖掘及转化为商业行动的能力，从数据中攫取价值、赢取未来。

二是营销体制的转变，加快实现营销体制从“多头营销”向“联动营销”转型。受体制和机制的影响，长期以来，我国大多数商业银行对业务实行条线管理，以业务条线为中心的管理模式阻碍了巨大潜在效益的释放。具体表现在，归属于各业务条线的客户信息不能有效整合，难以形成一致的综合业务服务能力，多头营销导致营销成本加大，银行为此付出不必要的再营销成本，客户体验也受到严重影响；数据共享程度不足，导致银行内部各条线在市场营销上无法形成合力，从而不利于全面掌握客户需求，影响了客户资源综合价值的开发，削弱了银行整体市场竞争力。在客户金融需求日益多元化和金融市场竞争日趋激烈的环境下，商业银行要切实创新完善营销机制，坚持公私联动、上下联动、前中后台联动，变“坐商”为“行商”，主动出击，加强目标客户走访，多方联动为客户量身定制产品和服务，开展一站式服务、立体化营销，提升顾客的满意度和忠诚度，增强市场竞争力。

三是服务模式的转变，加快推动服务模式从“标准化服务”向“个性化服务”转型。商业银行要摒弃“以产品为中心”的管理模式，逐步建立包括客户的基本属性、金融资产总量、投资偏好、交易频次、渠道使用偏好等在内的全面客户视图，充分了解每一类客户甚至每一个客户的差异化需求，制定个性化的营销策略。大数据时代，个性化服务的线上表现是为客户提供随时随地、以秒时计算的标准化服务，线下表现为面对面为客户量身设计个性化产品，提供多渠道、跨行业的综合服务等。因此，商业银行要进一步加快网上银行、手机银行、社交网络银行、电视银行等电子渠道建设，优化物理网点工作，加快自助银行建设，通过全方位、多渠道的服务体系，不断提升服务水平，增强客户黏性。

四是营销模式的转变，加快实现营销模式从“传统营销”向“精准营销”转型。当前，我国商业银行基本上是按照客户的金融资产进行客户分类，维度单一，类别简单。通过整合银行内部数据、外部公共数据、电商平台数据及社交媒体数据，根据多维度分类标志对客户“贴标签”[①]，并根据其特征进行有针对性的营销，增强营销的精准性和实效性，提升客户忠诚度。

## 四、准确计量与分析风险

银行家的另一个梦想就是“风险经营梦”。什么是风险？风险就是不确定性，当我们的资产和经营面临着巨大的不确定性时，我们就正面临着巨大风险。银行是经营风险的企业，一个银行家的“风险梦”，包括清楚知道自己面临的是什么风险，是否能够承担风险，如何将所有风险安排在可控范围之内，这依赖于对风险的识别和测量。银行业在这方面进行了大量技术方法上的探索，开发了各类风险计量模型和测度工具，在风险管理中也起到了很好的作用。但近年来的经验教训表明，这些方法离我们真正能够计量风险、预测风险还有很大差距，很多情况下都是在风险真正发生之后才察觉[②]。

近些年，一些金融科技公司的探索为我们实现银行家的“风险梦”提供了一个方向。通过全面收集客户的各类行为数据，利用大数据分析方法，使提前预测客户风险事件成为可能，可以说大数据在很多方面已经并且正在改变风险管理方法，这为我们实现“风险梦”提供了以往无法企及的方法和手段。

在反洗钱控制领域，随着国内外金融监管机构不断对反洗钱活动提出更高更严的法规和要求，强监管、严制裁，商业银行也开始将视野由单纯的反洗钱监测体系建设转移到多维度、深层次运用大数据技术来实现反洗钱目标。反洗钱风险识别监测的关键在于客户尽职调查和最终受益人识别，大数据技术则帮助提高识别能力和改善识别方法。在客户尽职调查阶段，通过搭建反洗钱大数据综合分析平台，接入、清洗并整合内外部数据，为企业信息

---

① 银行客户标签已不再是简单的金融标识，更多的是将客户金融及非金融行为特征融合到一起，支持以生态场景为目标的综合化、数字化经营。

② 2008 年国际金融危机后，各国监管机构、专业人士都对计量模型的滞后效应进行了反思。

收集、真实性核验、反洗钱名单自动筛查及更新、贸易真实性背景核验、企业负面信息，提供系统化、平台化数据查询、展示、监测、预警等一系列功能。在最终受益人识别阶段，改变以往传统地通过工商数据判断股权关系的方式，运用图数据分析技术、流分析等方式，分析企业股权关系，将上下游企业、资金往来、担保抵押等信息可视化，精准识别最终受益人。

在大数据的支持下，风险管理工作不仅是量化和控制风险，还包括能够合理平衡风险收益，实现对包括客户获取、客户保留、客户服务和客户提升等在内的银行客户整个生命周期的价值管理，创造更大的价值。例如，目前国内大型银行的信用卡业务在行内客户中的渗透率普遍不高，如果依托现有数据，借助数据挖掘技术，研究开发响应评分卡等工具，以此区分信用卡目标客户群并针对风险可控的群体进行交叉销售，将会大大提高营销的针对性和风险选择的有效性。同时，基于海量数据，运用数据挖掘方法，在信用卡应用领域可以实现反欺诈识别、实时发卡审批、信用卡催收等环节风险管理工作的批量化、自动化，提升运营效率。另外，还可以通过数据挖掘技术，研发相关风险识别模型，建立信贷客户的生命周期管理机制，不仅有利于风险管控，还可以挖掘客户的潜在价值，提高客户的综合贡献度。

现代银行的分析决策模式必须建立在高质量的数据积累之上，越是数据驱动程度高的银行，越要重视数据基础管理对数据时间积累的长度、标准化程度、准确性和真实性都有要求①。例如，建立对零售客户的一揽子产品组合安排，需要客户在全行的统一账务信息，以确定客户的资产和现有债务情况，这就需要具备统一可靠的客户标识和相应的客户全景数据。为此，要特别重视客户数据管理的规范、安全和效率，保证各类经营数据存储的及时、准确，做到对数据的采集、传输和加工过程进行全面记录、跟踪更新、分析评价。对于某些重要但尚未有效积累的数据，要根据实际情况，制订相应的

① 这与大数据思维中适当放宽数据准确性要求并不矛盾。虽然在大数据“集”中对个体数据的准确性要求可以降低，但数据集的总体数据质量仍是基础。

收集和积累计划，以不断完善数据内容。要专门针对数据管理建立完善的体系，包括组织、制度、流程、系统，这如同建立量化分析手段一样，是业务变革的重要环节。

银行的经营决策和风险管理需要以数据为基础，客观上要求银行必须努力扩大数据来源。一家银行掌握的数据虽然很多但还远远不够，对外部数据的需求非常迫切。应该说，经过这些年的建设和发展，征信系统在商业银行风险管理中的作用日益突出。征信中心拥有海量数据，这些数据既真实，又有长度，挖掘和使用这些海量数据一定大有可为。比如，国外征信机构提供反欺诈支持，我国征信中心也可以在反欺诈方面有所作为；再如，关于多家银行对同一客户授信可能出现的过度授信问题，征信中心可以与商业银行合作，通过联合开发模型或其他方法，在银行有授信意向时就能判断是否会引起过度授信。另外，征信中心不仅可以提供信用报告查询，还可以提供其他综合性产品，比如行业、区域金融生态分析报告、集团企业关联信息查询、对贷款逾期客户进行预警提示、开发小微企业信用报告特色模板和小微企业信用评分等。如果能够将征信数据与工商、税务、海关、环保、质检、公检法等政府部门的信息特别是违法处罚信息有机整合，将有助于银行筛选有社会责任意识的企业，进一步推进诚信社会建设进程。

曾几何时，中国的银行家未曾真正受到资本的约束，但是现在资本经常让各家银行捉襟见肘。一方面资本不足，经常要补充资本，另一方面，资本浪费极其严重。我们的“资本梦”跟国际领先水平有很大的差距，很少有人在认认真真地使用资本，算清资本账，利用资本创造最大价值。资本管理天然需要与数据结合在一起，尤其是要精确地测算一笔业务占用的资本数量、创造的价值及对应的资本收益情况，需要知道业务本身的风险及业务间的相关关系，以往我们采用一些统计模型，模型合理与否直接影响资本计量结果，大数据则为我们准确计量资本提供了可能，从而提高资本管理精细化水平。

银行家还有一个“内控梦”，就是希望所有的环节、所有流程都是严密、可控的，业务运营是高效、准确的，反馈环节是灵活、敏捷的，决策传导是及时、无误的。但事实上，我们现在所有的银行，尤其是中国的大型银行，在内控方面承担的压力要远大于市场带来的压力。一系列不可思议的操作风险案件频繁发生，说明内控方面的问题比我们想象的要大得多。我们采取了一系列报告方式，希望能够提前发现，及时采取监督制衡措施，但在实践过程中，效果却大打折扣。利用大数据，可以帮助我们及时深入分析员工的异常行为、交易的每个环节，甚至预测可能出现的问题，提前预防，这比传统的内控方法更加有效。

## 五、破解银行家盈利困惑

2008 年国际金融危机以后，银行面临一系列困惑，其中最大的困惑是银行的利润增长到了拐点，未来可能出现利润负增长。面对这种形势，有人认为这是利率市场化的必然产物，只要利率市场化到了一定程度，就会不可避免地出现利差收窄，导致盈利水平降低。为此，我们分析了一些国家的情况，发现利率市场化之后，利差收窄的同时银行的盈利能力也产生了明显的分化，主要原因是面对利率市场化银行经营能力的不同。

例如，在美国和一些发达经济体，利率市场化之后，有的银行息差下降到零点几个百分点，但有的银行却在四个百分点以上。为什么会出现这种情况？这就是银行的经营能力、定价能力、客户选择能力和资产组合管理能力不一样导致的。因此，利率市场化并不会必然导致银行盈利能力的下降，银行的盈利能力主要还是取决于银行本身。在影响银行盈利能力的差异化定价、组合管理等方面，大数据给我们提供了一定的可能性。比如，定价当中最核心的一个方面是风险成本，这取决于客户的选择，完全可以通过大数据分析加以改善。国内学者研究发现，运用机器学习构建定价模型，能有效地学习和训练以数据拟合历史利率的规则，对未来及当前的利率价格进行精准预测，弥补传统定价机制的不足，与此同时，通过对客户行为进行深入分析，也可以有效识别客户对利率和其他金融服务价格的敏感性，实现差别化定价，推动大数据价值转换，释放大数据思维在生产要素配置中的优化和集成作用。

大数据用得好，用得广泛深入，不但能够避免银行出现盈利能力下滑，甚至可以持续提高盈利水平。当前银行盈利下降面临的另一个困惑是关于市场的，人们担心银行市场空间出现了天花板。其实，在市场不变的情况下，如果我们能够找到更好的客户，调整客户结构，盈利的提升空间还是非常大的。此外，市场上还有许多增量机会有待开发：譬如，被我们忽略的新兴的金融需求，比如养老，这是一个巨大的市场。美国的养老金规模，公共养老金和私人养老金加在一起大约 21 万亿美元，比 GDP 还高。国家统计局数据显示，截至 2019 年末，我国现在 60 岁及以上的养老人口约 2.54 亿人，据预测，到 2050 年，中国的养老人口预计要达到 4 亿人。在我们目前收入水平不断提高的情况下，与养老金相关的金融服务需求形成了一个巨大的市场。再譬如，传统银行业务方面，我们的空间也是巨大的[①]。

① 据统计，2020 年末，全国有贷款余额的小微企业户数只有 2 573 万户，还有大约 6 000 万户仍然没有贷款余额；有信贷记录的自然人数量约 4 亿人，还有大量有信贷需求和能力的人从未使用过信贷服务。

# 数据挖掘能力可能是未来商业银行的核心竞争力

银行长远的发展战略，是培养自己的核心竞争力。什么是核心竞争力？有人说是IT，有人说是人才，有人说是客户，总而言之，各有各的理解。核心竞争力最关键的特点是“不可复制”“不可替代”。产品是可以被复制的，客户是经常流动的，这都难以成为银行的核心竞争力，而大数据能力由于其特有的性质将逐渐成为银行真正的核心竞争力。大数据首先是建立在银行自己的数据基础上，不是数据多少的问题，而是各银行的数据不同，在不同数据基础上构建的模型是不可复制的。阿里、腾讯、百度、字节跳动这几个中国互联网的领军企业，他们有合作有竞争，但是彼此之间都无法复制，一个重要原因就是其数据基础不同，分别在电商交易数据、社交数据、搜索数据、内容与用户偏好数据方面占据制高点，由此建立起来的竞争力是难以复制、不可替代的。其次是在自身数据基础上培养出来的人才，也是难以复制的核心竞争力，这些数据分析专家是在特定数据环境下成长起来的，是特有的人才。

## 一、数据挖掘能力成为商业银行核心竞争力的关键因素

实现大数据的重要价值有一个前提，就是要能从纷繁芜杂的数据中去伪存真、找出规律，发现有价值的信息，这仅靠专家的经验和智慧是远远不够的，需要更多地借助数据挖掘技术。在看待数据价值的问题上，通过观察大

型企业在数据运营策略上的做法和企业兴衰可以发现，虽然不同公司有不同的数据运营策略，但有一点共性，要高度重视数据挖掘，通过挖掘实现数据价值。

大型商业银行的客户多、交易量大、产品复杂等特点意味着已经不能用传统的经验对其进行管理，这是大银行与小银行的本质差异。随着大数据及数据挖掘技术的不断发展，大型商业银行将很快迈过传统的部门银行、流程银行，成为“数据驱动型银行”。应用大数据和数据挖掘能力强的银行表现出明显竞争优势。麦肯锡调查了不同行业中运用大数据的企业在过去10年中增长率的差异，对在线零售行业，大数据领先企业收入增长24%、税前利润增长22%，而其他竞争企业则分别下降1%和15%；对信用卡公司，大数据领先企业收入增长14%，税前利润增长9%，其他竞争企业分别增长9%、下降1%。大数据对银行竞争力的影响主要表现在客户洞察、营销规划、产品创新、网点选址、流程优化、人力资源管理和风险控制方面。

波特的竞争理论的核心是，企业要在竞争中胜出，必须获取“差异化”的能力。当行业内的许多企业都提供类似的产品，使用类似的技术，在相同的地点服务同一个客户群体时（国内大型银行的竞争基本是这一格局），高效的业务流程就成了最后实现差异化的关键。许多先前的竞争基础都已不复存在，地理优势已不再重要，保护性的规定已经取消，产品会迅速被人复制，产品或服务中那些突破性创新看上去也越来越难以实现，构成竞争基础的要素只剩下以成本最低、效率最高的方式开展业务，并尽可能制定出明智的商业决策，这必须依赖于大量的数据及深入的数据挖掘，数据挖掘可以支持完善几乎所有的业务流程。数据挖掘做得好的银行的一个共同特点，就是选择一种或几种差异化能力，在此基础上构建其战略，然后运用大量的数据、数据挖掘分析及基于数据的决策方法来支持选定的差异化能力。数据挖掘本身可以使差异化业务能力实现最优，因此天然成为银行战略的重要组成部分。

从实践上来看，内外部管理压力是银行推动数据挖掘工作的客观动力。

在经济高速增长的年代，传统的银行业务为其创造了充足的利润空间，使用传统方法的营销和风险管控手段就能创造巨大的盈利。但随着经济增速放缓、跨界竞争加剧、利率市场化推进、客户忠诚度降低，银行业盈利空间被逐步压缩，面临严峻挑战。首先，客户财富在新的业态下普遍分散，随着移动技术的发展，客户对银行普遍没有耐心且缺乏忠诚度，便利的网银和手机银行可以让客户迅速自如地实现资产转移。其次，优质企业融资的渠道增多，整体信贷资产质量下降，逐步放开的利率市场化导致净利差收窄，银行利润增速放缓。最后，除同业竞争以外，银行也面临来自互联网企业、其他产业资本的跨界竞争，监管机构放宽银行的准入门槛，新兴的民营银行不断涌现。面临这些挑战，如何应用大数据，如何开展数据挖掘，如何驱动新的业务价值增长点，成为当下银行业的热门话题。

## 二、大数据价值实现的关键在于挖掘分析能力

海量的数据不仅是银行的一个金矿而且还是一个富矿，大型银行基本都建立了庞大的数据湖和数据仓库，但目前数据挖掘深度和广度还远远不够，价值没有得到充分体现。对于经营部门，如果真正利用数据挖掘把价值分析中心[①]建立起来，那么客户需求、产品创新就不再是难事，市场响应速度和竞争能力会大幅提升；风险管理部门如果把价值分析中心建立起来，则政策制定、监测分析、监控预警等问题都能得到实质性解决，风险的精确打击能力也会有较大的提升。但目前银行业还缺乏数据挖掘、价值分析的专家，拥有大量的数据无法有效利用是一种巨大浪费。银行应尝试建立一批价值分析中心，培养一些数据挖掘专家，综合各类数据进行分析、挖掘，那么经营、管理决策就会有比较好的支撑，客户细分、交叉营销等精细化管理就能成为现实。

① 在国外领先银行中，建立专门的价值分析中心是共性特征，价值分析中心的工作专注于业务数据的挖掘与分析，发现商业机会，甚至推动业务转型。

现代商业银行各种风险管理的技术方法都是基于数据，各种风险经营和决策，都强调“数据说话”。当然，数据本身并不会说话。如何从海量数据中提取银行风险经营、决策所需要的信息？领先企业都是通过数据挖掘技术来实现的。

越来越多的国际大银行借助数据挖掘技术从海量的数据中将“信号”与“噪声”分离，欧洲一家银行借助图计算技术，将包括科技初创公司、小型制造公司、家庭商店、诊所等在内的小微企业客户的基础特征、产品偏好、历史交易行为等结构化数据与电话记录、电子邮件、语言、图像、短视频、社交媒体评论、行业分析报告等非结构化数据连接，挖掘出数据之间的点边关系和邻接网络关系，在原有数据的基础上，实现了数据升维，进一步挖掘出了客户的价值链、产业链、供应商和客户关系周期等高价值信息。银行业必须要通过对客户海量数据进行深入挖掘，发现市场、风险和盈利规律，有的放矢地确定经营和发展策略。

现代银行与传统银行最大的差别（或者说最大的进步）在于数据的深度利用，数据挖掘已成为现代银行推动风险管理技术创新、提升风险经营能力的驱动引擎。在现代信息技术下，数据对银行来说已经超越了结果记录等传统的含义，成为价值创造的宝贵资源。现代银行特别是大型银行的经营管理活动，很大一部分表现为数据的管理和应用（当然，这些数据管理工作主要不是依靠手工，而是由计算机来完成），其中最核心的工作是数据挖掘，即从海量数据中找出隐含于其中的有价值信息，支持或指导经营决策。

从风险经营的角度来看，数据对于现代银行的意义不仅体现在风险评价、审批、定价、监测分析等方面，而且还体现在对目标风险的识别和市场机会的发现上。举个例子，20 世纪 90 年代，美国电话电报公司（AT&T）要组建自己的信用卡公司，其做法另辟蹊径，它基于多年积累的庞大客户信息数据库，借助数据挖掘，筛选出目标客户群体，然后有针对性地发出营销信函。这种营销策略非常成功，AT&T 一次性获得了上百万的信用卡客户，从而建立了自己的信用卡公司。另一个例子是美国第一资本银行（Capital one），该银行将信息看作是银行的神经系统。基于销售渠道、收入情况、信用评分等维度建立了客户细分评价模型，在严格的数据模型指导下将不同类型客户的风险特征加以区分，从而大幅度提高对违约率预测的准确性。风险管理水平提高使得Capital One能够承受比其他银行低得多的信用卡年化利率，从而吸引了大量优质的低风险客户。从以上两个案例就可以看出数据挖掘技术在现代银行经营管理中的重要作用。

目前还有不少传统银行依然是被动地进行数据统计分析，并没有把大数据技术真正纳入经营决策的过程中，未来银行商业模式的变革中，领先银行一定是将数据和数据挖掘技术转化为自身核心竞争力的银行，如果不顺应这个大趋势，就很有可能丧失“护城河”的保护。比如欧洲银行业的监管机构已经开始要求主要银行向第三方机构开放数据，打造“开放银行”，允许第三方机构在银行开放的接口基础上开发新的产品和服务。银行不再垄断客户的数据，而是要和第三方机构共享数据。西班牙毕尔巴鄂比斯开银行2016年宣布上线Open API平台，为金融科技公司提供接口，该银行成为在2018年前具备交付开放银行能力的欧洲少数金融机构之一。在这种背景下，除少量受高度监管的业务，银行将正面与各类金融科技公司开展竞争，数据分析能力将成为竞争的关键，未来的银行将越来越像数据公司。

## 三、数据挖掘具有更加重要的现实意义

银行的每项工作几乎都可以从数据挖掘中获益。拥有海量数据并对数据进行分析，很多工作将无往而不利。一些数据挖掘（预测）发现的行为特征很难通过传统的手段找到，例如，客户资信程度越低，交通事故风险越高；客户的购物习惯会显示其是否会按期还债；小型企业的信用风险能够通过企业主的消费习惯反映出来。

数据挖掘到底能帮人们干什么？举几个例子，当你在网上搜索一条飞往

北京的航班信息时，同时也会看到网站上出现了北京宾馆打折的信息；通过分析客户信用卡消费习惯，可以为其推荐最有针对性的活动信息；分析建筑企业员工的账户情况，可以找到一些“工头”，进而针对其营销代发工资业务；一个大型企业财务状况的变化会直接影响上游供货企业的资信行为等。

我们通常意义上说的大数据推动银行战略转型、提升运营管理能力、重塑银行企业文化等，其实都是特指通过数据挖掘之后的广泛、深度应用产生的实际功效。譬如，通过数据挖掘推动商业银行的战略转型。新常态下，受金融脱媒、金融科技蓬勃发展、利率市场化改革逐步推进等影响，我国商业银行的经营管理面临巨大挑战，表现为利差逐渐收窄、风险压力加大、市场竞争加剧等。银行转型的关键在于创新，但现阶段我国一些商业银行的创新往往异化为规避监管、实施监管套利的工具，没有以深入挖掘客户内在需求，为客户提供更有价值的产品与服务为主。而大数据正是商业银行深入挖掘既有数据、找准市场定位、明确资源配置方向、推动业务创新的重要工具。再譬如，通过大数据挖掘和分析，银行能够准确地定位内部管理缺陷，制定有针对性的改进措施，建立符合自身特点的管理模式，进而降低运营管理成本，提高效率；同时，借助数据挖掘，还可以帮助银行确保财务透明度，提高计划和预算的准确性，协调日常运营和长期战略目标，预测市场变化对财务的影响，降低成本，准确分析利润推动因素，进而提高盈利能力，实现财务智能。此外，大数据技术还有助于银行更好地了解客户的消费行为、兴趣偏好、个性特征，及时、准确地向客户推荐个性化的产品和服务，提升客户的满意度和忠诚度。通过数据挖掘，还能帮助银行获得更广阔的业务发展空间、更精准的决策判断能力和更优秀的经营管理能力，实现运营智能。

大数据在三个方面深刻影响着银行的企业文化、战略和组织结构。第一，大数据将颠覆传统的价值链，使以前以产品设计、销售为中心的模式向信息时代以客户为中心的模式转变。第二，数据驱动的产业链合作，使银行与其他行业进行密切协作、平台化运营成为可能。第三，大数据使企业的疆界变得模糊，员工和客户的界限逐渐消失，使企业的组织结构发生倒置，企业文化和战略应随之调整。

这里尤其强调依托数据挖掘技术促进风险经营的精细化、专业化。已有理论与实践都表明，大数据技术有助于降低信息不对称程度，增强风险控制能力。银行在原来贷款人提供的财务报表等信息之外，可以对其资产价格、账务流水、相关业务活动等更鲜活的数据进行动态和全程监控分析，从而有效提升客户信息透明度。目前，花旗、富国、瑞银集团（UBS）等先进银行已经能够基于大数据整合客户的资产负债、交易支付、流动性状况、纳税和信用记录等，对客户行为进行 360 度评价，计算动态违约概率和损失率，提高贷款决策的可靠性。国内的头部互联网公司腾讯旗下的微众银行基于其采集的大数据，通过分析客户线上行为的一致性、终端设备、IP、区域等信息，预测客户申请和交易中的欺诈可能性，通过分析客户与客户之间信息所呈现的共性特征，预测群体客户的欺诈可能性，从而最大限度地规避集团性、规模性的欺诈行为。微众银行推出了“白名单”制度，借助腾讯独特的大数据管理与分析能力，实行传统风控与互联网风控相结合，利用社交大数据，建立了五维度综合评级体系，做到即时预测风险、实时调整风控模型、有效降低小额贷款服务中的信用风险和欺诈风险。国内银行在这方面与国际先进银行和头部互联网公司的差距还比较大，尤其是在对客户动态行为数据和外部数据的挖掘方面。例如，如果能够整合客户资金交易过程中的各种备注文本信息（包括资金用途等）、客户所在行业和区域的各类外部资讯信息，结合现有数据，通过数据挖掘技术研究客户的风险行为，识别有风险预警的客户群体，那么将会大大提高现在主要依据事后的财务信息的风险计量模型的有效性。

国外先进银行的经验表明，数据挖掘技术在提高银行风险智能方面具有广阔用途。（1）通过对行内外的海量数据进行挖掘分析，主动打破客户信息孤岛，构建全方位立体的客户信息视图，有效降低银企信息不对称的风险，为经营决策、信贷审查等提供有力支持。（2）提高风险计量的精准度，建立更宽泛的风险预警模型，增加风险预警模型中相关自变量的数量，提高模型精度，有效降低风险计量的误差概率，精确量化客户违约可能性，进一步做好风险预警工作。（3）提升风险的实时监控能力，对客户实施全方位的复合式动态风险评估和深度的相关关系分析，实现风险管理由历史数据分析向客户实时行为分析的转变，及时发现其潜在的风险及变化趋势。（4）为小微企业风险管理提供新的思路。作为传统的社会资金融通主体，商业银行在进行授信业务审核时，往往需要借款人提供标准化的运营资料，比如资产负债表、利润表等财务报表和资金收支情况，以及其他有效抵押品作为履约保障。但是，小微企业运营时间较短，企业财务制度尚不完善，一般无法提供高质量的财务数据，有效抵质押品也较少，这就导致小微企业的风险难以评估，信贷业务也不好开展。通过大数据平台，银行可实时跟踪分析客户的动态行为信息，建立小微企业信用数据库和信贷风险预警机制，为小微企业风险识别和信贷业务开展提供了可能。（5）创新风险管理模式，将风险管理前置，对与银行有业务往来的客户的日常交易、资金流、订单、周期性变化、成交速度和频率等数据进行跟踪分析，精准地把握客户经营和资金需求走向，及时发现风险并预警。（6）提升内部风险防控和审计质效。传统的内部风险监测和识别依赖于审计人员的经验积累和单个样本的归纳演绎，单个样本或行为与整体全貌有一定的偏离和局限性。商业银行利用经年累月的数据积累，结合机器学习等数据分析挖掘技术，尤其是对自身的经营发展状况、业务流程和内部审计的案例等信息，自主学习并识别风险，加入专家经验，从而使风险模型、审计平台得以快速迭代。

## 四、数据挖掘工作的重点是预测

目前，国内商业银行数据工作的重点基本都集中在大量的事后统计工作上，这些工作对外部监管、管理决策确实非常重要，但却无法适应大数据时代的要求。在传统的信息统计工作之外，当务之急是提高数据挖掘能力，重点是提升数据挖掘的预测能力、服务业务发展能力和经营管理能力。

首先，提高预测能力将为银行创造更大价值。正确行动的前提是要有科学果断的决策，如果决策失误或延误，那么行动就不可能取得预期效果，甚至会适得其反。传统意义上的决策方式是依赖于过去，管理者依据以往的经验作出决策。如果能够通过数据发现客户的行为规律并作出科学预测，那么商业决策的可靠性将会大幅提高，银行客户营销和产品创新的针对性就会更强。

预测在银行管理领域已有很多成功先例。20 世纪 90 年代中期，一位名叫丹・斯坦伯格的商业科学家走进了美国大通银行，他要帮助这家银行预测数百万份按揭贷款的风险。大通银行采纳了斯坦伯格的数据挖掘技术，借助其研发的系统来评估、处理大量的银行按揭贷款，精确预测按揭申请人未来的还款行为，由此极大降低了信贷风险并增加了盈利。如果大型商业银行能够预测个体资产的风险变化和价值，将形成不可撼动的市场竞争优势。除了风险管控，在客户挽留领域也有不少案例，美国运通公司基于历史交易数据和客户标签运用高级预测模型预测客户流失的趋势，其澳大利亚分行因此预测到未来 4 个月内 24% 会被注销的账户，并及时采取措施减少客户的流失。

银行客户在日常交易过程中形成了大量的行为数据，例如刷卡交易行为、转账行为、理财行为、网站浏览行为等，这些数据为我们预测客户行为提供了基础。阿里巴巴在第三方支付、支付宝、小额信贷等领域之所以取得成功，除了其良好的用户体验外，最重要的就是他们对客户行为数据进行挖掘，能够预测客户的喜好甚至下一步的行为。虽然现在银行掌握很多数据，例如电话银行记录、客户消费交易记录、网络行为等，但还没有真正整合、使用，也无法借此获得对客户深入的洞察，这是银行与互联网公司最大的差距。如果能够准确预测客户的下一个消费行为，将为银行带来显著的价值，具体体现在：第一，银行如果能向客户提供他们当下急切需要或期望的某种产品或服务，不仅能带来利润，还将明显提升在客户心中的喜爱度，提高与客户的黏度；第二，如果能预测客户的下一个行为，银行将有时间和空间发起组合式营销，加大交叉销售的机会；第三，针对高黏度客户，银行在潜移默化的推荐中能主动引导客户激发新的金融需求。

其次，社会事物往往都具备一定规律，是可以预测的，海量数据的挖掘能力使人类第一次看到预测的曙光。不确定性是人类恐惧的根源之一，也是各类组织机构最为头痛的问题之一。数据挖掘采用关联规则、分类预测、孤立点分析等方法预测未来发展趋势，使人类看到“预测”未来的一丝曙光。借助大数据技术，人类便具备了未卜先知的能力，不仅可以预测自然、天气的变化，而且能预测个体未来的行为，甚至预测某些社会事件的发生，从而让我们的出行更加方便，让我们的生活更加从容，让我们的内心更加淡定，让决策更加有理有据，让社会运转更加高效。2010 年 *Science* 上刊登的一篇文章指出，虽然人们的行为模式有很大不同，但我们大多数人的行为是可以预测的，这意味着我们能够根据个体之前的行为预测其未来的行踪。全球复杂网络研究权威巴拉巴西认为，93% 的人类行为能够被预测。其实，人们或多或少都具备预测能力。譬如中国古代谚语说“八月十五云遮月，正月十五雪打灯”，反映了节日天气之间的呼应关系，虽然现在的科学可能也没有办法完美解释近半年跨度内气象状况间的因果关系，但我国劳动人民在长期的生产实践中却发现了这一规律。自然领域无不服从某些规律，经济与社会领域亦有规律可循。只是过去由于缺少实时记录的工具，人们无法记录下造成某件事情发生的先兆数据，无法去计算其中的相关关系，导致这些规律要么被神秘化，要么被庸俗化。

其实，一切事情的发生提前都会有征兆。人们在买卖一只股票之前会先关注这只股票的行情走势，购买商品之前会“货比三家”，聚会之前会事先联络、沟通，搞活动前会讨论、策划，大雨之前会有闷热的天气，地震前自然界会有一些特殊现象产生。假定有可以记录下所有这些先兆的技术，人们就具有了预见未来的能力。互联网世界的“行迹所至处处留痕”恰恰在服务器上如实记录了人们大量的先兆性行为数据，将这些数据完整地融合到一起，利用大数据技术进行挖掘分析，理论上可以再现每个人的日常生活甚至预测其行为，这就是大数据的力量所在。从这个角度来看，数据对银行经营管理影响之深远，将远超以前所有的技术。

大数定律告诉我们，在试验条件不变的前提下，重复试验多次，随机事件的频率近似于它的概率。“有规律的随机事件”在大量重复出现的条件下，往往呈现几乎必然的统计特性。比如，上抛一枚质量均匀的硬币，硬币落下后哪一面朝上是偶然的，但当上抛硬币的次数足够多后，我们会发现，硬币每一面向上的次数约占总次数的二分之一。同样，在掷六面骰子（质地均匀的正方体）的随机试验中，当次数足够多后，骰子每个面出现的概率大约都是六分之一。偶然性中包含着必然性。随着数据库技术的飞速发展及人们获得数据手段的多样化，人们掌握的数据量急剧增加，能挖掘到的价值也就越来越多。不断反复的实验、日积月累的大数据让人类不断发现各种规律，预测未来将不再是科幻电影里的读心术。最终，我们都将从大数据分析中获益。

IBM 在日本使用“大数据”信息技术成功开发了“经济指标预测系统”，借助该预测系统，通过统计分析新闻中出现的词汇等信息来预测股价等走势。该系统首先从互联网上的新闻中搜索“新订单”等与经济指标有关的词汇，然后结合其他相关经济数据的历史数据分析与股价的关系，从而得出预测结果。据悉，IBM 试验仅用了 6 小时就计算出分析师需要花费数日才能得出的预测值，且预测精度几乎一样。美国 Climate 公司的几位联合创始人是谷歌的早期员工，他们为天气保险的投保人开发了一种自助式服务：农民朋友们可以登录公司的网站，确定特定时间段内需要投保的气温或降雨量范围。公司收到订单后，就会在极短的时间内综合分析天气预报、近 30 年来的国家气象局数据及用户所在地的地质调查数据，并根据气候变化，对分析结果进行微调。根据结果，Climate公司会对意外天气风险作出综合判断，并作为保险商，给用户开出保费，提供农作物保险。投保人如果因为意外天气而受到损失，就能自动获赔。

## 五、数据挖掘能力建设的关键是行动

详细剖析国际上数据挖掘做得较好的银行，可以发现它们有几个共有的关键特征：一是数据挖掘能够支持银行的战略性差异化能力；二是数据挖掘方法及数据管理遍及整个银行，是企业级行为（不是由各个业务部门各自独立开展数据挖掘，而是从整个银行的角度管理数据挖掘工作，将数据管理和数据挖掘作为整个银行的活动，数据也必须是企业共享的）；三是高层管理者倡导使用数据挖掘方法进行决策；四是银行把重要的战略部署在基于数据挖掘的竞争手段上。

诸如Google、亚马逊、Netflix、阿里巴巴、腾讯、京东及第一金融资本等公司，已经将数据挖掘当成其市场竞争的基础，这些企业长期以来密切关注数据。企业高层和主管积极支持并在全员中推动数据应用，这都取得了良好的效果。但是，要在银行推动数据挖掘和大数据应用，没有一条快捷的坦途，有许多工作要落实，包括挖掘工具、挖掘方法、数据、业务流程、计算方法、激励措施、员工技能、企业文化及管理层的支持，其中改变业务流程和员工的行为是变革中最困难的。从成功企业的经验来看，数据挖掘能力建设是一个迭代过程，在持续进行一至两年后，一般就可以开始稳定地获得丰富的数据挖掘知识积累，并能够指导实践工作。但关键是，要下定决心开始行动，制定数据挖掘能力建设路线图，着手开展工作。数据挖掘能力的关键因素包括组织、人力和挖掘技术，开始时要制定清晰的路径，确定聚焦于哪些数据、如何配置数据挖掘资源、努力实现的目标等，根据挖掘的结果调整优化业务流程，将数据挖掘得到的知识转化为实际行动。

以数据挖掘为基础的行动通常要求分析人员和决策人员之间建立一种紧密的、相互信赖的关系。在银行内部，对三类人的数据挖掘技能和数据分析导向要分别考虑。第一是管理队伍，特别是管理层，负责确定数据文化的基调，制定最重要的决策，并推动数据挖掘能力建设；第二是专业的数据挖掘人员，他们收集分析数据、解释结果，并将结果报告给管理者；第三是业务数据挖掘 / 分析人员，这类人数量很多，涉及面广，他们主要的任务是使用数据挖掘结果来提升工作业绩。无论如何，数据挖掘能力建设是管理层的重要责任，如果管理层不支持以数据为基础的决策过程，那么很难集中发挥专业数据挖掘人员的作用。管理层需要非常信任数据挖掘分析，在尊重数据的前提下进行决策，如果管理层对数据挖掘工作不是充满激情，就不可能促使员工改变行为；管理层还应该对数据挖掘工具和方法有所了解，例如知道哪些工具适用于哪些具体的业务，以及工具存在的局限性；管理层愿意按照数据挖掘结果采取行动，愿意重用数据分析精英人员。对专业数据挖掘人员要确定这类专业人员的数量需求，并采取某种程度的中心式组织，创建一个专门团队。

构建一种可持续发展机制，保持长期的数据挖掘能力建设，首要任务是突破窠臼，建立大数据思维。要具有前瞻性，看到大数据带来的深刻改变，面向未来为变化做好准备。一是唤起员工的觉醒，解决人的惰性问题。多数人喜欢维持现状，遵从经验，会对变革产生巨大的抗拒力量。要让员工认识到若不拥抱大数据将是非常危险的一件事情，会在竞争中处于劣势；还要建立强有力的指挥组织，把一些专业人才聚集起来，成立强有力的大数据推进工作小组，了解、支持、运用大数据，并能从职位、内部影响力及所拥有的数据挖掘能力上影响到关键部门和环节。二是培养和招聘合适的人才，包括对大数据深度分析的研究人才和运用大数据分析结果的业务人才。金融服务与产品数字化、货币虚拟化、金融机构技术化、金融监管科技化是未来金融业的主要特征。大数据分析人才应该具备复合化的专业知识体系，拥有金融管理、数据分析能力。三是建立蓝图，提供支持。在非银行金融机构、金融科技公司等积极参与下，金融机构间竞争日趋白热化，大数据分析在商业银行经营管理、客户营销、产品优化、风险防控中扮演着越来越重要的角色。商业银行更应该认识到内外部冲击，为本行大数据发展和人才的培养构建蓝图，提供包含人力、物力、财力的支持。四是制定大数据发展战略，为银行大数据指明方向。在我国目前金融业发展过程中， 出现了大量的新生金融业务，其中，基于大数据分析挖掘的业务系统与传统金融业务之间存在的鸿沟逐渐扩大，数据分析具有更高的复杂性和关联度，实现了快速的业务创新。大数据方向的有效确立，有助于管理部门和操作部门合理转变工作理念，推动银行大数据意识的确立。

银行在选择数据挖掘业务方向时会面临一项选择：是全面发展还是侧重于某个重点领域。调研发现，汇丰银行、花旗银行、巴克莱银行、UBS 银行、渣打银行等都是基于整体视角，选择重点领域，以数据挖掘为具体方式，以解决业务问题为目的，直接切入业务价值目标。在较短的时期内，选择数据挖掘能够迅速实现巨大价值的业务领域，获取业务部门支持并减少阻力。例如汇丰银行，将挖掘重点放在客户管理上，通过整理客户数据，对客户行为进行洞察，为产品定价提供支持；花旗银行也是围绕产品定价，并且更关注营销优化和交叉销售，从数据的角度为业务前端提供支持；巴克莱银行更多关注资本充足情况，对银行现有资产组合进行分析，解决流动性和资本充足率问题；UBS 银行和渣打银行则将重点放在合规和内部审计方面，包括反洗钱和制裁法案，利用数据分析来识别违规交易，避免监管的处罚。

# 良好的数据治理是<br>银行大数据战略的基础

数据挖掘工作能否取得良好成效，除了数据挖掘技术外，最关键的就是基础数据的质量。可以说，虽然大数据时代数据的复杂、多样性降低了对数据精确性的要求，但数据质量仍是数据挖掘工作的生命线，避免垃圾进，垃圾出（"GARBAGE IN，GARBAGE OUT"），需要做大量的工作。

"数据割据、数据孤岛和数据质量"是数据治理工作面临的三个最大挑战。数据割据指的是由于制度设置、地方主义、部门保护等人为干预，导致数据在不同部门独立存储、独立维护，彼此间孤立的现象。由于技术实施、历史遗留问题等形成的数据分散与无法集中共享的现象，称为数据孤岛。许多部门将数据看作是谋取私利的资产，人为设置重重障碍，从而导致数据割据现象普遍存在，如气象部门详尽的天气观测数据，是研究大气规律、做天气预报的第一手资料，这些数据对农业公司甚至金融公司都是非常重要的，但其他单位往往很难拿到完整的气象数据；再如中国互联网产业中，掌握搜索行为数据的百度，掌握交易及信用数据的阿里巴巴及掌握社交关系数据的腾讯，都意识到数据对于未来企业竞争力的重要性，因此，各自为战，不愿分享。这些都是典型的数据割据现象。数据割据造成大数据断层和片面性，使其利用价值大打折扣。

数据质量主要包括数据的完整性、有效性和一致性。数据质量的好坏直接影响数据资产的价值，高质量的数据有助于其所有者在激烈的市场竞争中保持竞争力。但数据质量的解决并非短期内就能完成的工作，需要组织、技术、制度、文化、安全、标准等方方面面的努力。如果真的把数据当成资产对待，则数据质量就是首先要面对的问题。

## 一、提升数据质量必须有完善的数据治理体系

金融统计数据对宏微观决策都具有重要意义。银行业是信息密集型行业，与传统行业相比，信息流对银行经营管理的重要性更加突出。大数据时代，数据逐渐成为银行的重要战略性资产，有效的数据治理、深入的数据挖掘分析成为银行战略竞争的基础，如果数据质量出现问题，可能会产生非常严重的影响。统计数据的决策参考价值在于其有用性、相关性和可靠性，但失之毫厘、谬以千里，越复杂的统计指标、统计方法，往往对数据质量的要求越高，尤其是大型商业银行的数据对宏观金融统计指标影响很大，数据质量的好坏不仅对银行竞争力的提升非常重要，对外部监管、宏观政策制定也有重要影响。数据工作必须将数据质量管理放到最重要的位置，千方百计采取措施保证数据的质量。这不仅是银行精细化管理的要求，也是必须承担的社会和法律责任。

国内外银行先进实践经验及专业机构的研究都表明，良好的数据质量必须建立企业级的数据治理体系，对数据进行全流程管理。大银行数据管理尤其复杂，一是客户、交易的规模巨大，对私客户数量在亿级、对公客户数量数百万级，日交易量超过亿笔，每天都要处理海量的数据。二是数据维度复杂，整合汇总的难度极大，多样化的表内外业务、各类交易对手、不同的交易结构，要按照账户、客户、产品等关键维度进行汇总，支持内外部监管要求。三是机构多，数据采集加工点分散于大量网点和多个业务条线，数十万员工几乎每人都或多或少涉及数据采集，每个采集环节都会对数据质量产生影响，很多数据质量问题都是由于采集环节控制不严。四是数据类型多，数据采集方式多样，银行网点柜台、电子渠道、自助设备等都可以实现

数据采集，结构化、非结构化数据也都成为银行数据管理的重要对象。五是数据共享和整合难度大，业务组件或数据系统的开发常常基于某个独立的业务需求。不同组件或系统中的数据缺乏连续性、标准化、可比性，使得数据在银行内部流动和使用较为困难，数据壁垒高。在这种环境下，如果没有一套行之有效的治理机制对全行数据进行有效管理，就会造成数据不全、质量不高、数据孤岛、时效性差等各种问题，如果说小银行还可以，但大银行已不可能通过手工统计等传统方式解决问题，对外报送、内部管理所需的各类数据就无法按照要求进行提供，会对银行声誉、收益能力产生巨大影响，再多的其他努力也无法挽回。因此，大型银行必须从战略层面提出数据治理要求，落实责任，加强管理，具备良好的管理能力，保证各类统计数据的准确、可靠，为建立数据分析竞争力提供扎实的基础。

目前，国内银行数据治理和数据管控多以国际咨询公司的理论框架或者国际数据管理协会的数据管理知识体系为引导，这些理论难以完全契合国内银行数据行业发展的现状和特性。因此，构建和完善数据治理体系显得尤为重要。2018 年 3 月 15 日，中国国家标准化管理委员会正式发布了国家标准《数据管理能力成熟度评估模型》，该标准正式提出了符合中国特色的数据管理体系和成熟度等级定义。在对国内外相关理论、实践进行充分研究的基础上，结合国内数据行业的特征和发展需要，该标准制定了我国第一个数据管理能力成熟度评估模型，用来指导和规范一个组织的数据管理行为，促进我国大数据行业的整体发展。2018 年 5 月 21 日，中国银行保险监督管理委员会正式发布了《银行业金融机构数据治理指引》，提出了中国银行业数据治理的规范体系。2021 年 3 月，中国人民银行印发《金融业数据能力建设指引》，从数据战略、数据治理、数据架构、数据规范、数据保护、数据质量、数据应用、数据生存周期管理等八个方面确定了二十九个对应能力项，为金融机构数据能力建设提供了全面指导。

当前银行不是缺少数据，反而是存在海量的数据，只不过是这些数据分散在不同系统、不同台账之中，或是数据质量差，或是数据不标准，或是特定的数据缺失，应用难度较大。风险计量建模时缺乏违约、损失的数据，但实际上银行出现违约、损失的情况并不少，比如近几年的衍生品交易，但在建模时经常无法找到相关的数据记录，可能当事人或机构因心存顾虑而不愿或缺乏动力去保留交易违约或损失的数据，但对银行来说，不能通过这些数据建模找到规律，下次可能还会犯重复性的错误。因此，数据基础至关重要。

## 二、建立良性数据循环才能实现有效数据治理

数据治理工作的关键是战略上重视，重点是认责，关键是将数据要求落实到业务流程。一是高管层把数据治理作为战略性工作予以高度重视，在机构、人员和职责等方面给予强有力的支持和推动；二是建立稳定的数据治理组织架构，领导、推动、执行数据治理工作；三是业务部门、技术部门、数据管理部门和分支机构要对数据治理达成共识，建立数据认责体系，各部门共担职责；四是坚定不移地将数据治理嵌入业务流程，在流程中保证数据质量。此外，还要进行持续的沟通和培训，建立专业的数据治理队伍，在全行形成良好的数据文化。

按照财务会计准则委员会（FASB）的研究，信息要满足决策有用性。这种决策有用性既体现在外部监管上，也体现在内部业务管理上。它具有两个核心特征：一是相关性，即需要的信息都能得到，重点是“有”的问题；二是可靠性，数据要真实、准确和可验证，重点是“真”的问题。数据管理能力关键要回答好需要哪些数据、什么时候需要、数据在哪里、谁对其负责、数据是否可信、如何获得等问题。传统上，银行IT系统设计更多考虑的是业务办理，重交易、轻管理，强调资金流而忽略信息流，尤其对管理信息考虑相对较少，没有站在整体的角度看待管理信息及不断增加的监管和内部管理要求等，所以经常发现有些管理数据是缺失的。同时，由于数据管理不到

位，往往形成用户找不到数据、说不清数据、随意采集和制造数据、数据不一致、质量不高的恶性循环。数据治理工作的主要目标是在企业级层面建立起需求统筹分析、规范有效、用户方便获取质量良好数据的良性循环。

国内外银行先进实践表明，企业级数据治理体系应包括数据需求管理、数据标准管理、元数据管理、数据安全、数据模型、数据供应链管理、数据质量管理、数据应用及相应的技术支持环境。这些工作相辅相成，需配以相应的组织和人员保障，形成一个有机整体。

一是统筹数据需求管理，建立企业级数据规范。准确理解数据需求，例如为了满足风险计量需要哪些指标、这些指标口径是什么、需要哪些基础数据项，通过分析，定义好所需要的全部数据项，然后分不同层级对数据项进行规范定义，名称统一、规则统一，并通过逻辑数据模型将数据间的关系表达清楚。规范要在系统开发中严格执行，保证全行数据定义的准确性。

二是制定数据标准。对共享程度高的数据项的属性进行规范，进一步保证数据项在企业级的一致性。数据标准既要严格符合国家标准（例如金标委发布的标准），又要适合银行特点。同时，还要建立起企业级指标体系，统一全行业务指标定义、口径和加工规则。

三是主数据管理。对银行共享性最高、最重要的数据项取值进行统一管理，形成这些数据的“黄金版本”，以此形成全行统一数据视图。

四是元数据管理。对全行数据的业务含义、数据口径、数据间的关系等进行统一管理，支持数据人员在良好的环境中使用数据。一个定义良好的元数据平台对实现数据管理的目标至关重要。

五是数据质量管理。从企业级和系统级等层面建立数据质量管理体系，每一个重要的指标和数据项都有责任部门，有清楚的数据质量目标，建立业务部门、技术部门和信息管理部门间的协同工作流程，将数据质量管理情况纳入考核、监督和监控机制，形成质量管理闭环体系。

## 三、数据治理要有顶层设计、有效执行和数据安全政策

为了实现数据治理目标，银行需对数据治理工作进行顶层设计。顶层设计是指站在战略制高点，从最顶层开始，统筹规划发展目标，从上到下把一层一层设计好，使所有层次都围绕总目标开展工作，集中资源，达到预期的管控效果。顶层设计要以银行的战略布局为依据，紧密结合实际，既要前瞻布局系统谋划，又要尊重现实合理布局，使总目标得以分步实施，整体推进。顶层设计具有顶层决定性、整体关联性和实际可操作性三方面的主要特征。顶层设计最重要的是做好治理架构和流程，自上而下，架构未来，为数据治理指明方向，提升水平，在激烈的信息战中立于不败之地。

完善的数据治理架构是顶层设计的核心。数据治理架构建设是一项综合性、复杂性的系统工程，需要横跨业务和信息领域，纵贯总分行各部门，同时兼顾管理和技术两个维度。一个完善的数据治理架构应对象清晰、目标明确、措施得力、权责明晰、流程高效、运转有序，并以信息技术为支撑、综合运用各种技术手段，实现数据治理目标。数据治理目标应服务于银行战略和业务目标，随着银行战略和业务的发展进行相应调整。因此，需建立适应治理目标演进、权责明确的组织架构，并结合银行实际情况及未来发展需求，制定相关的治理制度。同时，要充分利用现代信息技术手段，提高管控效率，降低管控成本。

顺畅的数据治理流程是顶层设计的关键。数据治理流程的设计应充分考虑到银行的实际情况和外部监管要求，一般包括以下几个环节：数据规划、数据标准化、数据质量管理、数据安全管理、数据挖掘分析和数据应用。在银行体系中，只有严格按照治理框架及流程执行，才能使数据治理工作落到实处，进而推动治理目标的实现。一般来说，数据治理有效执行主要有以下要求。

一是建立健全数据治理规章制度，明确数据治理人员工作职责，明晰

工作流程，全面深入推进精细化管理。数据治理的有效执行离不开高层领导的高度重视、积极参与。同时，各级管理人员及职能部门也应进一步强化意识，做好各自的工作，使数据治理规范运行，形成上下同心、齐抓共管、各司其职、各尽其责的良好管控氛围。

二是通过方法灵活、内容丰富、形式多样的数据治理培训，消除业务人员之间、业务人员与技术人员之间及技术人员之间存在的沟通和理解的歧义，切实提升数据治理人员的业务能力与水平。

三是组建专业、稳定，层级职责清晰、协调配合高效的数据治理团队，使数据治理兼具集中化和专业性。数据治理内容广泛，既包含业务管理，又包括技术管理、信息化等内容，为有效避免数据管控的系统性风险及信息孤岛现象的发生，管理团队与专业团队应相互协作。

与此同时，还必须高度重视数据政策、数据安全及相关的法律风险。一是建立良好的数据政策。由于大量的信息将被数字化处理，并在部门和分行间传输，保护数据安全的政策措施变得越来越重要，这些政策包括但不局限于隐私、安全、知识产权和责任等方面。随着大数据价值的日益凸显，隐私权也越来越重要。因此，如何更有力地保护那些应被当作隐私保护的数据也变得越来越重要。2018 年，欧盟通过了通用数据保护条例（GDPR），其取代了旧的数据保护条例，并提高了违反条例的罚款金额，违法企业将被处以高达 4% 的营收或 2 000 万欧元的处罚。二是高度重视数据安全。近来的一些例子表明，数据泄露不仅会造成个人消费信息的外泄和机密法人信息的外泄，还会造成国家安全机密的泄露。随着严重泄密事件的增加，有必要通过技术和政策手段来解决数据安全问题[①]。美国第一资本银行是较早进行数字化转型的银行之一，可以说是应用大数据营销、定价和风控的先驱。随着其信用卡业务、汽车贷款等业务的猛烈发展，客户数据的积累和数据高度集中

① 2021 年 6 月，《中华人民共和国数据安全法》正式颁布，监管部门也正在修改完善相关个人金融信息（数据）保护办法。

为数据安全管理机制带来了挑战。2019 年 7 月美国第一资本银行数据库遭黑客攻击，约 1.06 亿银行卡用户及申请人信息泄露，不仅损害客户利益，也使得自身股价大跌，受到了社会的质疑。近年来国内的数据泄露案例也是屡见不鲜，知名快递公司、连锁酒店、航空公司等用户数据泄露的事件应该引起足够的警惕。三是关注大数据带来的法律风险，特别是数据资产与其他财产有着本质区别。数据可以完整复制并容易和其他数据结合，同样一组数据可以同时被多人使用，所有这些都是数据区别于实物资产的独特特点。关于与数据有关的知识产权问题必须要澄清：谁拥有这些数据？与数据库相关联的权利是什么？如何界定“正当使用”数据？另外，还有和责任有关的问题：在不准确数据导致负面结果时，谁要承担责任？如果我们购买第三方的数据，这些数据能够合法使用吗？像这些法律问题都需要搞清楚。

## 四、数据治理需要重视的几个问题

随着中国银行业的快速发展，商业银行信息化建设取得了长足的发展和进步，信息技术应用也从单纯的记录、处理业务逐步深入管理决策、风险控制等各个领域，信息技术的管理决策支持作用得到充分发挥，成为商业银行各类经营管理行为的有力支撑。与此同时，商业银行各类信息系统所产生的数据内容日益丰富、数据规模不断扩大，数字化手段逐渐取代了传统的纸质文本，成为商业银行主流的信息载体，银行业资产也多以数据信息形态保存于信息系统内。银行业进入“大数据”时代。银行数据来源于信息系统，与银行信息化建设同步发展。从其形成与发展的进程来看，大致可以分为三个阶段。第一阶段是记录信息阶段。20 世纪 70 年代以前，我国银行还在使用传统的算盘手工核算、簿记记录各类数据。80 年代中期开始，随着商业银行客户数量的增长和业务发展，传统的手工作业模式已难以满足银行业务发展的需要，会计电算化信息系统逐步应用于商业银行经营管理，银行进入信息化建设初期阶段。这一阶段主要是利用计算机模拟手工操作，以实现办公自动化为主，信息系统功能相对简单，所产生的数据相对单一。第二阶段是信息集中阶段。20 世纪 90 年代中后期开始，商业银行进入信息集中阶段。银行通过将所有分支机构的业务数据集中到单一的数据中心，实现对全辖业务数据的统一处理，并开始了应用数据的探索。这一阶段，银行的风险控制、业务创新等能力都得到了很大提升，信息集中奠定了整体审视数据、处理数据、分析数据的有益基础。第三阶段是管理应用信息阶段。随着银行业信息化建设的不断推进，初步形成核心业务系统、管理信息系统的框架结构和功能体系。银行数据不断细分和扩展，系统功能日益复杂，商业银行开始建立统一的数据仓库与数据平台。银行进入整体应用数据信息支持管理决策的新时代。

信息技术的日益发展，改变了社会生活的方方面面，作为信息系统建设和应用的领先领域，银行业初步建立了技术先进、功能强大、应用广泛的信息系统。随着新技术、新应用的不断发展，银行信息系统功能不断完善，应用范围不断扩大，应用层次不断提高，大数据资源逐步形成。但与此同时，受历史遗留因素影响，不同商业银行的信息化水平与数据管理健全程度存在很大差异。有些银行的信息化起步早、发展水平高，多年前就已经完成了数据集中，信息系统较完善，数据治理水平高；有些银行则由于重组、并购等原因，面临着应用系统的统一整合、数据的迁移集中等问题。现实中，制约银行数据管理与应用的问题与难点主要体现在以下几个方面。

一是部分银行管理层未能充分认识到信息系统建设和数据管理工作对银行经营、管理和决策的重要意义，指导思想与建设目标存在偏差，客观导致信息系统建设与数据管理缺乏有效动力。在业务经营发展的短期考核目标下，未能很好地处理短期效益与长远发展的关系，没有在两者之间达到一个和谐的平衡。同时，对决策信息的管理重视程度不足，与发达国家相比，我国银行业信息科技建设投入仍有较大提升空间。据国际数据公司 IDC 统计，2017 年我国银行业 IT 投入占银行收入的比重为 1.8% 左右，而同期美国银行业的这一比重则高达6%。此外，我国银行业IT投入中，软件和服务投入力度不足，从而导致硬件设施不能充分发挥作用。2017年我国银行业IT投入中，硬件投资占52%，IT服务的投资占比39%，软件投资占比仅为9%，而美国银行业硬件投入占比不超过15%，换句话说85%的投资在软件和解决方案上。这种客观存在的对信息科技建设和数据管理重视程度不够的现象难以有效提升数据治理能力。

二是信息系统架构缺乏整体规划与设计，功能交叉重叠，导致数据内容复杂、冗余，内在关联度与逻辑性较低，不利于支持整体决策的数据体系建设和应用。在缺乏整体规划的情况下，银行信息系统建设的“独立性”和“打补丁”问题比较普遍，在银行按部门、条线管埋的模式下，各部门都根据自身的管理内容和职责提出系统建设需求，从而导致许多开发出的系统比较独立，“烟囱”耸立，建设重复现象较为突出，客观上造成系统承载的数据割裂，缺乏联动，形成数据孤岛，难以形成数据资源更好地为经营、管理和决策服务的基础数据框架，进而制约风险、效益、速度、质量等维度信息的综合关联与整合，系统效能有限，不能很好地满足银行经营管理的现实要求与金融市场的发展变化。

三是从数据采集到数据应用的全流程治理机制有待完善，主要信息系统建设不足或功能欠缺，导致决策方式尚未完全实现从“业务驱动”向“数据驱动”转型。突出表现在数据基础质量不高，数据录入不及时、人工输入不准确、数据项缺失等现象客观存在，各信息系统在实施过程中大多只注重自身的数据处理能力，很少考虑与其他系统的数据兼容性，从而在源头上、流程上、应用上造成数据分散、不完整的现象，形成多个数据孤岛，无法为业务部门提供准确有效的信息支持其业务开展。在大多数业已建成核心业务系统的银行中，受核心业务系统功能不足及相关管理系统建设不足的影响，难以在会计、交易数据之外形成管理决策所需的基础信息，从而造成管理决策主要还是基于定性判断，定量分析较少，决策过程尚未完全实现从“被动式”

向“预判式”演变。

四是经营管理与信息系统未能有效结合，造成信息系统未能有效发挥经营管理决策支持作用，制约银行有效管理和应用数据能力的提升。银行的经营管理部门与信息科技部门并不是相互独立的个体，但在现有的银行管理体系之下，两者职责割裂，部分银行的信息管理系统由信息科技部门单独完成，业务经营部门参与较少或不参与，导致规划不够全面，并在完成后得不到有效实施和应用。熟悉信息系统和数据结构的信息科技人员难以深入理解数据的业务内涵，而熟悉数据内涵的业务人员难以充分理解信息系统，管理职能的割裂客观形成产生、存储、管理、加工、解读与应用数据的壁垒，制约银行经营管理能力与数据应用能力的提升。

五是有效的管理组织架构的缺失，客观上造成统一的数据治理体系建设不足，不利于在整体层面建立高层次决策数据的整合渠道。在条线管理、缺乏有效的管理组织架构下，银行的各管理条线间缺乏横向的协作沟通，部门之间在资源共享、系统支持等方面都存在不同程度的割裂和不相容，数据整合与协调运转成本高、效率低，综合运用整体信息的风险管理、信息管理能力不足，同时具备数据挖掘分析能力、沟通表达能力及决策和管理能力的复合型人才较为稀缺，难以快速地对海量数据进行有效整合，并从中筛选出有效信息进行分析、汇总，进而不能为高级管理层提供及时、高效的决策数据服务，制约为高管层提供决策所需信息的能力。

## 五、正视内外部环境的挑战

总的来看，近年来我国大型银行数据治理工作有了很大的变化和提升，但外部经济环境、监管改革、内部管理要求都在不断变化，数据治理工作面临一系列新的挑战。

首先，我国大型银行在成为全球系统重要性银行后面临新挑战。根据巴塞尔委员会一系列公告，中国几大银行都被列入全球系统重要性银行。作为受到国际重点监管的大型商业银行，不仅有增加资本的要求，还会对银行的基础工作，特别是数据管理带来极大的挑战。[①]巴塞尔委员会对全球系统重要性银行的数据治理和IT基础设施提出了高标准的要求，包括数据的准确性、真实性、完整性、及时性、适应性，并对数据报告的精确性、综合性、透明度、报告频率和报告审查等作出具体的规定，全球系统重要性银行需定期向巴塞尔委员会报送上百张报表，这些报表都是在交易对手维度并涉及复杂产品和交易，对数据处理和报送的专业要求很高。与此同时，对银行信息披露、资本充足状况等方面也提出了更严格的监管要求。作为全球系统重要性银行，每年度还要编制RRP（恢复与处置计划），也就是"生前遗嘱"，还要求识别并采集影响银行稳健经营的各类指标，并对指标进行压力测试，这都需要大量数据的支持，是对数据处理、分析能力的考验。如果这些数据质量存在问题，则可能严重影响到银行的国际声誉，之前已经有一家国际大型银行因为数据错误被全球通报的先例。这是数据治理工作面临的重大挑战。

其次，外部监管数据化要求快速提高。国际金融危机后，国内外监管机构越来越重视透过数据进行监管，逐步从业务监管转变为数据监管。数据如果失真，或者不准确，报送不及时，监管机构就很难准确判断出某家银行的资本充足率程度、风险到底在哪里。而且，现代商业银行的业务复杂，规模巨大，监管机构根本不可能靠过去人盯人的形式进行监管，也不能完全依靠程序化的监管，更多要靠对银行的数据进行识别和分析，从而发现问题。中国金融监管部门对数据质量管理良好标准的要求与国际监管的倾向一致，都对数据提出了更高的要求。[②]现阶段，如果分行经营出现违规，银保监局会进行通报，而将来的监管会更多地聚焦于数据层面。未来监管机构对数据的

① 2013年巴塞尔委员会发布了《有效风险数据加总和风险报告原则》，要求全球系统重要性银行应于2016年1月或入选3年后满足其中各项要求。

② 银保监会大力推动监管标准化数据（EAST）报送，中国人民银行建立了金融基础数据库报送制度，商业银行报送数据范围、粒度、数量级都迅速增加。

监管可能会比对资产、负债、风险的监管还要严格，对数据管理工作的时效性、全面性、准确性提出更高的要求。

最后，银行自身经营发展转型对数据管理提出了更高的要求。近年来，大型银行自身经营发展也面临一系列的困难，未来的转型和发展对数据管理工作提出了越来越高的要求，而目前的数据管理工作尚不能满足这种要求。中国银行业尤其是大型银行，面临着几个突出问题：一是盈利能力尤其是利润增长速度在下降；二是资产质量面临巨大压力；三是在客户层面，随着互联网金融的崛起和大数据技术的变革，“二八原则”似乎已不再适用，大量尾部客户价值贡献正在增大，对客户市场形成了巨大的压力。如何有效化解风险、降低不良资产率、提升盈利能力和客户价值贡献是商业银行亟须解决的问题。如果我们还是用传统的方式来营销客户，只能事倍功半；用传统的方式来控制风险，会力不从心。同样，也很难通过传统的方式来寻找利润增长点来缓解盈利下滑的压力。因此，商业银行要从过去的粗放经营转向集约化、精细化经营，就要依靠大数据和数据挖掘，精准地知道目标客户的需求，并向其提供个性化的营销建议；要通过大数据技术实现对尾部客户的低成本开发和维护，增加他们对银行的价值贡献；要根据数据挖掘分析来控制风险，实现早发现、早识别、早处置。从内部数据挖掘的角度看，如果我们的经营管理能做到更精细化，那我们的利润增长是可以得到保证的。在向集约化、精细化经营的转变过程中，数据应发挥重要的支撑作用，数据管理工作不是简单的数据汇总，而是全面的转型管理，商业银行必须清醒地认识到所面临的挑战与机遇。

应该看到，目前大型银行数据管理工作与国际领先银行相比还有很大差距，自身问题不容回避。与国际领先银行相比，我国银行在数据理念、数据处理能力、数据挖掘分析及专业人才队伍建设方面还有一定的差距：一是在数据理念方面。很多国际领先银行是数据驱动型银行，银行的战略选择、经营决策、客户营销甚至是产品设计都是由数据驱动的，是先有数据，后有判断。干什么，为什么干，怎么干都取决于数据。而国内银行很多业务部门和基层机构过多地依靠经验决策，还没有认识到数据挖掘对业务转型和绩效提高的作用。数据尚不能驱动决策，还只是在辅助管理决策。二是在数据处理能力方面。包括数据标准化、非结构化数据转化为结构化数据等的能力方面存在差距。三是在数据挖掘分析方面。数据经过反复加工才更有价值，而国内银行数据加工的深度和层次都非常有限。四是在专业人才队伍建设方面。国际领先银行都有一支庞大的数据分析专业队伍，在产品营销、价值创造和风险控制等方面发挥了重大作用。美国银行、美国第一资本金融公司等国际金融机构很早就在公司内部引入了首席数据官的岗位，但是当前国内的大部分银行依然没有设置该岗位。相对于首席信息官来说，首席数据官是公司数据资产运营和管理的直接负责人，其职责是使数据管理独立于业务系统开发的过程，并推动数据资产价值最大化。五是在数据文化建设方面。应建立良好的数据文化，强化使用数据意识，遵循依规使用数据、科学使用数据的职业操守。我国商业银行已经意识到自身存在的差距，加大了大数据人才的培养和引进力度，争取迎头赶上，这是银行成功转型的重要基础。

面对差距和挑战，国内大型商业银行必须奋起直追，全面提升数据治理能力。目前国内对数据运用最好的行业是电商，像阿里集团已经实现了数据化运营；一些国际银行在数据运用方面也走在我们前面，如花旗银行，已经将数据分析作为营销过程不可分割的一部分，任何一个营销活动都必须进行严格的数据分析，据说其收入中已经超过一半来自数据分析。良好的数据治理能力应该有以下几个特征：基于数据全面改进和优化客户营销、产品创新、风险管理和营运流程，在全行形成使用数据说话、使用数据解决问题的工作习惯；有业界领先的数据处理和分析能力，能够对行内外、结构化和非结构化数据进行及时深入分析，有一支能力强的数据分析师队伍；有丰富的高质量数据资源，优秀的数据治理体系，消灭数据孤岛，数据在全行范围内有效共享。因此，为提升数据治理水平，要尽快完善数据基础建设，建立企业级数据资产视图。实现对全行数据资产的统一管理，帮助用户了解有什么数据、数据在哪里、数据是什么含义，解决困扰业务部门多年的数据缺失问题。根据用户需求制定一些通用的、满足特定用户的信息界面，方便用户使用数据。

# 数据驱动正在改变商业银行的未来

客户流失、存款搬家、信用中介脱媒，在金融媒介多元化竞争中，面对快速变化的市场和客户需求，传统商业银行一度表现得难以适应。因此，有人预言商业银行将成为“21世纪行将灭绝的恐龙”。面对危机，如何做一只“渡过冰河期的恐龙”，值得我们深思。商业银行的传统经营模式会随着市场和客户的进化而进化，未来商业银行的形式和承载内容将迥异于当今。加速“数据驱动”基因的进化，是传统商业银行安然度过“冰河期”的关键。

从发达国家银行发展经验看，通过深入挖掘分析客户真实需求、提供更有针对性的服务，就可以大幅提高盈利水平，这是体现数据挖掘价值最直接的方法。麦肯锡数据显示，以大数据推动的客户精益管理、流程、客户体验再造，实现了银行15%~25%的收入增长；根据交易数据、需求预测和前线人员的实时匹配，释放产能，降低了前后台5%~15%的运营成本；新建的大数据预测系统削减了30%~35%的不良贷款流入总量和15%~20%的风险加权资产（RWA）。

国内银行也在行动。工商银行通过收集全行风险大数据并挖掘处理，研发投产风险客户“三维立体”全景视图，从客户基本信息、风险信息、历史资产处置信息三个维度展示客户画像。农业银行携手中兴通讯打造大数据平台助力金融创新。中国银行以“数字化”为主轴，搭建两大架构，打造三大平台，聚焦四大领域，重点推进28项战略工程。建设银行在转型中也明确提出大数据战略，并在上海成立了企业级的数据分析中心。交通银行在年报中已经明确，金融科技投入占比营业支出要提升约10%，金融科技人才占比也要从约 5% 提至 10% 以上。

## 一、数据驱动型银行正在走来

最近几年我一直在关注未来的银行是否真有可能是数据驱动型银行。我们注意到一些领先银行正在向数据驱动型银行转变，他们在数据收集、处理分析及数据运用方面走在业界前列，营销是数据驱动的，通过数据指引找到潜在客户；风险管理是数据驱动的，通过数据准确定位风险点。从实践效果来看，数据驱动型银行比普通银行竞争力更强。西方很多银行在数据处理、分析、应用方面处于市场领先地位，其市值变化也是惊人的。美国的摩根大通银行被波士顿咨询公司评为 50 家最具创新企业，其以客户为中心的数字化经营改变了业务经营模式，并获得了巨大的经济效益。截至 2019 年末，摩根大通银行的资产规模达 2.69 万亿美元，净利润 364 亿美元，总市值 3 132 亿美元。“客户是业务中心，数字能力关系银行生存”是摩根大通的基本认识，在数字化转型，扩大数字化能力方面不惜成本加大投入。在营销方面，通过复杂分析和个性化策略模型帮助投资顾问建立更智能的投资组合，在风控方面提供可疑欺诈行为分析和欺诈行为模式侦察，此外，摩根大通还投资了包括数字资产、区块链、可视化技术在内的 100 多家金融科创公司。2017 年西班牙桑坦德银行以 752.88 亿欧元的市值成为欧元区第一大银行，能够取得如此成绩，得益于其持续的数字化之路。2014 年起，西班牙桑坦德银行与大数据管理公司合作建立了“云 +API+ 敏捷”的大数据基础架构平台，可以支持桑坦德银行所有工作负载，包括自助服务分析、运营分析和数据科学。经过对交易数据和历史数据的分析，找到了新的商机，简化交易流程，检测恐怖主义融资、洗钱和人口贩运等，该平台提供了前所未有的客户洞察力和业务价值。

应该说，数据驱动理念已经被银行界广泛接受，并演化出了数据驱动客户关系管理、数据驱动营运管理等细分概念。近年来，数据驱动已经进化为一个企业级的、更广泛的概念，即数据驱动决策型企业。作为商业模式的数据驱动型银行，其特点是引入具有前瞻性的数据分析，重点关注已经发生了什么、可能会引发什么、最好情况下会发生什么、怎样才能达到最好结果等，以便提供更多有效信息对银行决策进行指导。因此，要成为数据驱动型银行，必须要有一套完整的数据价值体系，涵盖数据收集、整理、分析、报告到转化为决策建议的流程，更重要的是这些结果能够被决策者使用，用以做出科学决策。

在观察研究中，我们发现成熟的数据驱动型银行至少应具备三个特质，即无所不在的数据驱动理念、高质量的数据资产和重新定位的数据管理部门。

无所不在的数据驱动理念是数据驱动型银行成功运营的前提。从实践看，全球诸多银行都看到了数字革命带来的业务增长机会，纷纷发布数字化转型规划，但在实施过程中却困难重重，有技术的问题、数据的问题、人才的问题，但最主要的是理念和文化问题。银行往往满足于局部业务的客户画像、产品设计，中高层管理人员还未摆脱以往依靠经验或直觉判断的习惯，缺乏数据敏感性和深入分析事实的正确技能，还没有建立数据资产的价值认知，也没有能力围绕数据重构业务价值链。而数据驱动型银行则不同，顶层设计的"技术咨询委员会""数字创新实验室""数字卓越中心"及各级"数字"管理人员和员工保障了数字战略的有序实施；"数字化转型""数字化一切""数字和移动优先"等战略深入每一位员工。因此，成熟的数据驱动型银行不仅会将数据列入银行顶层战略、制定转型路线图，而且会从组织架构、财务和人力资源、技术与数据储备等方面予以充分保障，更关键的还会引导银行的"数据文化"，培养"基于数据分析进行决策"的工作习惯，形成"自上而下、人人用数、精细管理、持续改进"的良好氛围，以及对"数据资产"的广泛价值认知。

高质量的数据资产是数据驱动型银行的基础。成熟的数据驱动型银行视数据为核心资产，对数据质量提出了更高要求。将数据作为“核心生息资产”来看待，是近年来的事情。对于中国大型银行而言，虽然拥有的数据量很大，也很有价值，但是尚未被纳入资产负债表核算，数据资产观尚未形成。前瞻性观察，数据资产可能会影响大型银行发展的战略方向，不同的数据资产会产生不同的战略选择和商业模式；拥有独一无二的数据资产的银行，将会获得难以置信的发展速度，孕育出令人叹为观止的商业价值；数据资产的管理和使用将成为银行经营中的核心内容，那些拥有优质数据资产、深度挖掘分析能力的银行，可以将数据优势转化为竞争优势；银行价值将与其拥有的数据规模、运用数据的能力成正比，资金、人力、渠道等传统经营要素需要根据数据要素进行重新优化配置，数据资产成为未来驱动银行业务价值发现和创造的新动力。

重新定位数据管理部门则是数据驱动型银行的必然发展趋势。作为数据驱动型银行，银行决策者必须将数据分析纳入银行决策流程，并依据数据进行评估决策。随着数据资产价值的凸显，以及数据收集、存储、挖掘、运用等对业务发展和风险管理的日益重要，数据管理部门正在由后台支持服务部门演变成为银行运营的核心部门。目前已经到了重新定位数据管理部门地位的时候了。在领先的数据驱动型银行，以数据分析为基础的经营决策过程通常要求分析人员和决策者之间建立一种紧密的、相互信赖的关系。管理层负责确定数据文化的基调，并推动数据驱动能力建设；专业的数据科学家进行复杂数据分析，并将结果报告给需求提出者；一线业务人员的主要任务则是使用数据分析结果来提升工作业绩。大型银行往往会设有首席数据官或首席数据科学家，协助高管层分析银行内部数据问题，通过设立数据卓越中心或创新中心引领银行数据科学的发展。可以肯定，业界共识与自觉行动必将深刻改变银行业的形态，甚至引起金融市场结构发生重大变革。

数据驱动型银行会产生前所未有的数据需求，既包括大量的内部结构化和非结构化数据，又要广泛引入外部的结构化和非结构化数据，尤其是对实时交易数据、政府部门公共服务数据、跨界数据等提出了更迫切的共享需求。银行业亟待提升的数据管理和分析应用能力，产生了包括异构数据存储、非结构化数据处理转换、海量数据挖掘、数据可视化、大数据分析工具在内的专业技术需求。数据战略的实施需要多层次专业人才队伍作为支撑，需要对银行领导层开展大规模的数字化培训、对数据管理部门领导人进行全面的业务培训，既需要在内部培养数据分析人才，又要呼唤专业化、商业化的数据服务市场与相关的专业人才市场，数据驱动型银行将产生大量的外包及外购服务需求。

在一个大型经济体内，大型银行一旦确立了数据驱动型商业模式，将引发金融市场结构性改革，不仅会产生大量的与数据相关的全新金融供给主体，比如数据收集、存储、加工（为满足特种需求的建模、深度挖掘）的专业公司，数据化的金融产品也会屡见不鲜，更重要的是还带来了一系列的金融监管课题，包括怎样完善数据收集与交易法律法规、金融风险监测与识别的方法变革等。当然，我们既要看到这是一种趋势，更要看到数据驱动型银行的形成并非一日之功。数据是要不断积累的，简单花钱是买不来的，人才是要自己培养的，数据资产只有在不断挖掘中才能更有价值。譬如，困扰银行业数据驱动发展的一个突出问题是数据质量无法满足分析效率的要求。为此，中国某家大型银行历时六年，建立了业内领先的企业级数据管理和数据应用体系，完整定义 8 万多项数据规范，实现了从创建到应用的全流程数据治理，全面夯实了数据基础。但从实践看，“全员数据质量管理”的理念还需进一步深入，数据质量仅仅局限在内外部数据的准确性、完整性和一致性，在数据的颗粒度、时间跨度、连续性和及时性等方面，距离数据驱动型银行的要求还有较大差距。

## 二、商业银行正在推进数字化转型

银行与数据具有天生的亲密性，传统意义上的银行就是数据型企业。波士顿咨询公司研究表明，在主要行业中，银行是数据最密集型的行业，客户的存款、贷款、理财产品、基金、交易从本质上来说就是存储在银行系统中的一组组数据。正是由于产品和业务的天然数据属性，银行业具有数字化转型的先天优势。

与此同时，数字化时代，传统银行业正经历巨大的挑战，无论是经营理念、金融产品与服务，还是客户的金融需求都发生着日新月异的变化。据波士顿咨询公司 2015 年对银行业客户的调研结果显示，超过 70%的客户认为数字能力是评估银行对公服务水平的关键因素之一。在这种背景下，商业银行的数字化转型战略刻不容缓。商业银行的数字化转型战略涉及几乎所有的业务部门和科技部门，是前、中、后台整个流程系统的重塑，是传统银行一次高难的“组织进化”。

### （一）前台：更加个性化、智能化的交互体验，渠道走向协同化

对银行前台而言，与客户的交互是最重要的。回顾金融市场发展历史，公司和个人金融消费者多年来都有一个梦想，就是“随时随地”“随心所欲”地享受金融服务。“以客户为中心”的个性化交互能够解决客户的具体问题，了解客户的实时金融需求，因而更具个性化、人性化。银行前台的转型具体可以体现在以下几个方面：客户体验优化、营销服务的个性化与智能化、渠道协同化。

客户体验优化。随着科技的快速发展和人们行为模式的改变，客户的需求发生了巨大变化，客户期望银行能够提供更为便捷、更加自由安全及个性化的金融服务，由于银行以往的流程基本上是以银行自身管理为中心设计的，客户的体验没有得到足够的重视，这给银行带来巨大挑战。因此，银行应梳理客户与银行交互旅程中的“关键时刻”和痛点，寻找线下和线上渠道的结合点，优化产品和服务流程，将线上服务和线下服务无缝对接，重构与完善业务流程，全方位满足不同客户的多层次需求，优化客户体验，构建高

效人性的“客户旅程”。

营销服务的个性化与智能化。随着金融市场化改革的加快推进，愈演愈烈的市场竞争对商业银行的市场营销提出了新的挑战，客户多样化和个性化的需求与广泛撒网式的传统营销模式间的矛盾日益凸显。个性化营销通过大数据对客户行为与特征进行分析、作出预测，实现客户细分并有针对性地开展营销服务，提升效率。依托“以客户为中心”的场景化业务流程打造的“智能服务模式”，为客户提供了更加快速、准确的交互体验。未来，随着深度学习算法、大数据分析等前沿科技发展到更高水平，更高级别的人工智能将会出现，能够为客户提供更专业、更精准的金融服务。

渠道协同化。渠道是客户与银行的接触点，银行通过渠道把服务送到客户手中。随着移动互联网的发展和智能终端的普及，移动化的在线渠道成为各方抢占服务水平制高点的竞争领域，同时，也是让客户体验到无处不在的金融服务的首选。移动支付成为金融便民、利民的重要途径，但同时也应注重各渠道间的交融和协作，通过全渠道触点捕捉客户的意图与客户进行互动，使客户无论是通过网点、移动设备还是社交媒体，都能享受高效、便捷和智能化的金融服务，都能有一致的体验感受。

### （二）中台：统一产品和用户管理，提升财务管理的精细化水平，做好数据分析应用，优化风险控制及运营

以移动支付、云计算、大数据和人工智能等为代表的新技术的迅猛发展，使商业银行不得不直面金融科技带来的新挑战；与此同时，人民币国际化、利率市场化、金融脱媒等推动金融市场不断变革。银行要有效应对这些新变化，就要进行中台的转型。未来银行中台转型主要体现在以下几方面：设立专门的产品管理部门、精细化的财务管理能力、做好数据分析应用、风险管控优化及运营优化。

设立专门的产品管理部门。西方商业银行普遍采用事业部制的组织架构

形式，在事业部内部，采用产品线管理模式，专门设立产品管理部门，负责产品的研发和管理等。产品管理部门与市场部门、核算部门等相互独立。目前，我国商业银行普遍未设立专门的产品管理部门，产品管理的职能由各专业条线分别承担，缺乏统一的规划管理，导致许多问题，如产品和客户信息等在部门之间没有实现共享，各部门间的工作得不到很好的协调，组织效率不高；一些综合性产品的部门归属不清，成本分摊、收益核算不到位等。为此，商业银行应成立跨部门的产品管理委员会，负责产品的整体规划、战略管理等工作。通过强化部门间的沟通协作，充分发挥不同业务条线、不同产品部门的整合联动优势，为客户量身定制个性化、综合化的金融服务方案，形成产品交叉销售工作协调机制，提升市场竞争力。

精细化的财务管理能力。去中介化、泛金融化时代，我国商业银行的利润增长面临巨大的挑战，因此，商业银行在经营发展中，除做好“开源”工作外，也要做好“节流”工作。通过精细化管理，加强全面成本核算和控制，优化财务资源配置，力争财务资源投入产出的最优化和最大化。同时，优化财务收支预测模型，在财务变量变化时可以得到可靠的预测结果，为财务预测提供强大的技术支持，使其成为财务管理者的重要智力支撑，财务管理工作由“重过去”向“看未来”转变。

做好数据分析应用。长期以来，商业银行在业务发展过程中积累了海量的客户信息、交易信息等各种信息。这些信息是银行的宝贵资源，是“金山宝藏”，未来的银行是数据驱动而非资金驱动的银行。利用数据挖掘技术提升银行客户洞察，有助于合理细分客户，预测客户生命周期，作出更加准确的决策。同时，在不泄露客户隐私的前提下，银行可以根据业务需求，积极探索与第三方合作，引入外部数据，实现资源整合和优势互补，建立更加完整的大数据客户视图。如各种社交媒体、电商网站中都蕴涵着大量的潜在银行客户数据，银行可以从中了解客户需求、消费特征、兴趣爱好等，丰富客户画像信息，打造创新性的盈利型客户关系。数据中台具备数据汇集聚合、数据提纯加工、数据服务可视化和数据价值变现四个核心能力，把业务信息转变为数据生产力，同时数据生产力反哺业务，不断迭代循环的闭环过程，从而完成数据驱动决策、运营。

风险管控优化。银行的本质在于经营风险、创造价值，因此对风险的管控是其必须处理的问题。面对日益复杂的市场环境，银行要防控风险，遏制不良贷款的上升，并在未来的市场竞争中保持优势，就要改变粗放式、被动式的管理模式，建立一套整合的、主动的、全面的风险管理体系。大数据分析极大丰富了风险控制和尽职调查的手段，通过大量数据信息来支持风险识别、防控能力与管理水平的提升，实行现场调查与非现场数据信息挖掘分析相结合、历史数据规律与实时模型管控相结合模型筛查与经验判断相结合等为重点内容的风险管理创新。

运营优化。银行通过运营来履行对客户的现金管理、资产托管、资金清算、支付结算和账户管理等基本职能，银行运营效率和质量是影响银行业绩的关键因素之一。面对同业产品、服务、渠道、系统等飞速发展，银行须契合发展战略要求，建立全方位数据体系，利用大数据决策系统对海量数据进行分析，帮助银行提高运营效率，改善运营质量，实现运营活动效率和效益的统一。同时，要加快运营集中化、标准化、专业化和市场化建设，支持机构网点全面、专业和全球一体化的服务，使基层网点得到全行资源支持，业务处理提升到即时化、同步化和交互化。此外，风险防控上，要形成内外服务防控一体化，使风险防控实现系统化、实时化、立体化。

### （三）后台：及时引进新技术，做好组织和人员配套

21 世纪以来，商业银行的市场竞争压力越来越大，如果银行不能及时引进新技术，做好组织和人员配套，很快就将被对手超越。银行转型需要强有力的后台支撑，后台转型集中体现在以下几个方面：基于云计算的平台、基于区块链技术的系统解决方案、基于物联网的银行组织与人才。

基于云计算的平台。云计算不仅仅是简单的服务器和存储租赁，更深层次的是，它提供了一种灵活、敏捷的以客户为中心的业务模式，是商业银行节约成本、提升效率和驱动创新的有力武器，越来越多的银行开始实施云战略。云计算主要可以带来三个方面的创新：一是支持运营创新。云计算可以通过简化流程提升内部效率，降低复杂性以便于管理更多的数据。二是支持业务模式创新。通过建立起更广泛的生态系统，第三方服务可以扩展到银行生态系统，从而扩展开放式协作和信息数据共享，便于引入外部创新因素。三是支持收入模式创新。在云计算平台上可以创建新产品和服务，或创新式地利用新渠道或支付模式，可更加便捷地引入合作伙伴。

基于区块链技术的创新解决方案。在金融市场中，一批勇于进取的开拓型企业已经率先采用区块链解决方案，而商业银行对区块链的关注点则集中在支付领域，尝试构建一个扁平的一体化清算支付体系。此外，银行还尝试在数据确权、资产管理等方面进行区块链的应用研究，如利用区块链带有时间戳、可追溯、不易篡改的特点，对接核心客户数据库以保证数据真实。

基于物联网的银行。物联网实现了物物、人物之间的信息交互和无缝对接，重构了目前的金融信用环境，改变了传统银行业在信贷业务、支付业务等方面的逻辑思维。借助物联网技术，商业银行可以实时动态掌握贷款企业的生产经营行为信息，包括采购、生产、销售等，依此对客户贷前评价、贷中审批及贷后管理进行可视化、智能化、科学化管理，降低违约风险，促进银行信贷工作质量的提高。物联网通过电子感应系统与抵质押物相关连，可以实时关注抵质押物的状态，有效解决由于信贷人员无法长期实时关注检验抵质押物而造成风险系数上升的难题。在个人金融服务领域，基于物联网技术的移动支付业务快速发展，但这种移动支付往往是通过消费者的主动行为实现的。未来将会出现更加便捷的支付手段，即在支付授权的基础上，实现自主支付。

组织与人才。大数据时代，客户的金融需求已经发生了深刻变化。用户需求更加多元化，注重产品内涵的有趣、个性化、定制化元素，因此，银行的组织需更加扁平化，更多采取跨部门协作，推进金融创新，提升服务效能。目前，很多银行已开始尝试与外界合作成立金融科技联合实验室，探索前沿金融科技创新，如工商银行与京东金融启动全面合作、建设银行与阿里签署战略合作协议、农业银行与百度成立金融科技联合实验室、中国银行与腾讯携手成立金融科技联合实验室等。数字化转型需要完全不同的产品和服务理念，需要培养一代全新的人才。为此，银行一方面需要招募更多的跨学科人才，实现商业、技术、数学、行为经济学及社会学等多学科的融合，以满足日益增长的复合型人才需求；另一方面，需进一步完善激励机制，让优秀的员工得到更多的回报，以便吸引和保留具有不同背景的人才。

## 三、期待“更敏捷、更智慧、更友好”的金融实体

银行业在经历了分别以实体网点、网上银行为核心的 1.0 和 2.0 时代后，3.0 时代的银行将形成一个无处不在的服务环境，以人为核心提供不依赖物理设施的个性化实时服务。届时，消费者将可享有一种更加实时、按需、全在线、自助服务和社交化的极致互动体验。

3.0 时代，银行业要利用金融科技，依托大数据、云计算、区块链、人工智能等新技术，借助数字化转型，创新服务方式和流程，整合传统服务资源，联动线上线下优势，通过“产品智能、用户智能、风险智能、营运智能”，打造一个更敏捷、更智慧、更友好的金融实体，提升整个银行业的资源配置效率，更先进、更灵活、更高效地满足客户和社会需求。

2018 年，布莱特·金再次提出了银行 4.0，与 1.0、2.0、3.0 时代不同的是，4.0 时代开启了全新的世界，人工智能、现实增强、语音识别设备、穿戴智能设备、无人驾驶、5G 通信等创新型技术手段发展和普及，将使银行业务的效用和体验向完全脱离物理网点和以物理网点为基础的渠道延伸；将使银行业务的效用和体验不再依附某个具体金融产品，直接嵌入我们的日常生活场景中。

### （一）产品智能

产品智能是指产品维度的智能化，包括产品设计、产品营销、产品推送等，产品设计不能闭门造车，产品营销不能一刀切，产品推送更不能海投，所有的这些都应基于大数据分析，要有针对性。未来的银行产品将是个性化的，当客户通过各种不同渠道接触银行时，系统将自动调用客户数据，计算其综合金融评分，全方位考量其风险，据此推送个性化而非同质化的产品。

国内银行在产品智能领域进行了积极的研究和探索，并取得了一定的成果。如招商银行运用大数据推出 360 度全视角“收支记录”功能的 APP。从银行业独有的收支两个视角出发，实现对“收支记录”的智能分类、智能提醒和智能分析。该功能以大数据技术和移动互联平台为承载，按消费、投资、转账与收入四大类别帮助用户进行自动分类汇总，全方位自动记录用户资金流向，实时触达用户，帮助用户实现真正全面、智能的现金流管理。再譬如，建设银行的小微快贷产品，由以往通过企业财务报表，靠专家经验判断，层层把关，层层审批，转为依靠客观数据（结算数据、财富数据、征信数据、其他相关外部数据）为基础，利用模型打分，数据说话，不掺杂主观因素，其客观性、科学性大为增强。整体业务流程自动审批，自助支用，全流程线上操作，用机器替代了人工，由系统的自动处理替代了依靠经验的手工作业，生产能力大幅提高，客户迅猛增长。

### （二）客户智能

金融科技革命使得传统意义上的“二八原则”似乎不再适用，大量尾部客户价值贡献正在增大，对客户市场形成了巨大的压力。客户智能就是运用大数据技术进行客群细分，针对群体特征有针对性地进行产品与服务的营销。商业银行的客户智能应用体系包括以下模块：客户全景画像、客户价值评价、客户科学细分、客户业务提升、客户流失预测、客户产品响应、客户关系网络及客户行为轨迹分析。

实践中，建设银行实施“智云推荐引擎”项目，引入外部数据，围绕客户基本情况特征、生命周期特征、产品持有特征、行为特征、发展趋势特征、价值贡献特征、风险隐患特征共七大特征主题构建了大零售指标体系框架，围绕客户的360度全方位数据视图构建了5 700项数据标签，广泛应用在其网络金融部、个人金融部、信用卡业务部、小企业业务部等部门，在存款提升、贷款营销、对公客户营销、产品激活、活动精准推介等方面均取得显著成效，实现了“一个引擎、多点开花”的目标。交通银行发布信用卡用户全景画像账单，根据5 000万持卡客户的消费行为，总结了一份全民账单，“海淘达人”“颜值担当”“居家暖男”……这80余种别出心裁的画像模型背后，实质是通过对客户性别、年龄、兴趣爱好、消费需求、购买习惯等数据搭建和复原栩栩如生地定制化用户标签。个人年度账单还将数据分析结果与消费信贷、额度等消费者关心的信用卡权益进行关联，更精准地提供现金分期、信用卡特惠等服务及优惠，发挥大数据的实用性作用，实现年度账单的权益化。

### （三）风控智能

传统的金融欺诈检测方法是依靠专家驱动，把业务专家的经验进行积累沉淀，把第一线接触各类金融诈骗案件的专业人员知识进行梳理。风险智能则是运用大数据算法、依靠数学模型进行数据挖掘和机器学习，建立预测模型，利用预测模型的预测能力进行实时反欺诈检测工作，并通过新的欺诈案例代入模型，进行机器自我学习，不断优化模型对金融欺诈的检测能力。

风险智能在我国银行也有很好的实践。光大银行基于风险管理领域的预警分析研究，成功孵化出数据产品“滤镜”。该数据产品运用社交网络、路径算法、文本分析等大数据分析挖掘技术，在线运行特殊交易对手、风险共同体、复杂循环担保圈三类大数据模型信号。“滤镜”可针对潜在风险企业实现动态预警管理，向使用者提示新增风险、风险恶化情况及相关违约信息，实现精准预警、动态追踪，且信息来源较传统风险信号更为全面。在 2016 年下半年试运行期间，此类信号过滤的企业中，36% 的企业在 6 个月内出现关注类贷款，为该行提供了及时、有效的信贷风险情报。建设银行信用卡中心全面整合包括人行交叉违约、司法冻结、失信被执行人、失信工商企业等信息，在全面分析验证外部数据与信用卡违约关系的基础上，平衡信用卡收益与风险，制订出差异化的风险早期处置方案，以提升信用卡高违约概率客户的早期识别精准程度。

（四）营运智能

凡是能通过使用 IT 技术和流程优化的方式助力业务发展、减少人工重复性工作进而提升效率的手段，都是营运智能。大数据时代，客户的金融需求已经发生了深刻变化，新的营运服务体系将重构人性化金融服务流程和智能化业务管理机制，促进客户体验显著改善、资源配置深入优化、运营成本有效降低、网点功能全面转型、风险管理更加科学，推动商业银行加快经营转型，持续增强竞争力。

营运智能在内部管理上也大有用武之地。长期以来，商业银行在员工业绩计量和考核工作方面面临很多困难，没有一套企业级、覆盖各个业务条线的员工业绩计量和考核支持类系统，导致出现许多问题，如手工登记负担重，且容易出错；个别数据还分散在不同系统，搜集困难；指标规则不一，五花八门，没有可比性，时效性低。基于此，建设银行“新一代”设立员工业绩项目，实现了全量数据自动化，取代网点员工手工台账，为员工减负；建立了一套企业级规范统一的员工业绩指标体系，覆盖全行各个业务条线，有效传导全行发展战略；支持上级行统一考核管理，同时满足下级行差异化考核管理需求；通过员工间业绩分成，实现团队业绩清晰化计量。

# 第四篇
# 前瞻性思考

# 金融智能化不可忽视的模型风险[①]

近年来，市场最热门话题之一是人工智能开始实质性介入交易领域。例如，摩根大通内部代号为 LOXM 的人工智能（AI）从 2017 年第一季度起已经在欧洲股票算法交易业务中投入使用，并逐渐将业务范围扩大至亚洲及美国地区。据报道，2000 年高盛位于纽约的股票现金交易部门有 600 名交易员，而到 2017 年仅剩下两名交易员，其余的工作全部由人工智能所替代。花旗集团前 CEO Vikram Pandit 也表示，由于 AI 和机器人技术的发展，30% 的银行工作即将在未来 5 年消失。据金融咨询机构 Opimas 预计，到 2025 年，华尔街将有 10% 的投行岗位被 AI 取代，约 23 万人。其中，资产管理、证券服务、销售与交易、财富管理等业务部门，都将是重点“瘦身”对象。越来越多的交易岗位将被人工智能替代，银行家和监管机构应该怎样认识和正确对待这一现象?

## 一、人工智能实质上是模型和算法对传统银行经营管理行为的替代

从职业经理人的角度来看，无论是股票交易员还是债券交易员，其核心

① 这篇文章的一些观点在 2018 年 10 月《征信》杂志发表过（《人工智能取代交易员：不可忽视的模型风险》）。有两个原因一直驱使我想就这个话题再次深入探讨一下：一是当时的文章基础源于 2008 年我在组建一个风险模型实验室的认识，一些体制与流程问题没有说透，现在随着实践的深入有条件说清楚了。二是近年来银行业线上交易快速增长，而决策者对于其中的模型风险认识不足，市场出现的一些风险事件人们往往没有注意到其中的模型问题。如果金融智能化是方向，那么规避模型风险就是确保顺利到达彼岸的关键。

工作均是通过获取市场信息，结合自身对市场特点与趋势的判断，适时进行投资交易。人工智能基于海量数据和复杂的机器学习算法，在数据处理、模式发现和趋势研判上都可以比拟甚至超越最优秀的交易员。以摩根大通的人工智能 LOXM 为例，它本身是一套算法和机器指令的集合，但不同于传统上只是机械根据交易信号执行的量化交易程序，它的特色在于能够利用“深层强化学习”方法，从过去几十亿条实盘和模拟盘的历史交易数据中学习总结，归纳出价格变化规律，以解决更加复杂的交易问题。LOXM 更像一个虚拟化的交易员，但相比人类做交易的优势更加明显。

一是交易效率高。机器交易可以保证更快下单和平仓，可以更敏感地响应价格变动和趋势变动，能够实现 24 小时不间断监控行情，并在合适的时机自动进出场，完全不用人工干预，极大地提高了交易效率。

二是具有强大的数据收集及分析能力。无论是宏观经济指标、市场价格数据还是其他影响价格的信息，机器交易均能在第一时间收集整理并完成建模分析，迅速发现交易机会并完成交易。这是交易员完全无法比拟的优势。

三是可以“深度学习”。人类交易员作出的投资决策往往基于历史经验或“固有方法论”，而通过机器学习，可以根据市场的宏观环境变化及实际结果反馈，作出及时的调整及优化，与人类交易员相比，人工智能的“成长”更为迅速。

四是道德风险低。从历史上看，无论是 2012 年的“伦敦鲸”事件还是 1995 年的“巴林银行事件”，均说明交易员本身的操作风险和道德风险可能会给金融机构带来极其重大的损失。人工智能的交易依赖于模型参数的触发来进行交易，最大限度地克服了人性的弱点和道德风险。

在规则清晰、交易频繁、数据丰富的工作领域，如金融市场、财务管理等，人工智能的深度学习和执行效率优势更容易发挥和展现，对人的“替代”是一个必然的结果。人工智能能在多大程度上取代人工，则取决于数据的多少和建模能力的高低，即背后算法的精准性和完备性。随着技术的不断进步和应用范围持续扩大，人工智能将变得越来越完善，对人的经营管理行为替代将越来越普遍，必将对银行的经营管理产生深刻的影响，无论从内部管理还是外部监管的角度看，这都是不可忽视的一大趋势。

## 二、模型在商业银行经营管理中应用的广度不断拓展、深度不断提高

从实践看，银行业普遍使用模型用于经营活动已有至少 40 年的历史，人工智能可看作是更高技术水平上模型的应用。自 20 世纪 70 年代以来，伴随着金融自由化和经济全球化的浪潮，在巨大的市场波动风险和竞争压力下，商业银行不得不开始探索新的管理工具和手段以满足日益复杂的风险计量和交易管理需要。同时，计算机技术的进步和普及，以及统计建模理论的发展和应用，为银行风险计量和资金交易领域大规模使用模型提供了充分的条件。Altman 信用评分模型、期权定价模型等大量新模型的提出和广泛应用，成为近 30 年来金融产品爆炸式增长和金融系统深刻变革的主要推动因素之一。20 世纪 80 年代开始，以模型驱动的交易策略如统计套利在摩根士丹利诞生，标志着模型开始直接运用于金融机构的交易决策中。投资组合保险等基于模型和计算机驱动的交易策略则开始普遍应用于金融交易中，深刻改变了金融市场的交易模式。近十余年来，随着计算机硬件性能和网络速度的快速提升、网络技术的快速发展，更为复杂的人工智能算法开始运用于交易业务中，高频交易、人工智能算法交易等业务开始大行其道。据统计，2018 年美国股市每天 80% 的交易量都是由机器完成的。

各类模型在银行业的广泛应用也对银行监管体系产生了深刻的影响。自 20 世纪 90 年代开始，巴塞尔委员会吸收风险价值（VaR）实践结果，以及 Gordy 的 ASFR 理论框架，经过多轮测算和讨论，于 2004 年正式发布了巴塞尔协议Ⅱ监管资本计量框架，在客观上又进一步推动了全球银行业的模型应用实践。

自2000年以来，经济全球化、金融市场一体化不断深化，互联网技术得到了大规模普及和应用，大幅提升了商业银行数据获取、存储、处理和分析能力，客观上促进了更加复杂、精细的模型开发及应用，使得模型的应用范围逐步扩大到银行经营管理的各个层面。例如，作为2008年国际金融危机“罪魁祸首”的次贷业务，其定价和风险管理就是建立在高度复杂的模型基础之上的。与此同时，压力测试也逐步成为组合风险测试及资本管理的重要手段，需要用到大量模型的参数估计、假设检验和验证等工具方法。在股票和债券交易市场，一些商业银行和金融机构已经使用高频交易策略用于提升盈利水平和能力。

近年来，移动互联网、物联网、大数据、云计算、人工智能等技术创新层出不穷，将商业银行的模型应用快速推进到一个新阶段。模型的应用范围已从估值定价、风险量化等部分业务和产品的单点式操作，转向组合管理、流程优化的多点式整合应用。借助深度学习、人工智能等技术，模型全面应用到银行的客户营销、风险识别、信贷审批、清算支付、行为监测及预警报告，甚至作为咨询顾问直接参与交易和客户决策。更加复杂的模型应用则体现在以智能投顾、智能量化交易、智能客服等领域。可以说，模型正在从以下几个方面深刻改变银行的经营模式：一是对经营管理流程的优化和替代。例如，客户营销方面，借助大数据技术可以更加准确地洞察客户需求、理解客户行为，与在平台上搭建的消费场景相融合，能够对客户的融资行为和各类服务需求进行无缝匹配，大大缩减经营流程和服务时间，提升经营效率。二是拓展客户范围，扩大市场服务能力。例如，借助大数据分析、风险计量模型工具，可以有效对小微企业信用进行判断，解决小微企业的“融资难、融资贵”困境，成为商业银行新的蓝海市场；另外，通过快贷等创新产品，使更多的个人客户得到信贷服务，背后都是技术进步有效化解了信息不对称问题。三是管理架构的改变和优化。人工智能等技术在电话客服、智能投顾、清算支付等前台领域的大量应用，会促使银行管理资源向后台集中，业务策略设计、平台架构设计、数据分析应用等传统后台条线将更多地承担支撑前台经营的职能，需要直接对客户需求作出响应。

## 三、模型风险已成为商业银行面临的重要风险类型

模型在商业银行经营管理中的广泛应用，一方面带来了效率、成本优势，另一方面也产生了新的风险，成为影响银行稳健经营的重要风险因素。模型本质上是提取观察对象内在规律的主要特征，将对象真实复杂规律进行合理简化以后形成的一套逻辑规则。在模型建立过程中，会抓住它所描绘的真实世界的主要特征，但同时也可能会忽略掉一些重要的内容。例如，2009年Google提出搜索流感相关主题的人数之前存在密切关系，Google通过这部分数据对流感进行预测，在当时取得不错的效果最终形成预测商品GFT模型。但是2013年《自然》杂志指出GFT的错误过高的预测流感趋势。Google预测的失败就是过度地依赖于模型数据，忽略了Google对搜索结果引导造成的数据偏差，这些被忽略了的因素最终却对预测的结果产生了很大的影响。同时，商业银行在模型的应用和日常操作过程中也会存在错误或不一致性。模型风险来源于模型的全生命周期，包括模型的设计、研发、部署、使用四大环节，产生于各细节中。由上述环节产生的，可能导致损失的风险统称为模型风险。在模型设计研发部署环节产生的模型风险具体包括以下几方面。

一是模型设计的方法不当导致不足以描述真实世界的错误。由于真实世界远远复杂于任何能够创建的数学模型，因此当设计的模型方法不当、选取的模型因素不足以描述真实世界时，有可能出现模型设计带来的模型风险。比如在Black-Scholes公式公布之前，业界曾经有采用统计学方法对期权价格和变量进行直接回归分析建模。但是采用回归分析等统计学方法没有抓住期权无套利定价的内在本质。由于方法选择不当，该方法即使在样本内检验合格，在真实市场上估值时效果也很差，这是典型的由于方法和模型设计不当造成的模型风险。

另外，行为人的有限理性也导致模型很难刻画行为人投资决策中的认知偏差。尤其是在市场波动性突然提高的情况下，模型出现的偏差往往非常大。

二是研发过程中所用的样本数据不正确或不具有代表性导致模型不能真实描述研究对象的错误。如数据清洗错误使样本产生偏差，导致建立的模型出现系统性错误；再比如抽样方法不完善，或者缺失重要的自变量，使模型输入数据无法真实代表总体情况。在实践中最常遇见的是数据质量问题，数据缺失、假数据、错误数据、不一致的数据，往往都会导致模型不准确。

三是模型假设错误，具体包括参数分布假设、参数估计方法和变量间关系设定错误，乃至模型运用假设环境错误等。如假设短期利率服从几何布朗运动，在给大多数利率衍生品定价时就不太恰当[①]。若模型随机扰动项具有明显自相关特征，使用最小二乘法来估计参数就会产生问题。在模型建立过程中，过拟合现象会导致生成的模型预测效果大打折扣。再比如，一般认为，高收入者违约率较高的经济学含义假设是不正确的。

市场环境假设错误例子也很多。如在 Black–Scholes 模型需要连续对冲、无交易成本、波动率为常数等一系列的假设条件，但这些条件在真实市场环境中往往难以满足，导致模型估值和市场估值出现偏离。以模型驱动的投资组合保险交易策略和其他算法交易策略，要求市场有足够的流动性。但往往在市场出现异常波动和流动性缺乏同时存在导致市场异常的情况下，该模型交易策略失效。同时，由于算法交易的高度同质性，反而放大了整体的市场波动。处于牛市时，看涨算法交易会快速推升股价；转入熊市时，看跌算法交易会造成大规模的抛售，市场流动性枯竭，产生追跌效应。

四是模型技术方面存在一些缺陷。不论模型如何精密，都不可能囊括银

① 此处所述“恰当”是相对意义上的，所谓“恰当”与否主要看是否满足建模需要，以文中例子而言，假设为债券期权定价，在债券到期日远大于期权到期日时，假设利率服从几何布朗运动也是可以接受的。

行可能面临的所有风险因素，绝大多数模型在捕捉风险相关性方面都存在明显不足。例如，在2008年国际金融危机中，业界采用Gaussian-copula函数来估计相关性，严重低估了金融市场的真实尾部风险，模型估计值远远低于金融机构的实际损失。另外，很多模型没有经过一个完整经济周期的检验，事实上极大地低估了损失的严重性，诸如风险价值（VaR）、风险集中度、极值估计等方法在评估新业务模式和新产品的风险时，已经被证明远不够充分。作为补充模型缺陷的有力工具，压力测试的假设情景和测试方法还有待改进。

五是模型在IT部署过程中出现的错误。如模型部署过程中出现的编码错误，导致设计和IT实现的模型关系不一致。数据传输整合过程中存在的错误等，导致模型建模时采用的数据来源和模型部署时采用的数据来源不一致。

模型本身都具有局限性。但如果由于未能有效管理，反而通过不适当、不合理的管理行为进行放大和扩散，从而导致重大的风险损失，也是模型风险的主要来源之一。模型使用带来的模型风险主要有两个方面。

一是模型输入错误产生的操作风险。输入不正确的数据和信息，即使本身表现优良的模型，传递给经营管理者的也只能是更“快”的虚假参数，结果可想而知。在经营管理过程中，有意和无意的错误数据及信息录入，都会“扭曲”交易决策行为，从而导致重大风险事件。例如，不少客户为了获得理想评级提供假的财务数据。

二是模型未得到正确和合理的使用。每个模型都有明确的使用条件，包括对象、范围、表现区间、时限及注意事项等。当市场环境、客户和产品不符合模型使用条件时，模型本身的局限性就会被放大和快速传导，对业务和经营产生不利冲击。次贷危机的一个重要原因就是相关金融机构、风险评级机构过度依赖各种风险计量模型和定价模型，对模型使用的限制条件及缺陷视而不见，未能采取有效的防控措施，从而导致巨额的估值亏损。

## 四、模型风险对商业银行和金融体系的系统性冲击效应日渐显现

随着各类模型在商业银行日常经营管理中大范围、深度地应用，模型风险的系统性影响与日俱增，由此带来的危害性不可小觑。2008年的国际金融危机，基于盯模的次级债衍生品市场流动性迅速丧失，造成国际银行业产生大量的估值损失。这与商业银行通过复杂模型掩饰基础资产缺陷、过度追求利润不无关系。尤其值得关注的是，定价模型和风险计量模型在金融交易领域应用最为广泛和深入，如果在管理策略和流程控制方面没有考虑模型的缺陷和应用条件限制，缺乏有效的应对措施，模型所具有的效率优势反而能迅速将缺陷产生的风险转化为巨大损失，从而对银行的生存产生威胁，甚至对整个金融体系的稳定性产生冲击。

一是模型加强了客户、业务及管理行为的关联性和一致性，损失放大效应容易引发银行经营剧烈波动。模型在风险计量、客户营销、交易支付等方面将成千上万的客户联系在一起，一旦外部市场的变化出现模型没有考虑到的情况，所产生的偏差就会通过模型效应迅速得到放大和扩散。国际银行业频繁出现的交易巨亏事件，不少与价格波动和策略失误通过模型快速放大为损失密切相关，对银行经营产生重大冲击和影响。从历史上出现的金融市场交易巨亏事件来看，无论是长期资本管理公司（LTCM）倒闭事件，还是摩根大通的“伦敦鲸”事件，背后都反映出模型风险的巨大威力。

二是模型强化了银行机构间行为的相关性，容易引发金融不稳定问题。基于同一或相似模型开展经营活动的银行不在少数，这在客观上强化了金融机构行为的相关性。任何模型及系统都不能保证百分之百没有问题，出事（发生风险）概率即使很低，一旦发生损失其传染效应也很强。如在西方市场曾出现过市场“闪电崩溃”，或因整个投资人群体的电子化、模型化程度过高，有时会引发市场上一些连锁反应，成为系统性风险的隐患。

1987 年的全球“股灾”正是模型风险导致的个体因素引发系统性风险的典型案例。由于金融市场上投资机构采用的程序化交易策略模型高度类似，导致市场在出现一定幅度下跌时各类交易策略模型均发出卖出信号，而该卖出行为导致市场再度下跌，从而引发市场的循环式下跌，最终导致市场崩溃。

近些年来，随着市场上采用量化模型开展交易的机构越来越多，过多的资金在追逐类似的量化模型驱动的交易策略，导致金融机构行为相关性带来的风险在逐渐上升。金融机构在构建交易模型时，采用的常见的因子越多，由此带来的交易机构行为相关性和模型风险越大。

三是模型技术复杂性引发的建模道德风险问题。模型的推广使用能够解决或抑制管理操作中的道德风险问题，但却同时会带来自身的道德风险。模型构建复杂、专业，加上商业机密等因素，真正掌握模型核心技术的往往只有一小部分人，这部分人掌握了大众无法理解的工具和利器，可能滋生潜在的道德风险。人工智能等先进技术的使用，在某种意义上更加强化了模型设计者及管理者个人的影响力，个人的意图和想法就很容易通过模型传导到机构甚至市场层面，从而引发系统性问题。

四是模型依赖的网络与硬件安全性带来的系统性问题。模型复杂化程度越来越高，模型研发和运行所需的网络和硬件的要求不断提升。尤其是当前热门的人工智能模型，是建立在强大的数据采集、存储和分布式计算等技术基础之上，较之传统模型对硬件和存储资源耗用更为巨大。因此，IT 基础设施运营的安全稳定性对模型的稳定运行带来一定影响。

此外，黑客攻击导致的银行数据泄露、系统服务失灵问题，如与模型风险结合，将引发更大系统风险。近年来，黑客攻击、系统漏洞、网络病毒等对银行乃至金融体系稳定的危害性日渐严重，这些诱因更容易强化模型风险的系统性冲击效应。

## 五、监管部门应及早健全并强化对商业银行模型风险的监管要求

次贷危机以来，商业银行模型风险受到了监管机构的日益重视，国际监管机构深刻反思，早期的监管文件中重点提出了模型风险的概念，但在控制模型风险的措施上仍主要依赖严格的模型验证。直到 2011 年 4 月，美国联邦储备委员会和货币监理署共同发布《模型风险管理监管指引》（*Supervisory Guidance On Model Risk Management*），总结了十年来银行业监管实践的经验、教训和问题，把模型风险作为新的风险类型纳入全面风险管理范围，提出了组织结构、政策、程序、实践、标准等多方面的指导原则，成为国际银行业在模型风险管理方面的标杆性监管文件。近年来，欧盟、加拿大等区域和国家也分别出台了模型风险监管文件，进一步丰富完善了国际银行业模型风险监管体系。2017 年 2 月，欧洲央行发布《内部模型目标审查指引》（*Guide for the Targeted Review of Internal Models*），提出了模型风险管理的总体性要求，并对信用风险、市场风险和交易对手信用风险模型提出若干细节要求，这份文件在结合内部模型审查及各银行反馈意见的基础上，于 2019 年 10 月修订更新为《内部模型指引》（*Guide to Internal Models*）。加拿大联邦金融机构监督办公室于 2017 年 9 月发布了 E-23 号文《存款机构模型风险管理》，该文对模型风险的重要性、模型管理周期、外部供应商（模型）产品、外资银行子公司模型、针对模型的内部审计、模型存储库等内容进行了说明。英国银行审慎监管局（PRA）于 2018 年 4 月发布了 PS7/18 号文《压力测试模型风险管理原则》，该文规定模型风险管理应用机构应采纳压力测试模型，协助各机构落地实施用于识别和管控压力测试模型风险的政策和流程。

中国银监会出台的各项监管要求也实质性关注了模型风险。以 2012 年银监会公布的《商业银行资本管理办法（试行）》为例，分别在总则、信用风险内部评级体系监管要求、市场风险内部模型法监管要求、操作风险资本

计量监管要求、资本计量高级方法验证要求等多个附件中明确提出对各类模型的开发及验证要求。例如，在资本计量高级方法验证要求中明确提出，商业银行采用信用风险内部评级法、市场风险内部模型法、操作风险高级计量法，应当建立验证体系，对资本计量高级方法及其支持体系进行持续检查，完善自我纠正机制，确保资本充分反映风险水平。

国内的监管指引均指向以资本充足率为核心的资本计量高级方法模型监管体系，并未覆盖范围更广的银行模型，对于人工智能等复杂模型应用于交易业务的监管更处于空白，难以指导银行适时加强管理和应对风险。必须及早健全和完善模型风险监管体系，推动银行模型风控能力的提升，以避免可能的系统性风险。

### （一）健全模型风险监管框架，强化银行的治理及管理机制

模型本身是技术、方法和工具，就如同枪支武器一样，其使用效果与策略、目的、使用人员及操作流程密切相关。正如缺乏明确清晰的枪支使用管理体系，枪支的先进性只能带来更大的危害性一样，再先进的模型，缺乏合理的应用策略和管控体系，也难以有效规避本身的缺陷，反而会将本身的不足无限放大而形成系统性冲击。模型风险监管框架应包括以下几个方面。

首先，扩充模型风险的覆盖范围。从模型的定义范畴看，可以借鉴美国监管使用的广义的"模型"概念，包含任何应用统计、经济、金融或数学理论、方法和假设，将输入数据转化为定量估计结果的方法、系统或途径。"模型"有三个组成部分：信息输入部分，为模型提供假设和数据；加工部分，将输入数据转化为估计值；结果部分，将估计值转变为有用的决策信息。即使信息输入全部或部分为定性类信息，或者为专家判断，只要过程和输出结果具有定量的性质，也应纳入"模型"的范围。"模型"结果的应用领域包括业务战略分析、辅助决策、风险识别和计量、金融工具或头寸估值、压力测试、资本适足性评估、客户资产管理、内部限额合规性评估、满足财务或

监管报告要求以及公开信息披露等。因此，模型范围应涵盖商业银行前中后台应用的所有模型，并通过分级分类，将有限的资源投入模型风险较高的领域。针对直接影响交易敞口、信贷敞口的模型，如人工智能、统计方法、算法驱动的交易模型，或影响银行财务报表、监管指标及拨备等关键指标的业务模型，应纳入相对较高的风险级别分类进行管理。

其次，强化模型治理及管理体系要求。除针对模型开发本身的要求外，应进一步强调模型的设计目标、部署、应用、验证、监测及反馈等模型全生命周期的要求，特别是决策层、管理层对模型缺陷及不足的理解及考虑。原则上，模型应用程度和范围应与商业银行风控能力和水平相匹配。针对模型应用较为广泛深入的金融机构，应要求专门建立企业级模型风险管理体系，并将其纳入金融机构的全面风险管理体系中，而直接运用模型、算法参与金融市场交易的机构，其模型风险管理体系更不能游离于机构整体风险管理体系之外。模型治理体系的建设应包括以下三个层次。

（1）明确董事会和高级管理层职责。美国和欧洲的监管指引均明确提出，董事会和高级管理层是负责模型风险管理的最高机构，应制定适合本机构的健全的模型风险管理框架。该框架应基于对整体模型风险的理解，而非仅针对单个模型，框架应涵盖模型开发、实施、使用和验证的标准。董事会对模型风险管理承担最终责任，应确保模型风险水平在其承受能力范围内。董事会可以授权高级管理层，由高级管理层负责执行和维护有效的模型风险管理框架。高级管理层负责制定模型风险管理的政策和程序并确保合规，分派合格员工，监督模型开发和实施，评价模型结果，确保有效质疑，审核验证和内部审计结果，并在必要情况下采取即刻纠正措施。与其他主要风险领域类似，高级管理层需直接或通过相关委员会，定期向董事会报告个别模型和所有模型产生的重大模型风险，以及政策执行情况。

（2）健全模型风险管理的三道防线。在三道防线划分上，第一道防线为模型所有人（Owner），可以为模型开发、实施或使用主体，第二道防线为模型风险控制主体，第三道防线为内部审计。模型所有人应负责确保合理开发、实施和使用模型，并对模型使用和表现承担最终责任，模型所有人还应确保模型经过适当的验证和审批流程。模型风险控制主体负责对模型开展独立的验证和审核，以确保实施有效质疑，并对模型风险进行计量、监测和控制。内部审计负责对模型风险管理框架的全面性、严格性、有效性进行评估，记录内部审计发现并向董事会报告。

（3）建立模型风险管理的政策流程。银行应通过适合的政策流程对模型风险管理活动进行规范，政策应涵盖模型和模型风险定义，模型开发、实施和使用规范，模型风险评估，模型验证、审批、审计活动，模型风险的治理与控制等。银行需要将模型生命周期作为一个完整的过程加以规范化，在每一步均设置关键风险控制措施。模型风险管理中各角色的资质要求、职责和权限和报告路线也应在政策中清晰规定。政策和流程应当与银行模型的复杂程度、组织结构、风险文化相适应，并根据市场环境、银行产品和战略、敞口变化、行业行为等适时调整。

再次，设置模型风险偏好和风险限额。针对模型风险相对较高的金融机构，应设立模型风险偏好和模型风险限额，评估全行模型损失可能性和损失金额，将因模型导致的可能损失设置限额，并将其纳入模型风险偏好及全行风险偏好中，通过风险偏好引导金融机构规避高模型风险的交易行为。除了定量指标外，模型风险偏好还可以通过定性指标来体现，如金融机构整体模型风险评级情况、模型表现突破阈值的情况、高风险模型的数量、尚未整改的严重问题数量等。模型风险偏好是金融机构价值观的体现，偏好的设定应适度合理，既能控制本机构不承担过度的模型风险，又不限制业务的发展。银行应定期对模型风险进行评估和监测，一旦突破风险偏好阈值，立即采取更为严格的监测及整改措施，包括对模型进行更新。

最后，强化模型的资源配置及考核评价要求。为了增强模型开发、运维投入与产出的匹配性，应明确相关流程及人员职责要求，提升验证部门的独立性和权威性，合理约束模型的道德风险。在“伦敦鲸”事件中，摩根大通VaR限额被突破，但摩根大通没有相应缩减风险头寸，而是在2012年采用了新的VaR模型。摩根大通的模型验证团队发现了新模型存在重大缺陷，但当时摩根大通的首席执行官要求新模型要在半个月内投产，模型验证团队迫于高管层和模型开发应用团队等各方面压力，最终验证工作只是走了一个形式。后来证明新模型导致VaR被低估了50%，这一错误使该投资组合的收益表面上能够继续增长，最终受到了严重打击。因此，验证人员除了应当具有独立性，还必须拥有足够的授权，去挑战模型开发，将发现的相关问题向上级报告，并能实际促进模型的优化。除了独立的报告路线，银行还可以采用与验证质量挂钩的薪酬和业绩评估标准，以此提高验证的科学性和规范性。

### （二）完善模型相关技术标准，加强对具体行为的监管

除监管政策制度体系的调整外，应同步加强相关具体标准的制定和完善工作，进一步规范模型的管理和应用。

提升模型的演化和迭代频率要求。针对市场上交易算法趋同性较高的特点，提升模型的自演化和更新迭代能力，促进通过独特的模型算法获取利润，减少在业界同质交易算法上的交易敞口。另外，模型所需数据信息的规范管理也是模型风险管理的关键环节之一。大数据技术的普及应用，使得各类客户的信息数据在建模中的应用越来越深入，各大银行、非银行金融机构和互联网企业都在加大这类数据采集和分析力度，但相应的数据标准、范围及对象等缺乏具体的规则和标准，由此产生了隐私保护及数据安全问题。2020年，在第十三届全国人大常委会第二十次会议上，《数据安全法（草案）》首次提请审议，草案规定了支持促进数据安全与发展的措施，建立健全国家数据安全管理制度，落实开展数据活动的组织、个人的主体责任等。再比如，各国监管机构近年来纷纷开始加强与人工智能交易相关问题的监管工作，美国证监会发布了程序化交易市场接入规则和综合审计跟踪规则，增加

信息透明度，实行流量控制，对不适当行为采取暂停交易措施；欧盟出台了以限制高频交易为重点的监管指令；德国 2013 年制定了《高频交易法》，对通过大额报撤单、系列报单、隐匿报单或虚假报单等影响其他市场参与者、改变市场趋势的行为予以重点监管。

### （三）加快发展监管科技，应对金融科技带来的挑战

人工智能等先进模型离不开强大的硬件和能源支持。例如，阿尔法狗（AlphaGo）战胜李世石，就建立在 1 000 个中央处理器（CPU）和 200 个图形处理器（GPU）的基础上，光电费每分钟就高达 300 美元。大数据、云计算技术的大量使用，使银行经营管理越来越依赖于先进的硬件条件。因此，模型相关的数据存储、计算能力及能源供给等也应纳入银行的管理范畴。对于模型涉及的 IT 系统及硬件，应要求商业银行建立明确的业务连续性管理机制，覆盖网络安全、系统漏洞及病毒攻击等领域，涵盖有关灾备及能源安全等方面。另外，应明确有关应急演练要求，确保预案的有效性和可操作性，尽可能避免引发系统性冲击。

同时，监管机构必须从金融科技在银行业广泛应用带来的风险出发，以监管科技（RegTech）的手段应对可能出现的包括模型风险在内的新型风险类别。无论从理论上还是实践上，包括模型风险在内，对复杂的金融科技应用导致的风险很难用传统的监管方式进行监管，只能使用技术的手段来解决技术创新带来的新风险。监管科技可以帮助监管部门实现穿透式监管，提升监管效率，对金融科技的广泛应用带来的风险进行防范；可以对银行业务尤其是复杂业务进行实时化、智能化的监控，及时监测创新业务的风险点；可以有效监管大量复杂模型应用带来的“一致性交易”风险，显著提升风险识别的量化能力。监管科技在国际上已经有了很大发展，美国等国家甚至专设一个或几个机构负责加强监管科技的建设力度，扶持监管科技企业发展。同时，美国、英国等都积极鼓励监管科技企业发展，用市场化手段解决技术的

开发和应用，市场上涌现了大量的聚焦于监管科技发展的初创公司，研究领域包括交易监控、流程自动化、审计函证、反欺诈等领域。我国应从以下两个方面加速监管科技的应用。

一是构建监管科技发展规划，制定管理政策体系及相关技术标准体系。通过系统梳理各类金融科技技术在银行业和非银行业机构的应用，预判未来技术发展方向，制定行之有效的发展规划，同时配套以监管政策体系。建立监管科技标准体系，包括技术标准、基础标准、应用标准和管理标准，制定贯穿监管数据采集、交互、存储、分析的标准规范。

二是尽快研发基于人工智能、大数据的金融业科技监管平台和工具。通过监管科技手段构建对新型业务的监管框架，采用实时采集风险信息，抓取业务关键数据，由事后监管向事中监管转变，消除模型应用等复杂风险的传染。监管科技平台可用于对建模、分析和预测，实时交易监控、汇报和拦截，实现穿透式监管，探索建立监管沙盒（Regulatory Sandbox），提升合规效率，提高对模型风险等新型风险类别的监测识别能力。

### （四）强化模型风险压力测试要求，制订模型应急计划

传统上，金融机构通过压力测试工具手段，对业务风险开展压力测试，但对模型风险的压力测试评估较少。而不少模型在极端情况下的表现和日常情况下的表现有极大差异，针对人工智能等算法交易模型，应严格采用敏感性分析和压力测试等方法，通过输入一些临界值、拐点值、极端值等，评估模型表现的劣变程度，分析这些关键值对于模型输出结果的稳定性和可靠性方面的影响，识别模型有效性的边界，作为确定模型的使用范围和限制的依据之一。

有学者认为，如果当初长期资本管理公司（LTCM）在量化交易中对各类资产的相关性模型开展了压力测试，制订模型应急计划，并对交易策略作出及时调整，有可能不会出现巨额亏损的局面。针对压力测试结果不理想的

模型，应制订模型应急计划，制订不同情况下的方案，是否选择人工交易替代、或其他算法模型进行替代，或应设立其他处置手段。模型压力测试结果不理想又无应急计划的模型应审慎准入。

## 六、商业银行应将模型风险管理提升到战略层面

鉴于模型风险的重要性日益突出，商业银行应当及时开展对模型风险的评估和研究，趋利避害，有效发挥模型的长处而避免其可能带来的系统性影响。

一是从战略高度加强模型风险管理。模型的使用越深入、越广泛，对银行经营和金融体系的影响就越大，并可能成为重要系统性风险的来源。因此，银行必须将模型风险管控提升至战略高度，及早建立模型风险的管理机制、管控流程和监测报告机制。要建立模型风险治理框架，明确董事会、高管层及相关部门在模型风险管理过程中的责任，制定详细的模型风险评估标准，对模型风险偏好、识别、重大模型风险筛选、模型风险评估、模型风险缓释、模型风险监测和报告等进行明确。例如，美国大型银行普遍在董事会层面专门建立了模型风险管理委员会，以加强对使用模型的管控力度。由于大型银行本身是金融体系稳定的“压舱石”，在大量使用模型用于提升服务质量和效率的同时，更要重视应用模型可能带来的系统性风险问题，在决策层面充分考虑模型的不足、约束和限制，综合平衡风险与收益，提前采取措施堵住引发系统性风险的漏洞，才能切实承担好防控风险的主体责任。

二是建立全生命周期的模型风险管控机制，强化模型应用评估要求。建立健全模型管理制度体系，覆盖全部模型，制定模型风险管理办法，明确模型风险管理的三道防线及其职责。在模型研发环节，设置建模技术标准和数据管理要求，控制建模关键环节的风险，通过模型投产前验证、模型测试及时评估模型可用性。模型投产应用前均应经过审批环节，经批准的模型方可投入使用。在模型部署实施环节，要完善编码测试机制，制定规范的模型发

布程序。在模型运行环节应确立模型维护和定期监测机制，及时淘汰表现下降的模型。在模型使用环节，建立模型操作指引，对模型用户加强培训，让模型得到正确使用。此外，应加强模型的支持体系验证要求，对模型的业务应用策略、政策办法、操作流程及数据质量等进行全面评估，分析可能存在的问题及风险，以便后续能够通过返回检验和持续监测，对其可能引发的影响进行动态评估，确保模型能够被合理、恰当地使用。

三是健全模型风险管理措施，有效实施模型风险防控。首先是建立模型库，涵盖全部模型，详细记录模型的类别信息、版本历史、模型用途、模型的上下游关系、模型重要性等级、开发验证审批人员和时间、监测验证频率、验证结论、模型的文档资料等，模型库信息应由专人负责并及时维护更新，以保证在整个生命周期中所有模型都得到适当的识别和管理。其次是采用统一的标准对模型进行风险评估和分级，通常根据模型应用业务领域的风险敞口和应用范围的大小、监管要求的严格程度、模型方法论和应用过程的复杂程度、模型的上下游依赖关系、对决策影响的直接程度等，对模型重要性进行分级，并实施差异化的验证、监测、审批标准。第三是重视模型文档管理，包括开发、验证、审批、系统开发、使用、监测等各阶段的详细文档记录，尽管模型文档需要付出很多的时间和精力来完成，但对于模型验证和审计、模型正确使用、问题跟踪、未来模型实施更新优化等工作都发挥着关键作用，模型文档对模型的假设和局限、模型应用范围的清晰说明也为管理者和模型使用者适当使用模型提供了支持。

四是强化算法、策略和架构的穿透审查及验证要求，明确关键岗位管理要求。当前模型使用的深度学习、神经网络等新技术、新方法背后都是一套复杂的算法、策略及架构安排，实际上由一小部分科研工作者和专家掌握并维护，因此产生了一定的道德风险问题。例如，当前深度学习的算法基本上都由谷歌提供，使用者通过其提供的接口和工具就能通过二次开发来建立人工智能应用模型，但其运行表现受制于基础算法。因此，针对模型等高度专业的技术环节，同时为避免模型过度代表单一部门、团体或个人的看法或利益，可采用同行评议、模型风险专家组评审等方式，对相关建模使用的算法、策略和架构设计进行穿透式审查和验证，评估所使用的数据、参数和假设的合理性和合规性，尽可能规避其中的漏洞和错误。同时，要识别关键岗位人员，明确相应的能力素质要求、绩效考核及后评价要求，逐步建立建模和验证人员准入机制，确保权责匹配，尽可能杜绝其中的道德风险。

加强交易策略模型的独立性评估验证和审核。针对专业性极高的算法交易模型，部分交易团队往往以交易模型策略保密等理由不接受独立审核评估，其交易算法由少数人掌握，导致交易团队蕴藏了巨大的模型风险。应推动机构内部模型评审等手段，对算法交易模型进行独立评估和审核。

五是强化模型的连续性管理，制订差异化的应急预案。在实践过程中，大部分模型通过 IT 系统进行部署使用，这对模型和 IT 系统的持续运行提出了很高要求。一方面，要保证模型及时更新，一旦模型在使用过程中表现能力下降，就必须有相应的应急方案，例如，可以考虑建立“挑战者模型”，与主模型同时运行并作为“备胎”；建立中央计算引擎，将模型的部署与开发运行独立出来。针对自动更新迭代的模型，要在更新迭代流程中设立控制点，以确保自动迭代模型出现问题时，能紧急切入人工审批或备用模型，确保模型风险可控。另一方面，高度重视 IT 系统的业务连续性管理，确保模型依赖的 IT 系统的高可靠性。要根据不同业务特点制订差异化的应急预案，增强预案的针对性和有效性。此外，如果涉及模型、数据或 IT 的外包，对业务连续性的管理则更为重要，除了视同内部模型采用一致的标准进行验证和审批外，还需制定专门的模型外包政策，明确供应商资质和外购合同要求和数据信息保密要求，监测外购服务质量并制订对服务中断的应急计划，包括在特定监管要求下废止或中止合同的条款，保证在一些特殊紧急情况下，双方的利益可以得到合理保障。

六是重视专业协作体系建设，加强专业人才的培养、引进和管理。模型开发是智力密集型工作，需要大量专业人才的投入，尤其是当前以人工智能为代表的复杂模型的使用，对于专业协作体系及人才引进培养提出了很高的要求。模型开发既需要统计专家，也需要数据挖掘专家、计算机及算法专家，同时还需要业务管理专家、法律专家等，是多领域专家分工协作的结果。根据麦肯锡 2019 年的调查，为了解决人才短缺问题，46% 的北美金融机构不得不将模型风险管理系统外包。而该公司 2017 年的调查数据显示，欧洲银行每千亿欧元资产投入的验证和模型管理全职工时数（Full Time Equivalent，FTE）为 8 个，而美国对应的投入为 19 个 FTE，并且还有不断增加的趋势。银行应适应模型开发应用的这种要求，建立相应的专业分工协作体系，增强模型的适用性和业务响应速度。要建立相应专业人才的引进、培养及管理机制，加大资源投入，尝试建立“卓越中心”（Centers of Excellence），建立良好的人才晋升机制和培训体系，确保专业人才充足性和队伍的稳定性，为模型开发和应用提供支持。

# 大型银行面临金融摩擦风险的前瞻性评估

美国不断升级的对华贸易摩擦已经由常规贸易领域转向技术领域，下一步会不会转向银行领域，目前还不好判断。但有几点应该比较确定：一是如果美国政局不发生根本性改变，依据现有的行事风格推测，将对华贸易制裁扩大至金融领域，尤其是对准国有银行体系，概率还是很大的；二是即使美国政府换届，高端产业对华技术封锁政策并不会发生根本性改变，以合规借口对中资银行实施一定制裁的金融摩擦将是不可避免的；三是中国一些银行日常运行的硬件与软件，对于美国存在技术依赖，很容易成为美国顺势扩大对华技术摩擦的新领域；四是虽然美国中短期内对华发起类似于对伊朗、朝鲜那样的极端情景金融制裁的可能性不大，但大型银行肯定会受到美国政客的“特别关注”，我们必须有前瞻性准备。

## 一、贸易摩擦升级至金融领域的可能性判断

美国在 20 世纪 70 年代逐渐开始针对对立国家实施金融制裁，2000 年后实施的频率显著增加。美国金融制裁的手段多样，从最初的冻结制裁对象资产，禁止向制裁对象提供金融服务，到切断第三方援助，近年来发展至通过封锁清算支付渠道，切断对立国整个金融体系与外界的联系，以及制裁向制裁对象提供金融服务的第三国机构。美元在全球清算体系中的核心地位叠加美国对环球银行间金融电讯协会（SWIFT）的影响力是美国对他国实施金融

制裁的基础。金融制裁较经济制裁成本更低，打击更精准。从美国与伊朗、俄罗斯、朝鲜等对立国家发生冲突的历史来看，中美贸易摩擦有可能升级至金融领域。市场也普遍担心中美贸易摩擦延伸至金融领域。如果美国不能从贸易领域实现自身政治目标或战略目标，或者美国的根本目标就是遏制中国发展等，则贸易摩擦升级至金融领域将会是必然。

从 2018 年 3 月以来中美贸易摩擦的发展情况来看，美国短期内全面封锁中国银行体系的可能性不大，但存在借口涉朝、涉伊、反洗钱、反恐怖、国家安全以及中国香港等问题制裁一家或几家中国金融机构的可能性，且制裁国有大型商业银行的可能性很大。结合美国对伊朗、朝鲜、俄罗斯等国的金融制裁典型案例及贸易摩擦前期对中兴通讯、华为等公司的技术封锁等案例，美国极端场景下可能对国内商业银行采取如下封锁或攻击措施：一是金融市场禁入，封锁交易渠道，禁止被制裁银行进入美国金融市场甚至是全球主要金融市场，这是美国较常用的封锁手段。二是清算体系切断，封锁被制裁银行美元甚至是其他外币的清算渠道，该手段打击精准，从美国以前与伊朗、朝鲜、俄罗斯等国的冲突来看，一般是在采取金融市场禁入措施后，冲突再次升级时使用。三是 IT 技术封锁或攻击，禁止被制裁银行使用美国公司的 IT 硬件及软件服务，极端情景下采取技术攻击。目前美国仅针对华为、中兴通讯等科技公司实行技术封锁，暂时没有对金融机构进行 IT 技术封锁或攻击的迹象。

从战略重要性的角度来看，国有大型商业银行受到美国"重视"是必然的。现阶段，银行业仍然是中国金融业的主体，大型国有商业银行更是银行业的中流砥柱。根据中国银行业协会发布的报告，2019 年末中国上市银行总资产规模达 196.47 万亿元，占商业银行总资产的 82.04%，其中六家大型商业银行总资产为 116.78 万亿元，占银行业金融机构总资产的 42.27%。国有大型商业银行通过遍布全国的经营网络，为客户提供支付结算、资金融通、财务管理以及风险控制等金融服务，在支持实体经济方面发挥着重要作用，是中国经济发展的“稳定器”。

国有大型商业银行不仅地位重要，而且还存在对美国核心能力的依赖，更引了起美国的关注。就现状来看，国有大型商业银行对美国核心能力的依赖主要集中体现在三个方面：一是交易渠道，国有大型商业银行深度参与国际金融市场，尤其是美元交易市场，包括场外及场内交易，如 CME 交易所、彭博终端等。二是清算渠道，国有大型商业银行的外币资产及负债以美元为主，其美元清算需通过美国金融机构提供的账户和清算服务，美国利用美元的核心地位掌握着贸易结算与支付渠道的话语权。三是 IT 基础设施，主要包括硬件设备、操作系统、数据库系统、网络系统和应用系统，国有大型商业银行对美国科技公司的 IT 核心技术都有不同程度的依赖。

金融市场全球化是经济全球化的重要内容，各国的金融联系越来越紧密，相互影响和促进，逐渐整合成为国际性的金融市场，包括货币市场、资本市场、外汇市场、期货市场、贵金属市场等。20 世纪 90 年代以来广泛采用的新技术、不断形成的新市场、层出不穷的新工具及新的交易方式，对金融全球化产生了深刻的影响。以汇率交易为例，电子交易平台已成为最主要的交易场所，主要包括 ICAP 旗下的 EBS、彭博外汇交易系统、路孚特旗下的 FXT、360T 等，这类电子平台日均交易额接近 3 万亿美元，占比超过 50%。这些平台显著增强了市场透明度，降低了交易成本，提高了交易效率。与此同时，面对全球一体化的金融市场和日益增长的全球资产配置要求，中资金融机构的发展对电子交易渠道的依赖也不断加强。如果一家银行失去金融市场电子交易渠道的准入资格，意味着其在国际金融市场交易中的地位将显著降低，投资交易渠道将受到极大的限制，不得不通过其他代理机构进入市场。由于不能直接进入全球交易市场，资产价格发现的难度提升，增加了金融机构投资交易的机会成本和实际成本。同时，在金融市场剧烈波动时，对于资产敞口的管理难度也将显著增加，交易的执行效率将大幅降低。

国际清算体系是由提供支付清算服务的中介机构和实现支付指令传送及

资金清算的系统共同组成，是一种用以实现债权债务清偿及资金转移的金融安排。以美元为例，无论哪种清算方式，必然需要通过美国的银行和美元清算系统，后者主要包括纽约清算所同业支付清算系统（CHIPS）、联邦电子资金转账系统（FedWire）以及环球银行间金融电讯协会（SWIFT）。无论是美国的银行还是美元清算系统，都受美国政府管辖，因此，被制裁的个体或机构的清算交易将受到严格审查、被拒绝服务甚至被冻结或没收，美元清算服务是美国金融制裁的关键一环。

如果一家银行与国际清算体系的连接被切断，意味着这家银行自身发起的所有外币收付业务都将无法进行，所有外币资产负债均处于无法支配的状态，银行对客户的服务能力及海外分支机构的经营将受到重创。与此同时，由于美国第三方制裁的影响，其他金融机构和经营跨国业务的企业集团出于制裁威胁和自身利益的考虑，将中止与被制裁机构的业务合作，被制裁机构将无法开立或维持清算账户，无法满足客户的取款请求，引发银行挤兑现象。

## 二、假想 IT 技术封锁或攻击情景的专业分析

国有大型商业银行目前在主机硬件设备、操作系统、数据库系统、网络系统及应用系统等方面对美国公司有不同程度的依赖。如美国对国内商业银行进行 IT 技术封锁或攻击，预计将对国有大型商业银行的生产安全、数据安全和业务运营造成较为严重的影响。

其一，关于主机硬件设备。国有大型商业银行使用的来自美国公司的硬件主要有大型机、小型机和微型机。大型机硬件及其操作系统、相关应用是 IBM 的自主知识产权，是一个封闭的体系，市场上没有直接替代产品。大型机主要有部署简单、无须多节点配置的优点，但是售价高、维护困难、单点依赖性较强。小型机一般用于数据库服务器，是一种运行 Unix、AIX 系统的封闭专用计算机系统，供应商也以 IBM、HP 为主。微型机国内有供应

商可提供成熟产品，包括华为、联想、新华三、浪潮等。大型机、小型机可由微机集群替代，将大型机、小型机上的应用迁移到微机集群可部分实现自主可控，一些银行的信用卡业务已顺利迁移到由微型机组成的分布式服务器架构。

国内微型机供应商完成的主要工作是集成和组装，配件都是由相应配件厂商供应，包括 CPU、主板、硬盘、内存等。其中主板、硬盘、内存均有来自中国台湾、韩国、日本的供应商。技术含量最高、最为核心的是 CPU，主要使用 X86 和 ARM 架构两种类型，其中微型机主要使用美国公司拥有完全知识产权的 X86 架构，一些银行的生产及桌面办公使用的微型机配备基于 X86 架构的处理器；移动设备领域主要使用英国知识产权的 ARM 架构，全球超过 95% 的智能手机和平板电脑使用 ARM 架构。

我国在十几年前已开始进行 CPU 的自主研发，目前国内 CPU 企业采用两种模式，一种是采用国际上成熟的 CPU 核，如上海兆芯，天津海光，天津飞腾，华为海思等，使用 X86 或者 ARM 架构体系，均需要取得国外相关厂商授权才可进行研发和生产。使用成熟架构和技术的优点是生产的 CPU 性能可达到较高水准，且支持国内外主流操作系统，兼容绝大多数应用软件和外设产品，缺点是一旦授权终止，产品研发升级将受阻。另一种是拥有完全自主知识产权，如龙芯中科，优点是基本可以达到自主可控的目标，缺点是工艺不够先进，性能方面和世界领先水平有较大差距，且需操作系统和应用针对芯片做相应的优化，重新构建一套软件生态环境。

目前在桌面应用方面，搭载龙芯的计算机已经可以满足一些简单办公的要求。但在服务器领域，由于对性能要求较高及缺乏应用支持，短时间内还是需要使用基于 X86 架构的 CPU，龙芯在取得技术突破及现有应用进行大规模改造之前无法做到大规模商业使用。

如果美国公司停止向国内商业银行提供主机硬件支持服务，鉴于各类设备的自然生命周期，短期内对银行业务运营及数据安全不会有明显影响，但中长期来看存在缺少技术支持、升级遇阻的安全隐患，同时因不能更新迭代，将影响在主机设备上部署的各类基础软件（操作系统、数据库、中间件）和应用软件（各类银行业务应用），严重制约业务发展。

其二，关于操作系统。需要安装操作系统的设备包括生产服务器、桌面办公电脑、生产设备等，其中生产服务器主要使用 Z/OS 大型机操作系统、Linux 系统，桌面办公机、ATM 等生产设备使用 Windows 系统。

许多大型银行生产系统特别是核心系统目前运行在大型机上，使用的操作系统是 IBM 的 Z/OS，属于完全封闭的操作系统，市场上尚无替代产品。

除大型机外，其他生产服务器主要使用基于 Linux 内核的 RHEL 操作系统。由于 Linux 是一个开源项目，基于 Linux 内核的 RHEL 本身也开源且免费，但可通过付费得到供应商的在线升级、技术支持等服务，譬如一些银行已经使用供应商 REDHAT① 提供的各种系统支持服务。在生产服务器领域，需要的不只是单纯的操作系统软件，更重要的是对操作系统的服务支持，包括安全、运维、应用支持、咨询、在线升级等。

Windows 系统广泛应用于桌面办公电脑及 ATM 等一系列具有图形界面的生产设备。微软拥有 Windows 系列系统的全部自主产权，在客户购买正版系统后，对客户提供持续的服务，包括安全和应用支持等。目前国内部分厂商已自主研发出 Windows 操作系统的替代产品，如中标麒麟、银河麒麟、深度等操作系统，大多基于 Linux 内核开发。这些国产操作系统目前面临的主要问题是缺乏相应的软件生态，可以满足基本的办公需求，但专业性比较强的软件在这些操作系统中没有对应版本，例如 Adobe 公司的 Photoshop 系列产品。对于一些银行来说，某些自主研发的应用是部署在 Windows 平台的，如需迁移到国产操作系统平台，改造工作量很大。

① REDHAT 是全球最大的 Linux 系统厂商，为客户提供开放资源软件解决方案，主要为客户提供高效能、可扩充、灵活、可靠、安全及稳定的技术，以满足企业所需的 IT 基础建设，在 2018 年被 IBM 以 340 亿美元的价格收购。

操作系统作为各类数据库软件和应用软件运行的基础软件平台，其安全性、健壮性、稳定性、高效率等非常重要，是各类应用软件顺利运行的基石。

其三，关于数据库系统。数据库系统是为适应数据处理的需要而发展起来的一种较为理想的数据处理系统，也是一个为实际可运行的储存、维护和应用系统提供数据的软件系统，是存储介质、处理对象和管理系统的集合体。数据库系统一般由四个部分组成：数据库、硬件、软件、人员。其中软件中的数据库管理系统（Data Base Management System，DBMS）是核心关键，也是我们通常所说的数据库系统。

数据库对技术的要求很高，拥有先发优势的 Oracle、Microsoft、IBM 等老牌厂商长期垄断全球市场。虽然中国数据库起步较晚，但是云计算、大数据、物联网、人工智能等新技术和新场景的出现点燃了中国数据库产品的发展，巨大的市场和庞大的用户群体和需求给了国产数据库发展的土壤，已涌现出阿里巴巴、巨杉、腾讯、华为和星环科技等一批厂商。其中阿里巴巴更是入选全球权威 IT 研究与顾问咨询公司（Gartner）2018 年度“数据库魔力象限”[①]，当年“数据库魔力象限”共有 14 家厂商入选，其中除 SAP 来自德国，阿里巴巴来自中国，其余 12 家均来自美国。

数据库系统是商业银行信息化建设的关键组成部分。具体到应用场景上，可主要分为两类：一是用于实施交易的核心业务系统，二是用于管理分析的分析类应用，如数据仓库、大数据分析等。目前，国内商业银行由于业务应用的不同，在数据库选择上较为多元化。总体而言，国内商业银行基于其业务特点，对数据库的可用性、安全性要求很高，一般在重要业务系统或高复杂度业务系统中多以 Oracle、DB2（IBM）等传统商业数据库为主；普通

① Gartner 每年都会推出数据库系列报告：《数据库魔力象限》《数据库核心能力》《数据库推荐报告》，其中它的魔力象限门槛严格，每年控制在 11~15 家，评选标准包括全球市场份额、产品能力、客户反馈等。

系统也会选择 My SQL 等开源数据库和国产数据库；在数据仓库及管理分析系统上，选择相对更为多元化，包括 Teradata、Green Plum 等数据库。

长期以来，国内商业银行信息系统基本上是基于国外的数据库系统，Oracle、DB2（IBM）等主流数据库占据几乎全部的市场份额。虽然国内也有数据库产品，但是由于性能和稳定性存在差距，基于其开发的信息系统相对较少，在国内银行业并未得到大规模应用。但值得注意的是，连续两年入榜 Gartner 报告的国内厂商巨杉，其 Sequoia DB 数据库为金融级分布式交易性数据库产品，其客户评价得分高于平均值。另外，阿里巴巴自主研发的分布式关系型数据库 Ocean Base 广泛应用于蚂蚁金服、网上银行等金融级核心系统，在 2015 年“双十一”支持了蚂蚁金服 100% 的交易、支付及账务流量。

复杂的国际形势对国内大型商业银行数据库的安全运行提出了更高的要求和更大的挑战，无论是出于对数据安全性的考虑，还是业务连续性的要求，以及数据库故障修复方面的担心，国内大型商业银行均需要充分考虑到系统故障带来的影响。目前，国内大型商业银行数据库产品多来自美国厂商，中美贸易摩擦一旦碰触该领域，美国选择停止提供产品或服务，短期内可能影响不大，但一旦出现故障，尤其是影响到银行核心业务运营，银行的生产运营、管理分析、企业声誉等方面都会产生极大不良影响。

就数据库产品替换而言，相较于用于运行交易的核心业务系统，用于分析管理的数据库替换难度及风险相对较小，但基于国内大型商业银行庞大的数据量基础及繁多的应用场景，替换也是个循序渐进的漫长过程。一家大型银行自 2015 年便开始与华为合作，替换基于 Teradata 的数据仓库，该项工作历时 4 年时间于 2019 年 6 月底完成。另外，国内厂商的产品稳定性和服务能力还需要在实际使用中进一步验证和提高。至于用于核心业务系统的数据库系统还依赖操作系统、应用系统，并且对正确性要求很高，对国内商业银行是个十分艰巨的挑战。

其四，关于网络系统。在移动互联的智慧时代，万物皆可连接，然而信息高速公路的构建却离不开基础网络设施，包括各类有线或无线路由器、交换机、云存储、防火墙和其他网络安全设备等，国有大型商业银行业务运行也依赖这些基础网络设备的有效运转。当前我国在移动通信领域发展迅速，形成了以华为、中兴通讯为代表的一批高科技通信公司，一些大型银行构建网络设施使用的产品也以国产设备为主，包括华为、H3C、锐捷等厂商提供的产品。虽然新购网络基础设备基本不采用国外厂商供货，但早期采购的旧设备当前仍在使用美国厂商生产的产品（例如 Cisco 交换机），这些网络设备有可能存在着隐藏安全控制手段。在极端情况下，如果通过外部控制（后门侵入、安全漏洞或恶意攻击）出现网络设备失效，导致银行系统网络大规模瘫痪， 这对银行的影响将是灾难性的。总体上，因我国已实现网络通信设备自主化研发和量产，技术上不再受制于人，但从规避极端风险的角度考虑，即使大型银行也需不断替换外购网络设备，才能确保业务网络运营安全。

其五，关于应用系统。虽然一些大型银行已建立比较健全的新一代业务应用体系基础设施，但该体系内仍有不少专业系统依赖外部厂商。在中美贸易摩擦的极端情景下，国有商业银行应用系统如果受到外部因素的影响， 可能会出现以下几个方面的问题：一是外购应用停止提供服务。当前国有商业银行或多或少都购买了外部服务提供商提供的软件服务（例如 POMS、OPICS 等），某些服务器仍部署在境外，例如 POMS，这些系统的服务器由供应商控制，一旦主动或被动关停应用服务，将对我国商业银行少数业务及数据安全产生负面影响。二是外部厂商后台监控银行外购软件服务应用。国内的应用系统很多都采用国外软件厂商开发的系统，以金融市场为例，KONDOR+、OPICS 等系统，虽然为便于银行自身业务开展或满足管理需要，银行将这些系统部署在银行自身搭建的服务器环境下，但不排除这些软件留有隐藏后门或安全漏洞，如出于贸易摩擦等国家层面的政治原因，可以实现在特定条件下后台监控或终止提供应用服务，影响银行业务正常开展。三是通过系统攻击导致商业银行自身建设的应用系统瘫痪。当前大部分国有商业银行都建立了自身的应用系统体系，这些应用系统的整体安全防护水平良莠不齐，在极端背景下，通过发动大规模黑客或者网络攻击银行自身建设的应用系统，一旦银行应用系统被攻破，可能会导致商业银行自身整体或局部应用服务的瘫痪，无法提供正常服务，从而对银行的业务运营造成难以估量的影响。四是当前应用系统均部署在主机、网络、操作系统、数据库之上，如果这些基础软硬件出现问题，各类应用系统将无法独立存在，业务影响巨大。

## 三、极端"金融战"的不确定性与应对预案的必要性

2019 年以来，美国对华贸易战、科技战、外交战不断升级，不断挑战市场的心理底线，虽然对中国造成了很大压力甚至是前所未有的困难，但仍没有达到其战略目的。在这种背景下，美国一些政客似乎认为"极限施压"有效果（市场与社会担忧），但力度还不够（中国经济数据表现很顽强），以至于某些人判断美国很可能会对华发动"金融战"，而且是极端情景的"金融战"（只要能够从战略上遏制中国，即使美国承受巨大损失也会付诸实施）。对于美国可能对华发动的"金融战"，我们不仅要分析判断总体可能性，还要深入分析最大可能性会从什么方面入手，以及实施的方式。以抖音（TikTok，TT）和微信为例，我们稍微注意一下就不难发现，2020 年 9 月美国商务部发布（也是不断调整）的对 TT 和微信的制裁措施，与特朗普的前期说法甚至是总统令有一定区别。尤其是对于微信的说法，也局限于在美国境内不得提供支付服务。对于美国在华公司和在日本、欧洲、东南亚公司利用微信的支付功能去吸引中国客户没有任何影响；但对于在美国的华人尤其是留学生和华商的影响比较大。美国对华遏制战略不会改变，政策力度或许还会不断加码。美国人官僚阶层和智库专家通常追求成本最低、利益最大化。我们不能幻想他们的道德底线，但也不能"自己吓死自己"。

具体来看，进入 21 世纪以后，美国频繁发动金融制裁，对于受制国家的金融与经济形成了很大冲击。许多人习惯于将这种行为及其带来的严重后

果称为金融战。从过往的历史来看，美国挑起金融战的背景各不相同，但发动金融战的工具和手段主要集中在以下几个方面：（1）针对实体（包括国家）和个人的金融制裁；（2）狙击主权货币，扰乱汇率、利率市场，击垮货币体系，引发金融危机和经济衰退；（3）切断对外收付的主要渠道，使其对外贸易遭受重创（极端做法是切断美元清算渠道或“踢出”SWIFT组织）；（4）阻断国际融资通道，人为制造资本恐慌，从根本上打击投资（习惯上是先关闭其在美国资本市场的融资通道，然后再以“五眼联盟”国家为核心构建金融封锁联盟）。

首先，中美博弈中，美国肯定会动用金融制裁，但方式、时机还不好判断，或许美国也还没有“成本最低、对国际金融市场冲击最小、美国最终利益最大”的成熟方案。不管各种名目的金融制裁什么时候发生，当务之急是我们必须高度关注的几个问题：（1）美国往往以合规为借口，对于战略遏制的目标国家实施金融制裁，但我们不能将所有的美国对外金融摩擦甚至局部或个案制裁放大成发生金融战；（2）警惕美国制造中国金融市场恐慌，阻吓国际资本，甚至借故“攻击”中国系统重要性银行（尤其是国际化程度很高的银行）的薄弱环节；（3）努力避免在美国的制裁中导致中国香港国际金融中心地位丧失等。

其次，货币安全与自由兑换有关。由于人民币资本项目的跨境流动受限，人民币资本项目并未开放，人民币汇率被狙击、对经济与金融产生破坏性冲击的概率非常小。据统计，2015年以前，中国企业“走出去”和人民币国际化步伐加快，离岸人民币的存量2014年达到峰值约30 000亿元。当索罗斯放话要进行狙击后，中国人民银行及时收缩人民币在离岸市场的存量，停止并收回账户行融资渠道，扩流入、控流出，离岸人民币的存量持续下降，从2016年至2020年6月底，离岸人民币存量大约11 000亿元。其中中国香港地区的离岸人民币存款近年来稳定在6 000亿元左右。

最后，关于通过国际清算体系实施制裁。这个问题比较专业，我们前面已经介绍过一些，这里针对市场上的一些担忧再多说几句。任何一笔汇款的执行，都是由“汇款信息流动”和“资金流动”两部分组成。“汇款信息流动”主要在SWIFT平台上完成。SWIFT是一个国际银行间非盈利性的国际合作组织，总部设在比利时的布鲁塞尔，同时在荷兰阿姆斯特丹和美国纽约分别设立交换中心（Swifting Center），并为各参加国开设集线中心（National Concentration），为国际金融业务提供快捷、准确、优良的服务。SWIFT运营着世界级的金融电文网络，银行和其他金融机构通过它与同业交换电文（Message）来完成金融交易。除此之外，SWIFT还向金融机构销售软件和服务，其中大部分用户都在使用SWIFT网络。

截至2015年，SWIFT的服务已经遍及全球200多个国家和地区的11 000多家银行和证券机构、市场基础设施和公司客户，每日处理的报文次数达到1 500万。SWIFT的目标是为全体成员的共同利益服务，为了确保安全准确地完成对私有的、保密的、专利的金融报文的通讯、传输及路由等行为，研究、创造一切必要的方法，并且将其付诸使用和操作。总部位于比利时首都布鲁塞尔的郊区La Hulpe，遵守ISO中有关创建和维护金融报文的标准。

在20世纪70年代，金融交易（主要是指国库和几家相应的银行）所依赖的技术十分简陋：支付与确认信息是通过Telex网络来实现的，既慢又不安全。Telex的速度只有50波特/秒，大致相当于8字节/秒；格式松散，大大增加了自动接收报文的难度；Testkey是以报文的一小段内容为基础进行计算的，毫无安全性可言。为了寻求新的解决方案，1974年，7家主要国际性银行举行了会谈，最终成立了SWIFT。3年后的1977年，成员便拓展到了230家银行，遍及5个国家。在过去的几十年里，报文的类型有爆炸性的增长，全方面覆盖了金融交易，每年都有新型的报文出现。为了应付日益增长的报文交易量，网络基础设施不断更新，老式的网络被X.25取代，而在SWIFT Net Phase 1阶段，基于IP的互联网又取代了X.25。一旦SWIFT接收了报文，就会对它全权负责，这使SWIFT网络具备了内在的安全性和健壮性

（每年持续运营的时间比率超过 99.99%）。因此，SWIFT 在市场上的地位不可动摇。

SWIFT 仅仅是个信息渠道，不牵涉资金的真正划转，但“汇款信息流动”驱动其后的实际“资金流动”。在跨境美元支付活动中，资金流动主要有三个渠道:（1）美国央行清算系统（Fedwire），（2）纽约清算所银行同业支付系统（CHIPS），（3）美元清算账户行，以内部转账（Book Transfer）的形式完成。从操作意义上看，由于美元在全球支付体系中占据绝对主导地位， Fedwire、CHIPS 和美元清算账户行又是美国自主控制的，只要这三个支付系统对与中国相关的美元资金不进行清算划转，就会对中国金融与贸易构成重大影响。然而，由于中国是最大的商品贸易经济体，与包括美国在内的全球主要经济体存在密切的经济关系，贸然全面关闭对华美元清算系统，将带来什么样经济与金融震荡，尤其是对于作为全球金融中心的华尔街来说是难以估量的。对此，美国应该很清楚。

有人还担忧最极端的情况，美国利用“长臂管辖”原则，掐断中资所有机构使用 SWIFT。由于 SWIFT 的特殊结构，美国并不能直接干预 SWIFT 的决策。历史上美国曾经运用他的影响力，将伊朗、古巴、朝鲜“踢出”SWIFT，但这些国家都是小型经济体，报文的数量很小，而且都是受联合国制裁的国家，所以掐断 SWIFT 成为可能。而对于如俄罗斯这样的国家，美国也仅仅是对金融机构、能源和军工行业和一些个人进行制裁，但并没有掐断俄罗斯的美元 SWIFT 报文，更不用说掐断所有币种的 SWIFT 报文。

我们关注的是，由于“9・11”以后，迫于美国财政部和 FBI 的反恐压力，SWIFT 组织对美国开放所有报文信息，美国借此能监控全球交易和资金的流向。理论上，由于 SWIFT 组织向美国开放了报文信息，美国能监控到我们所有的汇款信息流。因此，怎样尽快建立中国自己的封闭的汇款信息流，保证我们信息、贸易、资金的安全，已经成为当务之急。

加快人民币国际清算体系建设，有助于减轻美国压力。但目前人民币在国际支付体系中不仅占比低，而且扣除中国香港和台湾地区之后的真正国际清算量很小，对美元清算体系的替代能力十分有限。根据 SWIFT 统计的全球支付数据，近年来人民币在全球支付中占比排名为第五或第六，相对稳定，截至 2020 年 6 月的最新数据，虽然人民币排名第五，但只有 1.76% 的份额，而美元、欧元、英镑、日元的占比分别为 40.33%、34.1%、7.08%、3.74%。并且根据 SWIFT 统计数据，2019 年全年使用人民币进行支付的经济体中，中国香港占有近 72% 的份额。

最后，我们再来看看阻断国际融资问题。国际资本在中国改革开放和持续的经济增长中扮演着重要角色，我们自己很重视国际资本，美国也很清楚这一点。因此，一些人士担忧美国会不会对中国关闭资本市场？这种担忧也不是空穴来风，美国政府有关部门已经开始借助监管合规性问题不断向市场发出信号。但在目前世界经济格局下，美国对华关闭资本市场可能难以达到其战略目的。尤其是在国际游资过剩的大背景下，在国际金融中心已经多元化的格局下，美国单方面发起的对华金融市场封锁难以见效，而联合欧洲和日本组成封锁圈的可能性也不大。有人问，欧洲和日本为什么会加入美国对俄罗斯的金融封锁？这可能是欧洲和日本出于对于俄罗斯的历史渊源与现实地缘政治的担忧。日本对中国崛起存在疑虑，也有历史与现实因素的纠葛，也有可能配合美国的对华金融封锁行动，但中国与欧洲大陆国家的地缘政治风险很小，欧洲或许名义上会配合美国，但实际上会想办法填补日美制裁留下的市场空缺。面对美国可能的金融市场封锁，我们应最大限度地避免美国拉拢日本和英国形成国际金融封锁圈。

尽管如此，通过美国对俄罗斯金融制裁案例，我们还是应该早做预案。美国对俄罗斯的金融制裁没有采取类似对古巴、朝鲜、伊朗等国的全面制裁，而是采取针对特定人物和特定行业的精准制裁，重点针对俄罗斯经济两大支柱行业——能源和军工。技术封锁措施主要包括限制与俄罗斯油气企业合作、禁止向俄罗斯出口油气勘探开采所需设备和技术、禁止与俄罗斯签署武器进出口合同、禁止向俄罗斯出口武器生产所需的高科技材料。金融制裁措施主要包括冻结相关个人和企业的资产、切断俄罗斯国有银行和大企业的融资渠道、国际支付体系停止向受制裁的俄罗斯银行提供支付服务。截至 2020 年 8 月，俄罗斯约有 415 名个人、525 个实体被列入西方制裁名单。俄罗斯天然气工业股份公司、俄罗斯石油公司等最大能源企业均在制裁之列，这些油气公司勘探油气、钻井及铺设管道都需要巨额资金。由于俄罗斯本身金融市场不发达，大型油气公司在欧洲资本市场筹资的渠道被掐断。即使对能源和军工的金融制裁也并没有停止全面的交易，只是融资的期限不断缩短，譬如对俄罗斯能源和军工企业的融资期限最长从 30 天降低到 14 天，也没有全面阻断俄罗斯的美元支付体系。之所以这样操作，美国出于四方面的考量:（1）外交上，制裁初期，顾及欧洲盟友的利益，留有回旋余地；（2）制裁方式上，预留对俄罗斯制裁政策上升的空间；（3）经济上，美国也不愿意彻底丢掉俄罗斯的市场；（4）制裁效果上，对俄罗斯这样具有一定经济实力、自然资源丰富、经济结构相对完整的国家，美国即使耗费巨大也不能够彻底封锁俄罗斯，而且容易误伤“盟友”，产生同盟内部纠纷和麻烦，甚至对整个国际金融体系造成破坏性冲击。为此，美国选择俄罗斯最具有优势和急需国际资本的两个行业进行金融制裁，精准打击。金融制裁在初期（2014 年）对俄罗斯经济造成巨大冲击，外汇储备下降 20%，GDP 下降 25%，但俄罗斯经济并没有一蹶不振，俄罗斯打出组合拳（深化和其他国家战略合作关系、颁布反制裁法令、调整经济结构、开展金融业的梳理整顿。金融机构也调整资产负债结构，保证流动性，不发生系统性危机，咨询境外律师事务所对受限业务的边界进行界定，银行持续在境外布局，更多地融入国际金融市场)。2015 年以后，俄罗斯的 GDP、外汇储备及银行业利润开始持续回升。

鉴于国内商业银行对美国存在相当大的运营依赖，国有大型商业银行应保持警惕，针对可能发生的各种极端场景提前做好应急预案。

一是拓展交易渠道，应对美国可能采取的金融市场禁入的制裁措施。情景策略之一，被禁止参与与美国相关的场内外交易。可选择欧洲或其他地区交易所，使用国内交易平台、其他国家公司提供的多银行平台和单一银行平台、电子邮件、电话等多种交易渠道。情景策略之二，更严重的，美国使用“长臂管辖”，干预其他国家的公司提供的交易平台，禁止我国商业银行使用。我国可使用国内交易平台、电子邮件和电话等交易渠道。同时可向监管机构及国内交易平台公司提出建议，积极推广我国主导的交易平台，吸引境外参与者，扩大我国交易平台的国际影响力。

二是高度重视国际清算受到限制的风险。鉴于美元在国际结算中的核心地位，如果美国刻意切断国内商业银行的清算渠道，目前尚无实际有效的应对方案，但不同情景还是有相应的回旋余地。情景一，美国限制或禁止国内商业银行使用美元结算。由于被制裁银行将无法参与在岸美元清算，但理论上作为应对方案的被制裁银行可选择在其他国家或地区银行开立离岸美元账户。情景二，美国限制或禁止国内商业银行使用 SWIFT 报文平台。虽然直接影响被制裁银行所有外币业务清算，但理论上可使用网银或经有权人签字的手工付款书等方式作为替代，向账户行发送付款指令。

当然，这种理论上存在的以上应对方案，实际操作可能具有一定难度，因为一旦一家商业银行被美国制裁，账户行与交易对手考虑到自身合规风险，会减少甚至避免与被制裁银行的交易。长远来看，只有提高人民币在国际结算中的地位才能降低此制裁方式的影响。因此，必须积极推动贸易支付结算中更多使用人民币，创新离岸人民币产品，支持离岸人民币业务做大做强。同时，中资金融机构在外币资产负债布局中应逐步减少美元业务占比，适度增加欧元及亚洲货币资产负债品种，拓展非美业务，扩大非美交易对手和交易渠道，不断减少对美国的业务依赖。在国际金融市场上与金融同业之间保持紧密的双向连接，在金融双向往来较大的情况下，金融制裁的机会成本更高，可能遇到的反对阻力更大。

三是为应对美国的 IT 技术封锁，也可以针对以下几种场景分别做好应急预案。

情景一，对于本地部署的外购硬件和软件，美国公司停止提供支持服务。考虑软硬件设备自然生命周期，初步判断短期内对业务运营和数据安全不会有显著影响，但一旦硬件（主机及网络设备）或软件（操作系统、数据库）发生故障，则会因缺少技术支持严重影响业务正常运营。可以考虑的应对方案为：一是提高对外购软件和硬件的自主运营维护能力；二是逐渐使用国产硬件（主机、网络）和软件（操作系统、数据库）进行替代，对各类应用系统进行适应性改造。商业银行日常经营和业务发展，无论是底层主机硬件和网络设备，还是操作系统和数据库软件，甚至是部署在应用系统之上的各类业务应用软件，都已经深入依赖各类 IT 信息系统支撑，在当前业务体量、关联复杂度及业务发展阶段，无法做到全部恢复到手工业务处理状态。如果美国使用 IT 封锁的方式对我国金融机构进行制裁，如果主机、数据库、操作系统无法正常运行，进而部署在之上的新一代体系无法运营，实际影响面将极为巨大和深远，预计影响也将是灾难性的。为从根本上应对此类极端场景发生，建议尽快针对主机硬件（大、小型机，网络设备）、操作系统及数据库软件进行详细梳理分析，充分做好国产设备的可行性替换方案后，研究实施自主更换的可行性。

情景二，美国通过各类硬件和软件后门或安全漏洞干预影响我国商业银行信息系统的安全运营，或对我国商业银行系统发起攻击，造成 IT 信息系统瘫痪，进而导致业务瘫痪。理论上各类主机设备、网络设备、数据库系统、操作系统设计之初均有可能不同程度存在超级用户管理权限（后门）或安全漏洞。如果这些后门或漏洞被恶意利用，还可能对我国商业银行安全运营造成严重影响。为此，应彻查和整改各类外购主机设备、网络设备、操作系统和数据库系统的系统管理及软件包安全隐患，确保系统安全性，杜绝安全管理后门和安全漏洞等情况出现；做好各类网络安全保障，尤其是外网的安全防护等级，提高安全防护水平，杜绝因被境外、异地攻击而影响业务的可能；按照情景一的应对措施，做好基础设备（主机、网络）和软件（数据库、操作系统）的自主更换及各类应用系统的配套改造。

情景三，对于服务器不在本地部署的系统，美国公司停止提供服务。当前国内银行绝大多数系统服务器均部署在本地，只有极少量业务系统部署在美国（例如 POMS 系统中的外币债券业务），整体判断影响很小。在该情况下，个别业务数据安全和个别业务连续性将受到影响。建议做好本地数据备份，做好业务应急预案，例如手工处理，确保紧急情况下业务正常运行，对于非本地部署的外购系统，尽早使用国产本地部署系统替代。

综上所述，针对美国对中国采用 IT 技术封锁或攻击的极端场景，长远来看，只有通过研发具有自身核心能力的 IT 信息技术基础设施，减少或杜绝对外购硬件、软件的依赖，才能从根本上避免极端场景下的影响。但仅凭国有大型商业银行自身难以实现这个目标，因此需要国家在战略层面进行统一部署和推动。